Bāla Sai –
der moderne Gott

Kommanapalli Ganapati Rao

Überarbeitete Übersetzung von Telugu ins Englische von
G.V. Jogarao

Überarbeitete Übersetzung aus dem Englischen
ins Deutsche von Regine H. Wolke

Bāla Sai – der moderne Gott
Kommanapalli Ganapati Rao („Bāla Sai Vidatha")
Überarbeitete Übersetzung von Telugu ins Englische von G.V. Joga Rao („Bāla Sai – The God of Today")
Überarbeitete Übersetzung aus dem Englischen ins Deutsche von Regine Wolke

Erstauflage Januar 2005

Alle Rechte vorbehalten
Nachdruck, auch auszugsweise, verboten. Kein Teil dieses Werkes darf ohne schriftliche Einwilligung des Sri Bālasai Bābā Central Trusts in irgendeiner Form (Fotokopie, Mikrofilm oder andere Verfahren), auch nicht für Zwecke der Unterrichtsgestaltung, reproduziert oder unter Verwendung elektronischer Systeme verarbeitet, vervielfältigt oder verbreitet werden.

Printed in India,
VAMSI ART PRINTERS PVT. LTD.
11-6-872, Red Hills, Lakdi-Ka-Pool
Hyderabad - 500 004, A.P. India.
E-mail: info@vamsi.com

ISBN 3-936365-17-2

BALASAI-Verlag – Die Brücke e.V.
Marktplatz 2, D-85375 Neufahrn

Der BALASAI-Verlag hat sich als Ziel gesetzt, Bücher und Medien über Sri Bālasai Bābā und Seine Lehren und Projekte zu verbreiten. Der BALASAI-Verlag sowie Autoren, Lektoren und Übersetzer arbeiten im Geist des selbstlosen Dienstes, d.h. unentgeltlich. Der Gewinn aus dem Verkauf der Bücher und Medien wird ausschließlich für die Projekte des Sri Bālasai Bābā Central Trusts verwendet.

Om Namo Bhagavate Sri Bāla Sai Bābāya Namah

Ein Wort des Autors

Das Darshan Sri Bāla Sais ist ein neuer Meilenstein für mich, der ich bei meinen literarischen Bemühungen in der Flut kommerzieller Literatur davon getrieben werde. Mit welcher Intention auch immer ich das Leben Sri Bāla Sais aufgezeichnet habe, ich zögere nicht zu sagen, dass es das Entzücken war, welches ich durch die Überlegungen erhielt, die die Manifestation des Göttlichen für mich mit sich brachte, was mich diese Arbeit ausführen ließ. Statt zu sagen, ich habe dieses Buch geschrieben, wäre es viel passender festzustellen, dass Sri Bāla Sai seinen Segen in Tinte verwandelt hat und mich es dann schreiben ließ.
Daher möchte ich meinen Lesern in aller Bescheidenheit, die mir zur Verfügung steht, eines klarstellen. Sri Bāla Sai ist weit jenseits meiner Phantasie, und falls auch nur der geringste Makel in dieser meiner Arbeit auftritt, dann erscheint der aufgrund meiner Unüberlegtheit, und Er ist keinesfalls verantwortlich dafür.
Ich möchte diese Wahrheit Ihnen gegenüber erwähnen in aller Reinheit meiner Gedanken, Worte und Werke.

Ihr
Kommanapalli Ganapathi Rao

Om Namo Bhagavate Sri Bāla Sai Bābāya Namah

Danksagung

Das Buch „**Bāla Sai Vidatha**" wurde zu Sri Bāla Sai Bābās vierzigstem Geburtstag in seiner Muttersprache Telugu veröffentlicht. In den darauf folgenden Wochen lernten wir Europäer durch einen begeisterten indischen Langzeit-Devotee Bābās einige Teile dieses Buches, die er uns übersetzen durfte, kennen. Ich wünschte mir sogleich, diesen reizvollen Bericht über Sri Bāla Sai Bābās Jugendzeit ins Deutsche übertragen zu dürfen.
Viele Versuche, einen geeigneten Übersetzer für die Übertragung aus Bābās Muttersprache Telugu ins Englische zu finden, waren vergeblich. Aber nach drei Jahren wiederholten Bittens verhalf Bābā selbst mir zur Bekanntschaft mit Herrn G.V. Jogarao, in dessen Person endlich der Fachmann für beide Sprachen gefunden war und der sich trotz unfallbedingter körperlicher Gebrechen dieser Aufgabe intensiv - und zwar handschriftlich - widmete.
Meine Arbeit bestand zum einen in der Erstellung des englischen Manuskripts im Computer und zugleich in der Übersetzung ins Deutsche. Nach weniger als fünf Jahren war mein Wunsch erfüllt und „Bāla Sai Vidatha" gleich in zwei Sprachen übersetzt.

Dafür danke ich Sri Bāla Sai Bābā von ganzem Herzen, und ich bin überzeugt, dass viele Menschen sich mir in dieser Haltung anschließen werden.
Außerdem gilt mein herzlicher Dank auch Herrn G.V. Jogarao, der trotz großer Schmerzen und einiger krankheitsbedingter Pausen diese wertvolle und anspruchsvolle Arbeit geleistet hat.

Für den Leser, der nicht mit der indischen Tradition vertraut ist, möchte ich hier noch einiges zur Erklärung anfügen:

Die im Text enthaltenen Sanskrit- oder Telugu-Worte sind in einem Glossar am Schluss des Buches erklärt.

Die im Buch beibehaltene Anrede Erwachsener mit „Uncle" oder „Grandfather" stellt eine immer noch übliche indische Praxis respektvollen Umgangs mit älteren Personen dar, auch wenn es sich nicht um Verwandte handelt. Der Pūjari Grandpa war allerdings Sri Bāla Sai Bābās Großonkel mütterlicherseits. Auch die Anreden „Srimati", „Sri", „Gāru" etc. wurden beibehalten, da sie besser in den Text passen als ihre Übersetzung als Frau oder Herr es täten.

Für uns Westler mag zuweilen auch die poetische Sprache des melodischen Telugu nicht ganz nachzuvollziehen sein: manche der bildlichen Vergleiche sind zumindest ungewöhnlich für uns. Um einer getreuen Übersetzung willen haben wir sie aber unverändert übernommen.

Schließlich und letztlich - falls uns manches etwas zu märchenhaft erscheinen mag, so gibt es Folgendes zu bedenken:
Alle heiligen Schriften und Berichte über Gott-Menschen enthalten Wundersames, Unglaubliches und Legendäres. Genau diese Qualität des Außergewöhnlichen entspricht dem Wesen der Hohen Seelen, die nur aus Liebe für eine Zeitlang mit uns auf der Erde leben. Das Mysteriöse und Wunderbare ist für sie ganz selbstverständlich. Wer jemals Sri Bāla Sai Bābā persönlich erlebt hat, weiß, dass ihm wirklich alles möglich ist...

Der Autor Kommanapalli Ganapati Rao, ein in Andhra Pradesh sehr bekannter und beliebter Romanschriftsteller und Fernseh-Autor, hat die wesentlichen Fakten von Sri Bāla Sai Bābā selbst in ein paar Interviews bekommen und das Buch innerhalb von zehn Tagen in einer Art von Glücksrausch geschrieben. Vielleicht erklärt diese Tatsache einiges von dem, was uns sonst nur fremd erscheinen würde. In dieser überarbeiteten Übersetzung wurden im Einvernehmen mit Kommanapalli Ganapati Rao, den ich bei dieser Gelegenheit persönlich kennen lernen konnte, einige „Flüchtigkeitsfehler" berichtigt.

Möge jeder Leser, jede Leserin mindestens die gleiche Freude an diesem Buch haben, die ich schon bei der Arbeit daran empfunden habe.

In Dankbarkeit und Liebe
Regine H. Wolke

Om Namo Bhagavate Sri Bāla Sai Babāya Namah

Vorwort

Es war in der dritten Märzwoche des Jahres 2003, als eine ausländische Besucherin mit einer überraschenden Bitte oder anders gesagt mit einem aufregenden Vorschlag in meiner Wohnung auftauchte. Die deutsche Sechzigerin schlug mir vor, ich möge die spirituelle Biographie Sri Bāla Sai Bābās ins Englische übersetzen, die von einem hervorragenden und geschätzten zeitgenössischen Autor in Telugu geschrieben wurde, und sie dadurch in die Lage versetzen, „Bāla Sai Vidatha" ins Deutsche zu übertragen.
Ich war aus mehreren Gründen verblüfft.
Es ist wahr, dass Telugu meine Muttersprache ist, aber ich erfülle keinerlei Anforderungen an Professionalität oder Gelehrsamkeit in dieser Sprache. Es ist wahr, dass ich jahrelang Schüler höherer Klassen in Englisch unterrichtet habe. Aber ich muss gestehen, dass Übersetzung nicht gerade meine Sache ist. Umso mehr ergibt sich daraus ein gewaltiges Problem für einen Neuling wie mich im Fall eines Buches von dieser Art und dieser Größe (etwa dreihundert Seiten alles in allem), bei dem nahezu jede Zeile mit poetischer Prosa und metaphysischen Ausdrücken befrachtet ist.
So musste ich offen und ehrlich zu Regine H. Wolke, der betreffenden Dame, sein, und ich brachte meine Hilflosigkeit in dieser Angelegenheit zum Ausdruck, insbesondere auch deshalb, weil ich nicht der Gesündeste war. Obwohl ich ihren Vorschlag nicht einfach abtat, goss ich doch bei unserem allerersten Treffen genügend kaltes Wasser auf ihre Bitte. Etwas später, nach einigem Nachdenken, änderte ich meine Haltung, besonders als mir zu verstehen gegeben wurde, dass Sri Bāla Sai Bābā selbst sie auf

mich hingewiesen hatte, um ihren ernsthaften Wunsch zu erfüllen, das Buch über ihn mit Hilfe der englischen Version ins Deutsche zu übersetzen. Ich willigte ein und stimmte zu, die ersten zwei oder drei Seiten zu übersetzen und Bābās Zustimmung zu dieser Arbeit abzuwarten. Ich dachte, wenn meine Bemühung seiner Erwartung nicht entspräche, bliebe mir diese gewaltige Aufgabe erspart.
Aber die Dinge nahmen einen Verlauf, den ich nicht vorhergesehen hatte. Die Übersetzung wurde genehmigt, und ich erhielt grünes Licht weiterzumachen.
Am 1. April 2003, dem Telugu-Neujahrs-Tag, setzte ich aus auf die langwierige Odyssee. Erst als ich mit der Wirklichkeit aneinandergeriet, verstand ich das Ausmaß dieser Unternehmung. Der Stil des Telugu-Autors ist überaus kunstvoll: es gibt Schachtelsätze, die gelegentlich eine ganze Seite füllen, Unmengen von Stabreimen, eine philosophische und spirituelle Ausdrucksweise und etliche stilistische Kunstgriffe. Darüber hinaus erwiesen sich bestimmte Ausdrucksweisen in Telugu als harte Nüsse, die schwer zu knacken waren.
Jedoch, ich gab mir alle Mühe und machte innerhalb weniger Monate beachtliche Fortschritte. Dann – ganz und gar unerklärlich – gab es über Monate einen heftigen Einbruch. Ich war frustriert und voller Panik. Ich fühlte, ich würde wie ein Deserteur dastehen.
Nach einem ziemlich langen Zeitraum der Passivität nahm ich die Arbeit mit doppeltem Elan wieder auf und vollendete das Projekt im April 2004.
Ich traf Sri K. Ganapati Rao, den Autor der Telugu-Version, und ersuchte ihn um einige Klarstellungen bezüglich meiner Übersetzung. Ich bin ihm tief zu Dank verpflichtet für alle Hilfe in diesem Zusammenhang.
Mein besonderer Dank gilt Ms Regine, die sehr geduldig mit all meinen Launen und Verzögerungen bei der Ausführung der Aufgabe, die mir anvertraut worden war, umging.
Vor allem aber verneige ich mich tief vor Sri Bāla Sai Bābā, der mich als Instrument für diese literarische Arbeit erwählt hat. Ich

bin mir meiner Unzulänglichkeit voll bewusst und habe diese Arbeit in dem festen Glauben unternommen, dass er mich mit seiner Güte und Glückseligkeit durch diese Situation steuern würde. Ich nahm die Herausforderung an, die er mir anbot, und habe sie als seine Anordnung betrachtet. Ich habe sie als eine großartige Gelegenheit angesehen und nach besten Kräften gearbeitet. In all meinen Anstrengungen war ich mir der kontinuierlichen Fürsorge und Nachsicht Sri Bāla Sai Bābās bewusst.

Theodore Savory sagt es so:
„Ein Übersetzer ist ein Dolmetscher, dessen Pflicht darin besteht, als Brücke oder Kanal zwischen dem Geist des Autors und dem Geist seines Lesers zu dienen."
Ich überlasse es dem Urteil der Leser, in wie weit ich in meinen Bemühungen erfolgreich war.

Ich wünsche mir Sri Bāla Sai Bābās Segen
G.V. Jogarao
Hyderabad, den 21. November 2004

Om Namo Bhagavate Sri Bāla Sai Babāya Namah

Freund... wohin geht deine Reise? Du bist müde und erschöpft durch deinen Egoismus, und du bist erfüllt von einer unvorstellbaren Ruhelosigkeit. Wer bist du – in dieser Welt voller lebendiger wie auch unbelebter Schöpfung? Was bedeutet dein Dasein?

Gefährte! Einstmals, in einem Augenblick, hast du die Form einer Eizelle im Leib einer Mutter angenommen, und du hast dich nach und nach in einen Embryo entwickelt, der nach einem neun Monate währenden unerbittlichen Kampf in der Dunkelheit in diese Welt herausgebracht wurde. Es ist nicht die Erde, die du betreten hast: es ist eine riesige Bühne. Das ist wahr, Freund. Du weißt es nicht, aber das, was du als „Ich" ansiehst, das bist du in Wirklichkeit nicht. Du bist nur ein Schauspieler in dem Spiel, das der Allmächtige mit eigener Hand geschrieben hat.

Nachdem du so deine Reise mit der Rolle eines Sohnes einer Mutter begonnen hast, wächst du heran – Phase um Phase – und wirst zu einem Jugendlichen. Obwohl du dich in einem Traum befindest, erinnerst du dich und übernimmst die Rolle eines Ehemannes, und im Verlauf deiner Entwicklung wirst du ein Vater und ein Großvater und siehst in Mitten der Fesseln der Zuneigung interessante und seltsame Ereignisse und Situationen. Du vergisst die Wahrheit, dass all dies Rollen sind, die du in diesem Schauspiel zu spielen hast. Weil du jede dieser Rollen spielst, vergisst du die Wahrheit, dass dies alles Gottes Schöpfungsprozess ist. Schließlich hast du Ego entwickelt und gehst durch das Ausgangstor des Todes und hast dein Leben bedeutungslos verbracht.
Wenn es für dich nicht wirklich eine Rolle wäre, wenn du diese Rolle nicht spieltest – dann würdest du für immer hier bleiben...
Warum ist dann dieses Ego für „Ich und Mein" bestimmt?

Komm heraus aus der Illusion, Freund! Du bist lediglich ein Tropfen Schweiß, der mit Gewissheit jederzeit aufgesogen werden kann, auf der Stirn von Kāla Purusha, der Verkörperung der Zeit.

Im Ozean des Lebens musst du dir nur die Perlen der Wahrheit heraussuchen, indem du dein Leben zu einem lyrischen Gedicht machst - nicht aber hinter einer Luftspiegelung herrennen, die Wasser zu enthalten scheint, wobei du dein Leben nur mit blauen Flecken versiehst und armselig und schäbig bleibst.

Du zögerst, die Schönheit dieser Wahrheit zu erfassen. Aber...

Ist es nicht wahr, dass das Sandelholz seinen Duft mit den Verletzungen verströmt, die ihm durch eine Axt zugefügt werden? Ist es nicht eine Tatsache, dass ein Bambusstab mit eingebrannten Löchern zur Flöte wird? Warum versuchst du dann, Kāla Purushas Brust mit Blut zu durchtränken, indem du Pfeile schießt? Mit anderen Worten: Warum verschwendest du deine Zeit, indem du nur deiner Selbstsucht lebst? Nur wenn du diese Wahrheit erkennst, kannst auch du so rein leben, wie das leuchtende Lächeln auf den Lippen eines schlafenden Kindes aussieht. Du kannst dich selbst davor schützen, vom Gipfel der Selbstsucht in den Abgrund des kalten Brunnens der Einsamkeit abzustürzen, und auch davor, im Brunnenschacht der Knechtschaft ein Frosch zu werden.

Du bist nicht der Ozean, Freund... Du bist nur ein Plätschern. Du entspringst aus Mutter See und schnellst hoch in der Hoffnung, die Küste zu erreichen. Du stellst die ewige Wahrheit dar, dass du aufschlägst und in den Ozean zurückkehrst...
Du bist nicht einmal die Zeit – nur eben eine Sekunde.

Du wirst nicht zustimmen, wenn gesagt wird, dass unser Land - das Land der Veden in der Vergangenheit – heutzutage ein Öd-

land geworden ist, dessen frühere Werte sich deinetwegen verringert haben.
Aber...
Weißt du folgendes? Gemäß unserer wissenschaftlichen Erkenntnis wurde die Erde, auf der du stehst, vor ungefähr viereinhalb Milliarden Jahren ein Himmelskörper, während Lebewesen erst vor etwa zwei Milliarden Jahren entstanden. Wer nahm diese Weisheit in Besitz, wer eignete sie sich an? Das bist du!
Wie groß die Anzahl der Mutationen auch sein mag, denen die Lebewesen sich im Laufe der Evolution unterzogen – das Urbild der Schöpfung ist wirklich der Mensch. Er dachte logisch. Er unterschied zwischen Sünde und Verdienst. Voller Gottesfurcht stand er wie eine Brücke zwischen den Generationen. Er vermehrte die Weisheit, er hatte Teil an Kultur, und mit fortgeschrittener Technologie landete er auf dem Mond. Er schuf Musik. Er schrieb Bände voller Dichtung.

Was macht der Mensch, der so vieles erreichte, jetzt? Trotz der Angst vor dem Tod in einem Krieg bringt er Nuklearwaffen zustande, ist verantwortlich für ein Freudenfeuer des Todes und bewirkt auf diese Weise Gefahr für seine eigene Existenz.
Indem er die Unsterblichkeit vergisst, die Kāla Purusha ihm gegeben hat, gibt er Gift weiter an seine Mitmenschen und verändert so sein Bild in eines, das nur Schrecken erregt.

Ohne sich um die heiteren, gelassenen Blicke der Allumfassenden Mutter zu kümmern lebt er auf seine eigene Art und Weise und stellt sich dar als der, dessen Eigenart zu leben nun einmal so ist.
Warum?
Wann gibt es Erlösung aus dieser schwierigen Lage?
Wann entledigt der Mensch sich dieser Illusion und erkennt die Wahrheit?
Wann sät er die Saat für das Wohl der Allgemeinheit und unterscheidet zwischen Wahrheit und Unwahrheit?

Braucht der Mensch übermenschlich große Geschicklichkeit oder überragendes Können, um sich selbst aus den alles verschlingenden Flammen in eine friedliche Welt zu führen, um seine Schwierigkeiten in eine herrliche Dichtung umzuwandeln?

Oder?
Wenn Veränderung ersehnt wird, sollten wir hinausfahren auf Ozeane der Dunkelheit und die Ankunft eines Gottes erwarten, der über vielfach stärkere herausragende Fähigkeiten verfügt?

Om Namo Bhagavate Sri Bāla Sai Babāya Namah

1

Die Stille eines Ozeans von Dunkelheit wird erschüttert durch den durchdringenden Schrei einer Mutter. Was aus dem Mund der Mutter hervorbricht, hört sich an wie Geburtsschmerzen. Sogleich, als ein Beweis dafür, ertönt der laute Schrei eines neugeborenen Kindes.
Das ist nicht ein Jammern oder Klagen. Es ist der kosmische Klang, der anzeigt, dass eine neue Ära eingeleitet wird. Es ist der fünfte Veda, der das Leid der Welt - den weltlichen Schmerz - besiegt. Es ist der fundamentale Laut, der die Ankunft des Schöpfers offenbart.
Wieder ist das Weinen des Babys zu hören. Es klingt wie das Geräusch strömenden Regens.
Die Stimme hat uns für einen Augenblick an das Läuten einer Tempel-Glocke denken lassen. Im nächsten Moment erinnert sie uns an den Wohlklang von Kirchenglocken. Und dann macht sie uns der Gebete in einer Moschee bewusst, mit denen Allah verehrt wird.
Genau um zwölf Uhr Mitternacht nimmt die Kehle dieses Kindes ihre Tätigkeit auf. Sie bezaubert die Natur. Sie ist wie der Duft erblühender Knospen, der Luft dargeboten als Opfergabe wie eine brennende Kerze. Sie ist wie die Rezitation einer Hymne an Kāla Purusha – erfüllt mit einem eigentümlichen Duft und wirkt wie eine Einladung, die einer unvergleichlichen Seele übergeben wird. Der Tungabhadra-Fluss, der im Schein des vollen Mondes mit halb geschlossenen wässrigen Augen dahinfloss, steigert plötzlich die Geschwindigkeit seines Fließens, als ob er auf diesen Augenblick gewartet hätte.

Die Vögel, die sich in ihren Nestern in den Zweigen der Bäume ausruhten, schlagen begeistert mit ihren Flügeln, als wären sie Rishis, die die Früchte ihrer Meditation erhalten haben. Mutter Erde, die die Geschäftigkeit auf Erden und am Himmel beobachtet, gerät mit der Wärme neuen Lebens in Verzückung und ihre Wangen nehmen Farbe an.
Wo ist das kleine Kind?
Die strömende Luft, durchdrungen von dem Duft, schaut sich suchend um.
Dann plötzlich – wie eine Veränderung der Zeit, wie ein Seufzer Gottes – hält der Windhauch an einem Platz an und fragt sich erstaunt, wer wohl das Kind ist, das solch eine Glückseligkeit verbreitet.
An einer Straßenecke hält eine Jutka.
Auf dem Wagen liegt eine bewusstlose Mutter.
Vor dem Wagen steht ein Vater.
In seinen Händen hält er das Kind, das vor wenigen Minuten den Leib der Mutter verlassen hat.
Dem Wind, der nun still steht, erscheint das alles wie ein Traum.
Das Kind, mit Blut überzogen, leuchtet im Mondlicht wie gelber Blütenstaub. Es ist wie der zunehmende Mond, der aus Kāla Purushas Traum-Behälter auf die Erde gekommen ist, und zugleich wie die reife Weisheit, die den Sumpf von Hoffnungslosigkeit auffüllt. Sein Körper leuchtet in milchigem Weiß. Er ist wie die kühle Brise, die die Flammen des Khandava-Waldes auslöscht.
„Jayalakshmi."
Rāmānātha Sāstri, der sich inzwischen ein wenig erholt hat, möchte seine Frau retten, bevor er sich um das Kind kümmern kann.
„Jaya..."
Die Natur hallt wider von seinem Ruf, aber seine Frau regt sich nicht. Am ganzen Körper zitternd läuft er zu dem etwas entfernt liegenden Krankenhaus. Er ist ein Gelehrter der Veden, bewandert in allen Sāstras, allen Heiligen Schriften. In diesem Augenblick jedoch ist er aufgeregt wie ein Ehemann. Obwohl er ein

großer Experte in der Ayurvedischen Medizin ist, ist er nun äußerst besorgt über den Zustand seiner Lebensgefährtin. Er erreicht das Krankenhaus.
„Herr Doktor!"
Um diese mitternächtliche Stunde hebt eine müde, verschlafene Frau im Krankenhaus den Kopf – als Reaktion auf die besorgte Stimme Sri Rāmānātha Sāstris.
„Ja?" fragt sie in routiniertem Ton.
Sri Sāstri mit dem Kind in den Händen – als ob er das Glück der Geburt eines Sohnes vergessen hätte – denkt an seine bewusstlose Frau auf der Jutka und erzählt aufgeregt, was geschehen ist:
„Nachdem meine Frau sich seit dem Abend in Wehen krümmte und wir fühlten, dass ihr Zustand kritisch wurde, machten wir uns auf den Weg zum Krankenhaus. Aber noch bevor wir unser Ziel erreichten, schenkte sie dem Baby das Leben. Ich nahm das Kind in meine Arme. Nun komme ich, Sie zu bitten, meiner Frau zu helfen, die bewusstlos ist."
Die Frau, die ihm die ganze Zeit ruhig zugehört hat, stellt fest:
„Ihrer Frau droht keinerlei Gefahr. Ich sorge dafür!"
Sie spricht, als hätte sie nur darauf gewartet, diese Angelegenheit zu regeln.
Obwohl Sri Sāstri empfindet, dass er die diese Ärztin schon früher einmal gesehen hat, misst er dieser Tatsache keine wietere Bedeutung bei. Er befindet sich nicht in einem Zustand, so etwas zu tun.
Innerhalb von fünf Minuten ist die Ärztin bei der Jutka, die auf der Straße steht, und bringt Srīmāti Jayalakshmamma in nur zehn Minuten wieder zu Bewusstsein.
Srīmāti Jayalakshmamma, die sich nicht dessen bewusst ist, was sich gerade ereignet hat, sieht die Ärztin an, die vor ihr steht, als ob sie aus tiefem Schlaf in den Wachzustand zurückkehrt, und sagt unerwartet:
„Sie sind das?"
Dann wendet sie sich ganz matt an ihren Ehemann, der neben ihr steht, da sie fühlt, dass ihr die Ärztin nicht vertraut ist, obwohl gleichzeitig auch wohlbekannt!

„Ist es ein Junge?" fragt sie mit halb geschlossenen Augen unter Freudentränen.
„Ja, es ist ein Knabe," antwortet nicht Sri Sāstri, sondern die Frau, die Srimāti Jayalakshmamma versorgt.
„Er setzte seinen Fuß genau um zwölf Uhr Mitternacht auf die Erde."
Sri Sāstri ist fassungslos, als er die Ärztin den Zeitpunkt der Entbindung so genau ansagen hört.
„Ihr Kind wurde weder während der Tagesstunden noch während der Nachtstunden geboren, weder in einem Haus noch außerhalb davon, sondern zwischen Himmel und Erde in die Hände seines Vaters hinein."
Ihre Worte erfüllen ihn mit Erstaunen, und Sri Sāstri fängt an, sich die Ereignisse ins Gedächtnis zurückzurufen. Es ist wahr! Nachdem sie ihr Haus in Richtung Krankenhaus verlassen hatten, wurde das Kind fern von zu Hause – auf der Straße – geboren, bevor man das Hospital erreichte.
Mitternacht zeigt das Ende der Nacht an und den Beginn eines neuen Tages.
Das Kind wurde von den Händen Sri Sāstris empfangen, als es den Mutterleib verließ. Das heißt, dass die Geburt zwischen Himmel und Erde stattfand.
Sri Sāstri schaut sich um, als er aus diesen Gedanken wieder auftaucht.
Srimāti Jayalakshmamma sieht intensiv das Kind an, ungeachtet der Umgebung. Sie umarmt das Baby und genießt den Nektar mütterlicher Liebe. Sie empfindet, dass der Kleine in ihren Händen ihr weit wichtiger ist als ihr Leben.
Der Rishi, der sich in der Höhle des mütterlichen Leibes für volle neun Monate still verborgen gehalten hat, ist nun auf ihren Schoß gekommen. Bereitet er sich nun darauf vor, in seiner Schule des Lebens Poesie zu schreiben?
Wie lieblich das Kind ist! Wie die kühle Brise in der Morgendämmerung!
Der Blick des Kindes ist wie ein Strahlen und berührt die Tiefen ihres Herzens. Sie hält ihn fest mit ihrem Blick, voller Furcht,

dass das Kind eines Tages die Wirkung des bösen Blickes oder schlechten Einflusses zu spüren bekommen könnte. Sri Rāmānātha Sāstri, der bis jetzt ruhig dabei gestanden und Mutter und Kind beobachtet hat, schaut sich nach der Ärztin um, als ob er sich an irgendetwas erinnert.
Er will sie nach Einzelheiten befragen, wie die Mutter und das Kind versorgt werden sollen. Aber sie ist nicht mehr da. Wohin ist sie gegangen? Warum ist sie so abrupt verschwunden? Sie hat sich nicht einmal offiziell von ihnen verabschiedet.
Die Sonne, die in dieser Glück verheißenden Stunde heraufkommt, ist nichts anderes als die Manifestation des Herrn dieser Nacht, Sri Bāla Sai Bābā, dessen Ankunft die allumfassende Dunkelheit mit spirituellem Glanz heilen und läutern wird.

Om Namo Bhagavate Sri Bāla Sai Bābāya Namah

2

Das Geräusch krachenden Donners irgendwo.
Herr Rāmānātha Sāstri schreckt aus dem Schlaf hoch.
Ein Lichtstrahl berührt den Boden, leuchtend wie das strahlende Auge eines Rehs in der dichten Dunkelheit.
Draußen fällt ein starker Regen hernieder
Es herrscht eine bedrohliche Atmosphäre. Ein stürmischer Wind bläst über die ganze Erde und den Himmel.
Die Bäume nicken mit ihren Köpfen wie Dämonen.
Der unangenehme kalte Wind, der im Stande ist, sogar den Tod zu vernichten, rüttelt an den Fenstern des Hauses und ändert das Wetter auf ganz scheußliche Weise.
Sri Sāstri hat ein paar Stunden lang seinen Sohn betrachtet, der in der Wiege liegt, als wäre er der Mond, der vom Himmel gefallen ist, und nun fängt er an, etwas Schlimmes zu vermuten. Er will seine Frau wecken. Da sieht er Srimāti Jayalakshmamma in der halb dunklen Ecke sitzen und auf das Kind schauen.
Bevor er sie anspricht, sagt sie zu ihm:
„Ich wurde von dem Donnerschlag geweckt. Ich fürchte mich."
Nachdem sie neun Monate in stillem Exil verbracht hat, möchte sie nun glückselig das Kind anschauen, das wie ein neues Portrait aussieht, das Kāla Purusha gezeichnet hat. Aber ihr Denken befindet sich in einem Zustand des Aufruhrs. Sie ist eine Frau, die nur Nachsicht kennt, nicht aber ein Ego.
Die Erde erzittert von einem erneuten Blitz und Donnerschlag.
Jayalakshmamma schreit auf und eilt zu dem Kind in der Wiege.
Erstaunlich.
In dem Kind ist keinerlei Bewegung.

Es schläft, als hätte es nichts zu tun mit den Veränderungen in der Natur. Vor diesem tödlich erschreckenden Hintergrund ängstigen sich nicht nur Menschen, sondern auch die Vögel und die wilden Tiere...
... der schwere Regen kühlt die Erde ab...
Als ob es im Schlaf einige unsterbliche Traumgeschöpfe beobachtet, als ob es Blütenblätter aus Mondlicht sucht, so erscheint es wie eine Erinnerung an Morgen und badet in unsichtbaren Fluten der Regenbogen-Farben. Es erscheint wie der Empfänger süßer Träume, der einen Stacheldraht um ihr Denken erschafft und ihr bewusst macht, dass ihre Welt sich auf angenehme Gedanken über ihn beschränkt...
Das Kind ist für Sri Rāmānātha Sāstri zu einem verwirrenden Rätsel geworden, für ihn, der doch ein großer Gelehrter ist, der die Essenz der Veden in sich aufgenommen hat:
Das Kind ist wie das unbegreifliche Unendliche...
... wie eine undurchdringliche Rüstung...
... wie eine Predigt...
... wie ein Tröpfchen und wie der mächtige Ozean...
... wie das Lächeln...
... wie eine gewichtige Waffe.
Es wandelt sich von einem in das andere.
Srimāti Jayalakshmi ist nicht in einer Stimmung, es zu beobachten. Voller Befürchtung, dass die Ruhe des schlafenden Kindes gestört werden könnte, schaut sie durch das Fenster nach draußen.
Noch immer dauert das stürmische Wetter an, es regnet und blitzt und donnert. Sri Sāstri sagt unbeabsichtigt:
„Es ist, als wären wir in einem Krieg."
Aber er will nicht hinzufügen: unbewaffnet.
Da er fürchtet, sie könne durch seine Worte beunruhigt werden, bemerkt er in tröstendem Ton:
„Hinterher wird alles wieder ruhig sein."
„Die Atmosphäre beunruhigt uns..."
und indem sie das Kind auf ihren Schoß nimmt, beobachtet sie:
„Wie ruhig er doch schläft."

Das schlafende Kind betrachtend, meint er angelegentlich: „Sein Alter ist noch frei von Furcht und Sorgen. In dieser Welt gibt es nur zwei Menschen, die durch jegliche Situation unberührt bleiben können: zum einen das kleine Kind und zum anderen der Prophet. Ersteres erfreut sich aus Unwissenheit und letzterer aus seiner Allwissenheit heraus an übermenschlicher Glückseligkeit."
Srimāti Jayalakshmamma versteht nicht ganz, was da gesagt wurde. Aber sie fragt auch nicht. Als seine liebenswürdige und einfache Ehefrau weiß sie wohl, ihm zu dienen und seinen Schritten zu folgen, und sie hat nicht die Angewohnheit, über Gebühr Fragen zu stellen.
Es ist über eine Stunde vergangen, seit sie beide aufgestanden sind. Die Wetterlage ist noch immer unverändert.
In zwei wie-teren Stunden wird es anfangen zu dämmern. Bis dahin bleibt nichts anderes übrig, als den Atem anzuhalten und zu warten. Genau in diesem Augenblick klopft jemand an die Tür. Sri Sāstri runzelt die Stirn. Wer mag das sein, der jetzt kommt?
Es ist nicht ungewöhnlich, dass die Leute aus der kleinen Stadt ihn bei Schwierigkeiten oder Krankheiten zu Hilfe rufen und dafür sogar in der tiefsten Nacht zu ihm kommen. Aber in seiner gegenwärtigen Verfassung ist er nicht glücklich, irgendjemanden willkommen zu heißen. Dennoch öffnet er die Tür. Seltsam.
Wer da vor ihm steht, ist kein Fremder. Es ist die Ärztin, die seine Frau vor kurzem versorgte und ihr Leben gerettet hat.
Verlegen und nach Worten suchend tritt er zur Seite und meint: „Um diese Stunde... Sie..."
„Ich wollte nicht kommen, Sāstriji, aber ich konnte nicht umhin. Vor kurzem habe ich mich um Ihre Frau bemüht, aber da konnte ich nichts für das Kind tun..."
Sie geht geraden Wegs auf das Kind zu und nimmt es liebevoll in ihre Hände. Sie streichelt den Kopf des schlafenden Kindes nicht nur für einen Augenblick, sondern volle fünf Minuten lang. Sie sagt nichts über irgendwelche Vorsichtsmaßnahmen,

die für das Kind getroffen werden sollen. Sie gibt auch nicht irgendeine Medizin. Sie schaut sich in dem vom Sturm gebeutelten Haus um, und indem ihre rechte Hand am Körper des Babys vom Kopf bis zu den Füßen entlang fährt, murmelt sie:
„Er zittert aufgrund dieses kalten Windes."
Sofort schließt sie ihre Augen wie in Meditation. Bevor Sāstriji überhaupt versteht, was hier vor sich geht, atmet sie regelmäßig tief ein und tief aus. Während sie in einem unverständlichen Zustand ist, von dem man nicht weiß, ob das Atmen oder Seufzen ist, breitet Wärme sich in dem Zimmer aus. Innerhalb von fünf Minuten ist die Kälte verschwunden, und der Raum ist von der Wärme eines Heiligtums erfüllt.
Als Sāstriji der Gedanke kommt, dass die Frau womöglich einen Mantra rezitiert, erschrickt er und möchte sie etwas fragen. Sie aber gibt ihm keine Gelegenheit dazu.
„Dieses Kind ist wie ein wenig Mondlicht, das auf einen Kokosnuss-Sprössling fällt. Es braucht mich nicht."
All die vorherige Aufregung hat sich nun gelegt.
„Ein Pilger, der göttlichen Nektar getrunken hat, benötigt niemanden!"
Wenn schon die Ankunft der Frau zu diesem Zeitpunkt eine seltsame Sache ist, so sind die Worte der Ärztin nun noch erstaunlicher.
Sāstriji kann nicht mehr ruhig bleiben. Er sagt:
„Wir sind glücklich, dass Sie – durch einen mütterlichen Instinkt veranlasst – gekommen sind und das Kind hätscheln. Aber es ist nicht in Ordnung, dass Sie uns nicht gesagt haben, wie wir das neugeborene Kind zu versorgen haben."
Die Frau, deren Denken ruhelos ist, öffnet die Augen, und indem sie ihre Unruhe nicht auf ihrem Gesicht zum Ausdruck bringt, gibt sie das Kind der Mutter zurück.
„Sāstriji, wie könnte diese Welt für dieses Kind neu sein... Ich bin keine Fremde für Sie. Die Welt, in der Sie leben, ist auch nicht fremd für ihn." Sie lächelt sanft.
„Sie sind sich der Tatsache bewusst, dass himmlische Substanz - dass das Göttliche - stabil und unvergänglich ist, und dennoch

machen Sie sich Sorgen. Dieses Kind benötigt nur Gott geweihte Opfergaben, aber keinerlei Arzneien. Ich werde jetzt gehen."

Als die Frau nun diesen Ort verlässt, als ob ihre Mission erfüllt wäre, gelingt es Sāstriji nicht, sie aufzuhalten. Ohne irgendwelche Begleitung, ohne Schirm oder einen anderen Schutz geht sie aus dem Haus hinaus. Er denkt an die Sintflut draußen und greift zu einem Schirm.
Als er aber über die Schwelle tritt, bringt Srimāti Jayalakshmi einen Zweifel zum Ausdruck:
„Ist sie wirklich eine Ärztin?"
Sāstriji ist verdutzt und antwortet mit einer Spur von Ungeduld:
„Warum hegst du solche Zweifel gegenüber der Ärztin, die schließlich dein Leben gerettet hat?"
Sie versucht, sich an etwas zu erinnern, und äußert sich deutlicher:
„Das ist es nicht... Sie kam zu uns, als es heftig regnete, aber ihr Sari war nicht nass. Auch war das schmückende Tilaka auf ihrer Stirn nicht weggewaschen. Kein Tropfen Wasser an ihrem ganzen Körper... und sie kam ohne einen Schirm... Wie ist das möglich?"
Das heißt...
Wirklich....
Sāstriji erzittert von Kopf bis Fuß. Sie betrat das Haus, als die gesamte irdische Welt im tödlichen Tanz der Natur durchnässt war. Wie konnte sie in einem so perfekten Zustand - einem Standbild gleich - daher kommen?
Das heißt... ein schriller Schrei erklingt aus Sāstrijis Kehle:
„Mutter... Bāla Tripura Sundari!"
Sāstriji springt aufgeregt aus seinem Bett und ist im Begriff hinauszulaufen.
Da versteht er, dass er die ganze Zeit nur geträumt hat.
Draußen regnet es gar nicht. Es herrscht gar kein wilder Sturm. Nur der Schein des Vollmondes ist da. Er nimmt sich ein Glas Wasser und blickt durch die Fenster nach draußen. Allmählich

erscheinen Strahlen von Licht und zeigen das Heraufkommen der frühen Dämmerung an.
„Warum hast du so laut gerufen?"
Als Sāstriji die Stimme seiner Frau hört, nimmt er Besorgnis in ihrem Blick wahr und streicht ihr sanft über den Kopf.
„Warum bist du aufgestanden?" fragt er sie.
Wie wenn sie sich noch von einer Angst erholen muss antwortet sie:
„Gerade eben, vor weniger als einer Minute."
„Wurdest du durch meinen schrillen Schrei geweckt?"
„Nein. So war es nicht. Ich wachte aus einem Traum auf."
Er sieht sie erstaunt an. Sie nimmt inzwischen das Kind aus der Wiege und in ihre Arme.
„Du hast auch einen Traum gehabt?" fragt Sāstriji.
Sie wischt sich den Schweiß von der Stirn und antwortet:
„Ja, die Ärztin, die mich versorgt hat, besuchte uns letzte Nacht und verbreitete Wärme im ganzen Raum..."
„Sie sprach über unser Kind und verließ plötzlich das Haus, während es regnete. Hat sie nicht...?"
Nun ist es an ihr, überrascht zu sein.
„Wie kannst du das wissen?" fragt sie.
Ihr Ehemann ist erfahren im Gedanken-Lesen, und so glaubt sie, er habe auf diese Weise Kenntnis von ihrem Traum. Sie fragt ihn voller Freude:
„Wie kannst du in solchen Einzelheiten darüber sprechen, was in meinem Traum geschehen ist?"
„Ich hatte genau den gleichen Traum, Jaya..." sagt er mit einem göttlichen Lächeln. „Zur gleichen Zeit, da du von der Ärztin träumtest, sah ich sie ebenfalls im Traum. Als du die Frage stelltest, wie sie in dem Regen so trocken bleiben konnte, erkannte ich, dass sie gewiss Bāla Tripura Sundari gewesen sein muss, die dich vor geraumer Zeit gesegnet hat. Und das rief ich dann im Schlaf."
Jayalakshmi ist sprachlos. Wie ist es möglich, dass zwei Personen zur gleichen Zeit den gleichen Traum bekommen? Ist es wirklich Bāla Tripura Sundari, die kam...?

Om Namo Bhagavate Sri Bāla Sai Bābāya Namah

3

Srimāti Jayalakshmi verging vor Sehnsucht nach Kindern, und zusammen mit ihrem Mann wandte sie sich der Meditation zu. Sie gingen zusammen auf Pilgerfahrt zu etlichen heiligen Orten, verehrten viele Heilige und Seher und besuchten schließlich vor einem Jahr den Tempel der Chamundeshwari in Mysore. Nach dem Gottesdienst im Tempel der Chamundeshwari, welcher einer der Ashtadasa Pithams ist, einer der achtzehn machtvollen Wohnorte der Göttin, schlief sie nicht in der Herberge, sondern zusammen mit ihrem Mann hielt sie eine Nachtwache und betete all die Stunden lang zu der Göttin.. Als sie am nächsten Tag dem Tempel einen weiteren Besuch abstatteten, begrüßte sie dort eine alte verheiratete Frau. Sie war mit einem seidenen Sari mit Borten bekleidet, offensichtlich aus einer reichen Familie, und sie trug ein zinnoberrotes Zeichen aus Kumkum auf der Stirn. Sie erfuhr von dem Wunsch, den Srimāti Jayalakshmi hegte, und sie segnete sie voller mütterlicher Zuneigung. Sie sagte:
„Du bist die Göttin Annapūrna, die Ehefrau von Lord Shiva. Du wirst die Mutter eines berühmten Kindes werden. Die Verdienste deines Mannes, der den Bedürftigen dient, zusammen mit deiner heiligen Meditation versetzen dich in die Lage, in einem Jahr einem machtvollen und tugendhaften Kind das Leben zu schenken, das die Züge der Bāla Tripura Sundari tragen wird. Er wird förderlich sein für die niemals endende Geschichte – so lange wie die Sonne und der Mond und so weiter bestehen."
Srimāti Jayalakshmi berührte ihre Füße und sagte voller Hingabe:

„Sie haben mir eine freudige Nachricht gegeben. Sagen Sie mir Ihren Namen!"
„Bāla Tripura Sundari."
Freudig erregt wollte Srimāti Jayalakshmi noch ein paar Einzelheiten wissen.
So sprach sie:
„Ich möchte Sie wieder treffen. Wo wohnen Sie?"
Sanft lächelnd gab die Dame zur Antwort:
„Genau hier."
Und sie ging zur hinteren Seite des Heiligtums, bevor noch eine weitere Frage gestellt werden konnte.
Srimāti Jayalakshmi ging zu ihrem Ehemann, der sie aus einiger Entfernung beobachtet hatte, und berichtete ihm von der Unterhaltung, die sie mit der heiligmäßigen Frau geführt hatte.
„Du Dummchen," bemerkte er, „wenn du sie wieder treffen möchtest, solltest du alle Einzelheiten über ihre Adresse wissen und nicht nur mit dem Kopf nicken und fortgehen. Lauf und frag sie nach der vollständigen Adresse!"
Sofort ging sie zu der Stelle, wo die Dame sie verlassen hatte, aber sie konnte sie nicht finden. Sie fragte den Priester und andere dort Anwesende, aber vergeblich – alles schlug fehl.
In diesem Augenblick begriff Sāstriji, dass er Vater eines göttlichen Kindes werden würde...

Er ist überaus erstaunt und überrascht, sich zu erinnern, dass die Ärztin und die Dame in jenem Tempel in ihrer Erscheinung identisch waren. Vielleicht ist ihm die Ärztin deshalb so nahezu vertraut erschienen.
Das Ehepaar kann hiernach nicht mehr schlafen. Wie in Trance schauen sie weiterhin das Kind an, das mit der Schönheit einer Rose ihnen wie eine Girlande aus goldenen Buchstaben erscheint. Sie sind sich nicht sicher, als was dieses Kind sich herausstellen wird – ein leuchtendes Zeichen aus Zinnoberrot auf der Stirn von Kāla Purusha oder als jemand, der Licht in die verdunkelten Leben bringen wird, so wie die Gāndhāra-Melodie,

das Lied am frühen Morgen, Musik in den Gesang des Lebens bringt.
Genau an diesem Morgen erfährt das Ehepaar etwas völlig Unverständliches. In dem Ort, in dem sie leben – in Kurnool – gibt es tatsächlich ein Krankenhaus. Aber der Arzt, der dort arbeitet, ist nicht eine Frau. Und: der Arzt, der dort arbeitet, war für eine Woche nicht im Dienst, sondern verreist.
Zusätzlich zu seinen Leistungen in Āyurveda – der Vedischen Wissenschaft von Gesundheit und Medizin – ist Sāstriji bekannt dafür, Menschen wiederbeleben zu können, die von Schlangen gebissen worden sind. Jetzt erinnert er sich an die Ereignisse der letzten Nacht. Er erkennt, dass aufgrund ihrer Verdienste aus einigen früheren Lebzeiten in ihrem Leben nun ein neues Kapitel begonnen hat.
In dem Moment erinnert er sich an Swāmī Tirdhananda. Der hat alle Veden vom Anfang bis zum Ende studiert und lebt jetzt in einer Höhle in einem dichten Wald. Er ist ein einhundert und zehn Jahre alter Rishi, reich an Tapas.
Sāstriji möchte seinen Rat einholen, was die Zukunft des Kindes angeht. Er möchte auch, dass das Kind von ihm mit einem Namen versehen wird.

Om Namo Bhagavate Sri Bāla Sai Bābāya Namah

4

Ein dichter Wald in der Nähe des Tungabhadra. Ungefähr fünfzehn Kilometer von Kurnool entfernt gibt es einen hohen Berg, an dessen Südseite es ganzjährig fließendes Wasser und inmitten dieses Wassers eine Höhle gibt. Sāstriji überwindet das Buschwerk und die Baumgruppen, die das Tageslicht abschirmen, und erreicht die Höhle nach einer gewaltigen Anstrengung. Kein Mensch weiß, seit wie vielen Jahren Swāmī Tirdhananda schon hier lebt, denn der Swāmī erscheint selten unter den Menschen. Wie der Swāmī ohne jegliche Gesellschaft und weit weg von jedem Kontakt zur Welt in dem undurchdringlichen Dschungel leben kann, ist Gegenstand großen Erstaunens seitens der Menschen. Bis jetzt haben sie jedoch niemals versucht, den Schlüssel dafür zu finden.
Als Sāstriji den Eingang zur Höhle keuchend und nach Luft schnappend erreicht und den abgemagerten Swāmī mit geschlossenen Augen dasitzen sieht, vergeht all seine Müdigkeit. Mit dem unrasierten Bart und dem verfilzten Haar wirkt der Swāmī wie geisteskrank – aber sein eingeschrumpfter Körper glüht in spiritueller Helligkeit.
„Wer ist da?"

Der Swāmī kneift seine Augen zusammen und fragt das mit einer Stimme, die wie die Rezitation des Rig-Veda klingt. Alle Energie aufbietend steht er auf, und das erinnert Sāstriji an den Atharvana-Veda. Wie er heraustritt, aufrecht wie der Schatten einer Casuarina, klingt es wie die Lebenskraft des Yajur-Veda. Die Ruhe in seinem Blick schließlich ist wie der Sāma-Veda.

„Rāmānātha Sāstri! Du bist der Vater eines Kindes, dessen ganze Existenz eine Mission ist. Bist du gekommen, um mir jetzt diese Nachricht zu bringen?"

Seine Lippen öffnen sich wie der Panchana Veda.

Sāstriji ist äußerst erstaunt.

Er berührt die Füße des Swāmī, der die Gedanken des Verstandes schon lesen kann, bevor sie noch die Form von Worten angenommen haben. Mit Tränen in den Augen und gefalteten Händen steht Sāstriji vor dem Swāmī, der mit dem ihm innewohnenden Wesenszug der Göttlichkeit genau jetzt hier ist im gegenwärtigen Augenblick und ohne irgendeine Vorbereitung in der Lage ist, über Vergangenheit und Zukunft zu sprechen.

Der Swāmī sagt:

„Deine täglichen hingebungsvollen Studien der Veden, deine ständige Beachtung des Vedischen Dharma, deine fromme Lebensführung, deine Gastfreundschaft, die Reinheit deines Denkens, deine regelmäßige Anbetung Gottes haben jetzt Früchte getragen. Euer Leben ist geheiligt worden durch den Einen, der als euer Kind zu euch gekommen ist. Er wird ewig und wahrhaftig leuchten und von der ganzen Welt verehrt werden."

Die Worte des weisen Swāmī, die völlig ungehemmt aus ihm hervor kommen und das Kind betreffen, das geboren ist wie der Kehrreim oder der Leitgedanke eines Liedes, das zu einem unauslöschlichen Gesang der Zukunft anschwellen soll, versetzen Sāstriji in einen solch ekstatischen Zustand, als wäre er im Boden verwurzelt wie einst Vasudeva.

„Rāmānātham! Der Zeitpunkt, an dem dein Kind geboren wurde, ist nicht bloß einzigartig. Es ist auch ein Augenblick, der erlesen ist und angereichert mit der Eigenschaft edler Seelen, die sich mit allumfassender Liebe fortwährend für das Glück der Menschen einsetzen."

Die Augen des Swāmī sind halb geschlossen, wie wenn er in die Seiten der Upanishaden hineinblickt:

„Dein Kind, das wie Krishna um Mitternacht geboren wurde, wird die Philosophie der Liebe verbreiten und die Welt in ein Gokulam verwandeln. Es wird den künftigen Wohlstand der Welt bewirken, denn es wurde wie Sri Rāmā zum Zeitpunkt des Sternes Punarvasu geboren. Wie Buddha wurde es an einem Vollmondtag geboren, und so wird dein Sohn der Welt zeigen, wie man friedvoll lebt. Wie Jesus Christus, der makellose Reformer, wurde dein Kind im dem Sternzeichen Steinbock geboren, und so wird er das Elend und die Nöte aller als seinen Veda des Lebens auf sich nehmen und das Ansehen als fünfter Veda erlangen. Er teilt die Geburtszeit mit so vielen Berühmtheiten, aber er offenbart sich als Lord Shivas Wesen. So soll er von diesem Augenblick an mit dem Namen Bāla Sai seine Geschichte beginnen."

Sāstriji wiederholt den Namen Bāla Sai, den der Swāmī ihm gegeben hat, und nachdem er gewissen unglaublichen Tatsachen gelauscht hat, wünscht er etwas zu fragen. Tirdhananda unterbricht ihn und spricht:

„Geh, Rāmānātha! Erreiche du die Befreiung, indem du Myriaden von Gottheiten (– die Hindus glauben, dass es dreißig Millionen Gottheiten gibt – Anmerkung des Übersetzers) in deinem Sohn findest, der dadurch berühmt werden wird, dass er göttliches Licht verbreitet und die Dunkelheit der Welt vertreibt. Erkenne die Wahrheit, dass meine Worte nicht übertreiben, wenn ich die wunderbaren und seltsamen Erscheinungen oder Begebenheiten in der Gegenwart Bāla Sais beobachte und feststelle. Inmitten der Rezitation des Mantras ‚Om Namo Bhagavate Sri Bāla Sai Bābā', die in allen zehn Himmels-Richtungen gehört werden wird, erfülle du deine Pflichten als Vater."

Der Swāmī streicht über seinen Kopf, als ob er ihn segnet, und geht fort. Der Swāmī hat die innere Bewusstheit berührt, sie mit unerschütterlichem Bewusstsein erfüllt und eine immer blühende Brücke aus Blumen zwischen Verstand und Intellekt errichtet. Er verschwindet inmitten der dicht stehenden Bäume, während Sāstriji noch da steht und ihm nachsieht.

„Erkenne die Wahrheit, dass meine Worte nicht übertreiben, wenn ich die wunderbaren und seltsamen Begebenheiten in der Gegenwart Bāla Sais beobachte und feststelle."
Diese Worte hallen wie ein Echo in den Tiefen seines Herzens wider, als Sāstriji sich wie im Traum in Bewegung setzt – so wie der Strom der Zeit dahinfließt zwischen Morgendämmerung und Abenddämmerung.
Sāstriji, der bis hierher von Glückseligkeit erfüllt war, empfindet nun eine Furcht. Er, der Atmen in das Chanten der Veden umgewandelt hat, bedenkt jetzt nur eine Sache.
Es ist wahr, dass seine Frau in der Absicht, Mutter zu werden, Tag und Nacht auf ein Baby gewartet hat. Aber wie wird sie sich mit dem Gedanken in Einklang bringen, in dem Kind Gott zu sehen? Sie ist eine einfache Frau, die ihr Kind für sich haben möchte. Kann sie der Vernichtung ihrer frischen Erinnerungen, die so wunderschön eingerichtet sind, widerstehen, wenn der Junge von ihrem Schoß aufsteht und in den Tempel der Schöpfung geht? Kann sie es ertragen, wenn das Kind morgen sagt, dass es nicht ihr gehört, sondern allen? Kann sie erdulden, dass er sagt, er müsse für alle leben?
In diesem Moment entscheidet Sāstriji sich. Bāla Sai ist nur ihr Kind. Er sollte seiner Frau nichts über die Zukunft erzählen. Wenn das Kind die Kraft hat, die Welt zu faszinieren, dann wird es ihm auch nicht unmöglich sein, die Mutter zu überreden. Also verbirgt er viele Dinge, die Tirdhananda ihm erzählt hat, in den Tiefen seines Geistes, ohne sie seiner Frau zu offenbaren.

Om Namo Bhagavate Sri Bāla Sai Bābāya Namah

5

„Bāla Sai!"
Srimāti Jayalakshmamma nimmt begeistert das Baby aus der Wiege und in ihre Arme und bedeckt es mit Küssen. Sie sagt:
„Wie mein Sohn, so ist auch sein Name zum Streicheln schön."
Eine Woche ist vergangen...
Sāstriji ist außerstande einzuschätzen, ob es sich bei ihr um Freude oder um Verrücktheit handelt. Jayalakshmamma nimmt weder Rücksicht auf ihren Hunger noch auf ihre Müdigkeit und wiederholt unaufhörlich den Namen Bāla Sais.
Sāstriji betrachtet die Dunkelheit draußen und richtet den Docht in der Sturmlampe auf. Er bemerkt zu seiner Frau:
„Es ist nun zehn Uhr abends."
Sie schaut das Kind mit unverminderter Aufmerksamkeit an und erwidert:
„Na und? Du solltest jetzt dein Nachtessen einnehmen und dann schlafen."
„Du kannst auch einen Bissen zu dir nehmen," antwortet er bittend..
Sie küsst das Kind begierig und sagt:
„Nein, danke. Wenn ich meinen Sohn anschaue, empfinde ich weder Hunger noch Durst."
Unfähig, irgendeine Erklärung über die blockierende unverständliche Erregung in ihrem Geist abgeben zu können, bricht sie in Tränen aus.
„Für jede Mutter mag ihr Kind außergewöhnlich erscheinen. Aber jedes meiner Augen ist unzureichend, um seine bildschöne Erscheinung zu betrachten. Jetzt denkst du gerade, er ist wie

eine Knospe, und im nächsten Moment sieht er aus wie der Berg Meru. Ich möchte wissen, ob er sich an die Geschichte dieser seiner Mutter hält oder ob er ihr nur Schmerz bereiten wird."
Dann sieht sie es.
Bāla Sai auf dem Schoß seiner Mutter schaut sie starr an. Sie zittert. Er ist noch nicht einmal einen Monat alt. Wie kann er dann schon so durchdringend blicken?
Erschrocken ruft sie ihren Mann.
„Dieser zarte Junge... Siehst du, wie er mich anschaut – als ob er ärgerlich wäre?"
Sāstriji ist sprachlos. Seine Frau übertreibt nicht. Der ein paar Tage alte Knabe – schön wie der zunehmende Mond – sieht seine Mutter seltsam an, ohne seine Lider zu bewegen. Sāstriji sagt, als wolle er sie trösten:
„Es ist wahr. Er regt dich schon auf, wie es der kleine Krishna auf dem Schoß der Yashoda tat."
Sie bringt ihr Missfallen zum Ausdruck:
„Was für ein Vergleich! Wenn es doch Devakī ist, die ihm als seine Mutter das Leben schenkte – warum vergleichst du mich dann mit seiner Pflegemutter Yashoda?"
Sāstriji denkt an die Worte von Swāmī Tirdhananda und lacht wie ein Philosoph. Obwohl es ein unbeabsichtigter Ausrutscher seiner Zunge war, entspricht er doch den künftigen Tatsachen.
„Es ist wahr, dass Devakī ihm das Leben schenkte, aber es war Yashoda, die ihn während der ganzen Kindheit großzog. Ob du mir zustimmst oder nicht: jede Mutter dieser Welt wird eines Tages wie Devakī leben müssen – weit weg von ihrem Kind. Das ist die Wahrheit über das Leben. Solange das Kind schwankt und noch nicht richtig gehen kann, gibt die Mutter ihm Hilfe. Aber wenn es anfängt zu laufen, braucht es ihre Stütze nicht mehr. Früher oder später trennen die Verpflichtungen des Lebens die Mutter von ihrem Nachwuchs. Das Kind, von dem die Mutter denkt, es gehöre ihr allein, nähert sich der Welt, das heißt Yashoda, und setzt sein Leben in den Fesseln der Liebe fort."

Die einfache Frau, die niemals ihrem Mann widersprach, reagiert irgendwie schmerzerfüllt, als könne sie die bittere Wahrheit nicht ertragen.
„Nein," sagt sie.
„Mein Kind wird nicht von mir fortgehen. Ich erlaube das nicht. Er wird nur bei mir sein. Er kann sich meinen Wünschen nicht widersetzen. Bitte, rede niemals mehr in dieser Weise darüber!"
Wie ein Pilger, dessen Mittel erschöpft sind, noch bevor seine Pilgerreise endete, erschaudert sie mit Tränen in den Augen. Obwohl das Kind erst ein paar Tage alt ist, betrachtet sie ihren teuren Liebling als ihre Hilfe und Stütze. Obgleich es sich nur um einen Ausrutscher der Zunge von Seiten ihres Mannes handelt, bringt sie beharrlich ihre Besorgnis zum Ausdruck, da ihr ihre eigene Existenz ohne ihr Kind unmöglich erscheint. Es ist gerade eben ein Tautropfen, aber in ganz kurzer Zeit hat es sich in einen Monsunschauer verwandelt und fasziniert sie zutiefst. Wie das Atmen, wie der Donner und wie unsterbliches Verlangen hat der Knabe seine Mutter in ein Spielzeug verwandelt, um damit zu spielen.
Wahrscheinlich ist Sāstrijis Herz tief berührt von dem Schluchzen seiner Frau, und er hat sehr viel Liebe für sie entwickelt. So sagt er:
„Ich habe das nur so gesagt, Jaya. Der Junge wird nur dein Kind sein. Mit dem Wissen, das ich ihn lehren werde, wird er den Wert einer Mutter erkennen und dir näher sein."
Sie schaut beunruhigt auf das Kind. Als ob sie schon entschieden hätte, was aus ihm einmal werden soll, sagt sie begeistert:
„Wir wollen ihn sehr gut ausbilden und Arzt werden lassen, auch wenn das unsere Mittel weit überschreitet."
Sāstriji sagt uneigennützig:

„Astrologisch gesehen gibt es für das Kind eine Möglichkeit, Arzt zu werden. Swāmī Tirdhananda sagt das ebenfalls. Er wird ein großartiger Arzt werden... Er wird die Krankheiten der Leute um sich herum heilen, er wird für viele eine verehrungswürdige Gottheit sein und uns Ehre und Ruhm verschaffen."
Sie würde wohl noch weiter versuchen, begeistert darüber zu reden, um ihre Erregung zu besänftigen. Aber gerade in diesem Augenblick hören sie laute Schreie die Stille in der Dunkelheit durchbrechen.
Leute rennen herum... Verwirrende Geräusche.
Sāstriji geht hinaus und fragt:
„Was ist geschehen?"
Subha Reddy, der Bewohner des dritten Hauses in der gleichen Straße, tritt zu Sri Sāstri. Er schlägt sich auf die Brust und jammert:
„Alles ist aus! Das Leben meiner Tochter ist zerstört."
Sie ist die einzige Tochter in der Familie, und ihre Hochzeit ist für den nächsten Tag anberaumt. Diebe sind in das Haus eingebrochen und haben sich mit allen Wertsachen aus dem Staub gemacht.
Reddy fällt Sāstriji zu Füßen und klagt herzzerreißend. Alle Verwandten, die schon zu der Hochzeit angereist sind, schauen schweigend zu. Sāstriji weiß, dass es nicht ganz einfach ist, Subha Reddy zu trösten. Aber er nimmt ihn bei den Schultern und zieht ihn hoch. Mit fester Überzeugung sagt er:
„Nur keine Panik, Reddy. Deine Tochter Dhanalakshmi ist doch eine Devotee der Göttin Kanyaka Parameshwari, die sicherlich dafür sorgen wird, dass die Hochzeit ohne irgendwelche Hindernisse stattfindet."
Sāstriji, der das Wohl aller herbeiwünscht, tröstet Reddy eine ganze Zeit lang. Dieser hockt sich hin und weint in seiner Not.
Srimāti Jayalakshmi hält das Kind auf ihrem Schoß. Sie sieht ihren Mann an und sagt:
„Deine beruhigenden Worte sollten ihm wirklich wohl tun. Sonst könnte Reddy wohl sterben."

Sie blickt bekümmert in die Dunkelheit. Sie glaubt, ihr Mann habe ein Geräusch von sich gegeben, um anzuzeigen, dass er der Unterhaltung folgt. Sie setzt hinzu:
„Glaubst du nicht, dass es richtig wäre, wenn ihr ginget und die Polizei benachrichtigt?"
„Nein, Jaya. Dieses Problem kann nicht durch das Eingreifen der Polizei gelöst werden. Meine Überzeugung geht nicht fehl. Die Göttin wird ganz bestimmt ihre Mitarbeit nicht versagen."
Jetzt glaubt Sāstriji, dass Srimāti Jayalakshmamma einen Laut von sich gegeben hat. Er wendet seinen Kopf ihr zu und bemerkt, dass Bāla Sai der ist, der ihn verursachte.
Er ist verblüfft.
Auch Srimāti Jayalakshmamma ist überrascht zu sehen, dass ihr Kind mit einem Finger im Mund diese Geräusche macht, als nähme es an der Diskussion teil.

Genau zu dieser Zeit...
Am Rande der Ortschaft sitzen vier Räuber hinter einem Busch und öffnen ein Bündel, in dem der gestohlene Schmuck enthalten ist. Sie beginnen damit, die Beute zu schätzen, um sie zu teilen. Sie sind noch nicht fertig mit dem Prüfen des Schmuckes, der hell im Mondlicht leuchtet, da kommt aus dem Busch mit zischendem Laut eine Kobra heraus. Dieses unerwartete Ereignis lässt sie ziemlich enttäuscht zurück. Bevor sie noch denken können, was vor sich geht, hebt die Kobra ihren aufgespreizten Kopf und schnellt auf sie zu. Sie rennen fort.
Es ist nicht bekannt, was aus der Kobra wurde, die die Diebe noch etwa fünfzig Yards verfolgte.
Aber: ein Affe, der von einem Baum herunter sprang, packte die Juwelen zurück in das Bündel. Innerhalb von zehn Minuten ließ er das Bündel in Subha Reddys Haus fallen und verschwand.

An nächsten Morgen erfahren die Leute, dass ein Affe die gestohlenen Sachen zurückgebracht hat, und sie sind verwundert und versammeln sich in großer Anzahl vor dem Haus der Reddys. Sie kommen zu dem Schluss, dass das Gottes Wille war,

und sie beglückwünschen Subha Reddy. Der gewinnt seinen verloren gegangenen Mut zurück und geht in diesem Zustand – nämlich dem Zustand der Befreiung von einem Fluch – zuerst zu Sāstriji.
„Nur dein Segen hat das Leben meiner Tochter gerettet. Es ist deine Gnade, Swāmī. Lass doch die Hochzeit auch unter deiner Schirmherrschaft stattfinden..."
Sāstriji kann nicht umhin, dieser dringenden Bitte Folge zu leisten.
Sri Sāstri nimmt Bāla Sai auf seinen Arm und verbringt eine Stunde allein mit dem Kleinen. Bāla Sai hat so schon seine Größe bewiesen, indem er den Menschen die Länge der kleinen geraden Linie, die zwischen Freude und Leid existiert, bewusst gemacht hat.
„Am Festtag Sankranti wurdest du in mein bescheidenes Heim geboren und rettetest eine kleine Familie, die im Schatten der Sorge zuhause war. Obwohl ich dein Vater bin, kann ich es nicht wagen, dich zu segnen – denn ich bin mir der Wahrheit deiner göttlichen Geburt bewusst. Oh, du mein machtvolles Geschenk Gottes! Ich bekenne, dass mein Leben durch dein Erscheinen gesegnet wurde. Ich wünsche mir, dass du auf ewig für die Menschen um dich herum empfänglich sein mögest!"
Bāla Sai zirpt und zwitschert auf lebendige fröhliche Art und Weise. Ununterbrochen lachend, wie wenn der Schaum der heiligen Quellen auf seinen Lippen verteilt worden wäre, formt er seinen Mund zu einer Nische für das Mondlicht um.
Sāstriji zieht ihn näher an seine Brust, als bräuchte er keine größere Glückseligkeit mehr.
Noch bevor Sāstriji die Tatsache vergessen kann, dass sein kleines Kind das gesamte Universum umfasst, geschieht eine weitere Begebenheit.

Om Namo Bhagavate Sri Bāla Sai Bābāya Namah

6

Subha Reddy gibt seiner Frau gegenüber seiner Freude Ausdruck. Er sagt: „Das einzige offenstehende Problem ist gelöst!" Noch an diesem Abend schickt er seine Tochter in das Haus ihrer Schwiegereltern. Alles kommt ihm immer noch wie ein Traum vor. Es ist nichts anderes als ein Gnadenakt Gottes, dass die verschwundenen Juwelen noch in derselben Nacht wiederbeschafft wurden. Er sagt zu seiner Frau: „Wenn wir diese ganze Angelegenheit der Gnade der Göttin Kanyaka Parameshwari zu verdanken haben, wie Sāstriji angedeutet hat, dann sollten wir morgen einen feierlichen Gottesdienst für diese Gottheit abhalten."
Er würde das am liebsten auf der Stelle noch in dieser Nacht tun, gleich nachdem ihm der Gedanke gekommen ist – aber es ist schon zehn Uhr abends. So lässt er ab von diesem Vorhaben. Doch er kann nicht gelassen bleiben. Er denkt daran, den Tempel aufzusuchen, der sich neben dem Postgebäude befindet, und der Göttin außerhalb des Heiligtums seine Verehrung zu erweisen. Er macht sich auf, da er sein Verlangen nicht zügeln kann. Die Stadt ist inzwischen still. Er geht ein paar hundert Meter durch die leere Straße, und wie er sich mit voller Bescheidenheit gefalteten Händen dem Tempel nähert, grüßt er die Göttin mit gebeugtem Kopf und öffnet seine Augen.
Da stellt er voller Aufregung fest, dass das Heiligtum erleuchtet ist, dass aber das Standbild der Gottheit nicht dort steht. Er hat den Tempel, der schon lange besteht - noch bevor er geboren wurde - inzwischen wohl ein paar hundert mal besucht. Er

möchte aus Furcht laut schreien, aber er schafft es, Festigkeit zu bewahren. In diesem Augenblick kann er nur an Rāmānātha Sāstri denken. Nicht nur ihm ist Sāstriji lieb und teuer, sondern vielen Menschen im Ort. Nur Sāstriji kann dieses Phänomen erklären. Also eilt Reddy aufgeregt zu Sāstrijis Haus. Er kann Sāstrijis Haus binnen ungefähr fünf Minuten erreichen. Aber dieser kommt gerade aus dem Nachbarort zurück, wo er die Menschen mit der Rezitation eines Purāna unterhalten hat, und so treffen sie sich auf halbem Weg.

„Was ist los, Reddy?" fragt Sāstriji, aber noch vor dieser Frage stößt Reddy zitternd hervor, was er gesehen hat:

„Sāstriji, es scheint so, als ob ein Unglück über diese Stadt hereingebrochen ist. Vor wenigen Tagen fand der Diebstahl in meinem Hause statt. Nun ist sogar das Standbild der Göttin verschwunden!"

Tatsächlich ist nun auch Sāstriji verwirrt. Wie kann das Standbild verschwinden? Sein Gedanke, der wie ein Laut beginnt, sich wie zu einem Sturm entwickelt und danach wie in einen gewaltigen Orkan, schärft sein Gehirn:

„Ich weiß, dass Sie es nicht falsch auffassen, Reddy. Sie mögen das Standbild nicht gesehen haben. Wie können Sie nur deshalb denken, es sei für immer verschwunden? In dieser Welt voller Illusion erscheinen gewisse Dinge sichtbar, während andere die Täuschung hervorrufen, dass sie nicht mehr vorhanden sind."

„Dies ist nicht Verwirrung, Swāmī! Ich selbst habe diese Wahrheit gesehen – ich selbst habe diese Tatsache festgestellt."

„Die letzten Vorkommnisse, die Sie noch verfolgen, müssen wohl bewirken, dass Sie so empfinden."

„Nein, mein Herr! Wenn Sie mögen, kommen Sie schnell mit hinein und sehen es selbst!"

Sāstriji bringt es nicht fertig, diese Bitte zurückzuweisen. Während er als ein Repräsentant zwischen Wirklichkeit und Subjektivität agiert und geht, um Zeuge einer weiteren seltsamen Erscheinung zu werden, kann Sāstriji nicht umhin, sich ganz unwillkürlich an Bāla Sai zu erinnern.

Om Namo Bhagavate Sri Bāla Sai Bābāya Namah

7

Vielleicht ist dies ebenfalls ein Zeichen des Beweises für das, was Bāla Sai darstellt.
„Wie bezaubernd ist das Kind!"
Eine junge Frau von etwa fünfundzwanzig Jahren ist eine halbe Stunde vorher in das Haus hereingekommen. Sofort hat sie das Kind hoch genommen, und sie hört nicht auf, ohne Unterlass seine Schönheit zu preisen. Srimāti Jayalakshmmma wird ärgerlich. Ihr kommt der Gedanke, dass es ein schweres Verbrechen ihrerseits gewesen ist, einer völlig unbekannten jungen Frau zu erlauben, das Kind zu hätscheln.
Jetzt kann sie es nicht länger dulden, und so sagt sie:
„Als ich Ihnen sagte, dass ich Sie nie vorher getroffen habe, meinten Sie, Sie seien aus dieser Stadt. Als ich Sie bat heimzugehen, da es dunkel wurde, antworteten Sie seltsamerweise, dass Ihnen Dunkelheit und Licht nichts ausmachen. Sie scheinen ein junges Mädchen zu sein. Welche Erklärung werden Sie denn Ihren Leuten geben, wenn diese Sie fragen, wo Sie bis jetzt gewesen sind?"
„Dear Auntie, ich habe keine Eltern, die mich fragen könnten."
Das Kind auf ihrem Arm sieht sie ununterbrochen an.
„Warum sollten Sie irgendwelche Einwände haben gegen das, was ich tue, wenn das Kind keine hat?"
„Er ist ein winziges Kerlchen. Er mag jede Frau, die ihn wie eine Mutter streichelt. Wie kann das Kind, das noch nicht spricht, mit Ihnen reden?"

„Dear Auntie, dieses Kind, das die Verspieltheit des Kailāsa zeigen kann, ist ein ganz ungewöhnliches Kind. Er wird die gesamte Welt in aller Stille beherrschen."
„Ich verstehe Sie nicht. Bitte lassen Sie ihn nun in Ruhe und gehen Sie!"
„Ich führe ein Leben wie eine Gefangene. Erlauben Sie mir, noch ein Weilchen mit dem Kind zu spielen!"
Sie versucht, den Jungen hochzustemmen.
„Bitte... nicht! Er wird herunterrutschen."
Die fremde Frau bewegt sich ein wenig fort von Srimāti Jayalakshmamma. Lachend sagt sie:
„Selbst wenn er rutschte – er würde mir nicht aus der Hand gleiten. Ich schwöre es."
„Genug ist genug. Wenn Sie möchten, dann kommen Sie morgen tagsüber und spielen Sie mit ihm."
Gedankenvoll sagt die Frau:
„Das ist nicht möglich. Wirklich nicht. Die Leute dieser Stadt lassen mich nicht allein. Sie lassen mir nicht die Zeit zum Luftholen."
Verwundert fragt Srimāti Jayalakshmi:
„Ich verstehe nicht ein einziges Wort von Ihnen! Sie haben sich beklagt, dass Sie wie eine Gefangene leben. Nun sagen Sie, dass die Städter Ihnen nicht einmal Zeit zum Atmen lassen. Wer sind Sie?!"
Sie fügt hinzu:
„Ich kenne alle jungen Mädchen in diesem Ort. Aber ich schwöre, dass ich Sie bis heute nie gesehen habe. Deshalb kann ich Ihnen oder Ihren Worten kaum glauben!"
Die junge Frau bricht in ein Gelächter aus, das der Flut des Mondlichtes gleicht oder einem Kinnera aus dem Wald, der laut singt, oder dem Rumpeln des Triumphwagens des Himmlischen Flusses. Mit einem Seitenblick sagt sie:
„Sie sind eine Mutter, die ihrem Kind ungeteilte Aufmerksamkeit schenkt. Deshalb können Sie mich nicht erkennen."
Sie fügt hinzu:

„Ich werde das Kind kämmen und dann gehen. Holen Sie schnell etwas Sesamöl!"
Plötzlich treibt sie Srimāti Jayalakshmamma zur Eile an, als ob sie selbst von jemandem gejagt oder verfolgt würde. Srimāti Jayalakshmamma wundert sich über den unverhofften Wunsch der jungen Frau wegzugehen, hat sie doch bis vor ein paar Minuten heiter und gelassen mit dem Kind gespielt. Sie sagt, als sei sie nicht in der Lage, deren Gelächter einzuordnen:
„Sie sind ein seltsames Mädchen! Ich habe nichts dagegen, Ihnen Sesamöl zu bringen, das wir eigentlich für den Gottesdienst verwenden – aber meinem Kind müssen die Haare erst noch wachsen, bevor sie gekämmt werden können!"
„Ich möchte das Öl nur mit der Vorstellung auf seinen Kopf auftragen, dass das Haar wachsen möge. Sie sagen, er habe keinen Schopf, keinen Kopf – während er doch ganz voller Gedanken ist... Holen Sie erst mal das Öl!"
Ängstlich drängt sie Srimāti Jayalakshmamma zur Eile.
Mit dem Gefühl, dass die junge Frau sie sonst nicht verlassen wird, geht die Mutter des Kindes in die Küche. Sie kehrt innerhalb weniger Minuten mit einem mit Öl gefüllten Gefäß zurück und steht entgeistert da. Die junge Dame ist fort. Was geschah mit ihr in der Zwischenzeit?
Srimāti Jayalakshmamma tritt aus der Tür hinaus auf die Straße. Da ist niemand – außer dem schneeweißen Mondlicht, das vom Himmel herabscheint.

Das Heiligtum ist wie ein unbegreifliches dunkles Geheimnis zwischen dem Anfang der Schöpfung und deren Ende.
Sāstriji und Reddy, die dort hin kommen, stehen wie angewurzelt da, erstaunt über das, was sie sehen. Es ist nämlich nicht leer, wie Reddy vorher erwähnt hat. Geschmückt mit allen Schmuckstücken steht das Standbild der Kanyaka Parameshwari mit ruhigem Gesichtsausdruck da.
Subha Reddy, der sich als erster von dem Schock erholt, möchte Sāstriji davon überzeugen, dass er keine Lügen erzählt hat:

„Nein, mein Herr, ich bin nicht wahnsinnig! Ich habe nicht geträumt! Es ist wahr, dass hier vorhin kein Standbild stand. Aber wieso es jetzt wieder wahrzunehmen ist, das geht über mein Verständnis."
Sāstriji bezweifelt die Worte Reddys nicht.
Es ist unmöglich, Kāla Purusha zu messen, der auf den Seiten des Buches seines Herzens, die als Upanishaden bekannt sind, die Größe und Erhabenheit andächtig verzeichnet und festgehalten hat, die sich grenzenlos ausbreitet. Diese Wahrheit erkennend streichelt Sāstriji Reddys Kopf liebevoll und sagt, in einer Sprache, die dieser versteht:
„Als die Göttin Ihre Not sah, war sie gütig. Deshalb kam sie zurück, um Sie zu trösten – mit welchen Gedanken auch immer sie das Heiligtum vorher verlassen hatte. Sie zeigt in einer mütterlichen Stimmung ihre Liebe und Zuneigung für ihr Kind!"

Nach ungefähr zehn Minuten kehrt Sāstriji nach Hause zurück. Noch ehe er von seiner Erfahrung auf dem Heinweg erzählen kann, berichtet ihm seine Frau von der schönen unbekannten Frau, die lange Zeit mit Bāla Sai verbracht hat. Neben den unverständlichen Aussagen der Dame erwähnt sie auch deren plötzliches Verschwinden – ohne dass sie Bāla Sais Haar gekämmt hatte.
Ist also die Göttin, die aus dem Tempel verschwunden war und in Sāstrijis Haus kam, um mit Bāla Sai zu spielen, der mit dem Charakter Shivas geboren wurde, in das Heiligtum zurückgekehrt? Obwohl sein Geist von der Weisheit der Veden und der Upanishaden erfüllt ist, erkennt Sāstriji, dass er noch unendlich viel zu lernen hat.
Er geht zu der Wiege, in der Bāla Sai schläft. Wie vom Blitz getroffen steht er vor einem Wunder. Bāla Sai, auf dessen Kopf bis vor einigen Stunden noch kein Haar wuchs, hat nun auf einmal dichtes lockiges Haar. Während Sāstriji das Haar betrachtet, das wie zusammengeballte Wolken am blauen Himmel aussieht oder wie die Zweige des Banyan-Baumes, erkennt er, dass es

Kanyaka Parameshwari war, die ihnen bis dahin bereits mehrere Dienste erwiesen hat.

Srimāti Jayalakshmamma sieht erstaunt aus und bemerkt: „Wie kommt es, dass das Kind plötzlich Haare auf dem Kopf hat? Das alles ist doch seltsam!"

Sāstriji antwortet nicht. Er hält seinen Wunsch unter Kontrolle, die Beweise aufzuzählen, die Bāla Sai zeigen wird, sobald er der Kindheit entwächst.

Die unbefangene Jayalakshmamma möchte leben und ihr Kind lieben, sie kann aber den Gedanken an das Erwachsen-Werden des Kindes nicht ertragen, das es von ihr entfernen wird. Wenn sie das eines Tages ertragen soll, muss sie sich geistig noch entwickeln, um mit der Veränderung fertig zu werden. Sie muss geistige Reife erlangen.

Om Namo Bhagavate Sri Bāla Sai Bābāya Namah

8

Fünf Jahre sind vergangen, seit Bāla Sai geboren wurde. Während dieses Zeitraums hat Rāmānātha Sāstri, der Vater, intensiv die einzigartige Größe und Herrlichkeit beobachtet, die Bāla Sai offenbart.
Seine Worte übertreffen sein Alter, und er ist bereit, eine Bürde zu tragen, die seine Kräfte weit übersteigt. Er mischt sich in etliche Probleme des Ortes ein und versucht, sie zu lösen.
All solche Dinge pflegen Srimāti Jayalakshmamma glücklich zu machen, aber auch aufzuregen. Sie pflegt ihn dann zu umarmen und an ihr Herz zu nehmen und zu sagen:
„Warum mischst du dich in diese schwierigen Dinge ein?"
Bāla Sai pflegt zu lächeln – nicht wie ein Kind, sondern wie der, der seiner Mutter das Leben geschenkt hat!
Der Knabe ist jedermanns Liebling. Er hat außer zu Kindern seines Alters auch Freundschaft zu Erwachsenen entwickelt und schweift überall umher, ist überall und nirgends. Er hält niemals regelmäßige Essenszeiten ein. Wenn er unter Zwang gefüttert wird, pflegt er Unannehmlichkeiten heraufzubeschwören, indem er fordert, dass auch für seine Freunde gesorgt werden möge.
Eines Tages, als er mit seinen Freunden spielt, läuft einer von ihnen, um einen Ball einzufangen, der nahe an ein frisch errichtetes, im Bau befindliches Haus gefallen ist. Die Wand stürzt über dem Jungen um. Alle Kinder erheben ein lautes Geschrei, während Bāla Sai ohne jede Anstrengung die eingefallene Wand hochstemmt und seinen Freund Bālaji rettet. Die Kinder machen sich überhaupt keine Gedanken darüber, wie ein Fünfjähriger in

der Lage sein kann, solch ein Gewicht zu heben, aber sie alle sind glücklich über die Rettung Bālajis. Sie fangen an, Bāla Sai zu bewundern.
Wären sie schon geistig gereift, so würde das Geschehen ein Thema für Debatten abgeben. Man kann jedoch nicht sicher sein über die Reaktion der Leute in dieser Stadt, wenn das geschähe.

Gegen Abend erfährt Srimāti Jayalakshmamma von dem Ereignis und sie schlägt sich voller Sorge und Schmerz auf die Brust. Der Junge kommt nach Hause, und sein Körper ist mit Schmutz bedeckt.
„Wie dreckig ist dein Körper!" schimpft die Mutter ärgerlich.
„Mutter, es ist nur Schmutz," sagt der Knabe und lacht geheimnisvoll.
Sie kann die tiefere Bedeutung der Worte des Jungen nicht verstehen. Aber Sāstriji, der nach seinem Abendgebet gerade heimkommt, hört mit entzückter Aufmerksamkeit Bāla Sais Ein-Wort-Definition des vergänglichen Leibs an.
„Sai, deine Mutter spricht von dem Schmutz auf deinem Körper," sagt er.
„Lieber Vater – wie kann Schmutz schmutzig werden?"
Sāstrijis Augen füllen sich mit Tränen, als er das fünfjährige Kind die Natur des Körpers erklären hört, welcher aus den fünf Elementen besteht. Die Weisheit, die nur nach Äonen von tiefer Meditation erlangt werden kann, wird von dem winzigen Kind ganz angelegentlich erläutert und erfüllt die Eltern mit Verwunderung. Sāstriji hebt das Kind plötzlich hoch. Er sagt, beinahe flüsternd:
„Lieber Sohn, sprich in einer Art und Weise, die deine Mutter verstehen kann! Sie ist nicht so intelligent wie du!"
„Ich bin aus meiner Mutter hervorgegangen. Wenn wir doch gar nicht verschieden sind, wie kann ich dann auf eine Weise reden, die sie nicht versteht?"
Bāla Sai spricht über die Seelenkraft, die in jedem existiert. Er und seine Mutter sind Manifestationen der Seele, des göttlichen

Selbst in jedem Geschöpf. Und er schaut in den Himmel, die Erde hinter sich lassend.

„Dieses Kerlchen ist fähig, dich auszutricksen! Und so beherrscht er dich, bevor du ihn beherrschst," sagt Jayalakshmamma und beendet abrupt ihre Diskussion.

„Weißt du, was heute geschehen ist? Als dieser Bursche mit Freunden spielte, brach plötzlich eine Wand zusammen. Er rettete Bālaji im richtigen Augenblick."

„Ich liebe ihn, weißt du?" wirft Bāla Sai ein und schneidet eine Grimasse.

Voller Zorn sagt Srimāti Jayalakshmamma:

„Da hörst du ihn. Dieser Bursche liebt seine Freunde und ist allerorts an allem interessiert. Habe ich vielleicht keine Liebe für mein Kind? Warum erteilst du ihm nicht einen Verweis?" Ihre Augen füllen sich mit Tränen.

Sai meint leise lachend:

„Du sprichst von deinem Kind. Bālaji ist auch das Kind einer Mutter, wie du eine bist."

„Wenn auch – mein Kind ist wichtig für mich!"

„Was meinst du mit ‚deinem Kind'?"

„Dich!"

„Mich? Bezeichnest du damit mich oder meinen Körper?"

Srimāti Jayalakshmamma sagt schmerzerfüllt und voller Traurigkeit:

„Was ist denn heute mit dir los? Warum streitest du mit mir? Ist nicht dein Körper dein? Bist du nicht dein Körper?"

„Mutter, ich bin in diesem Haus, aber ich bin nicht das Haus."

„Bāla Sai!"

Sāstriji hält dem Kind den Mund zu. Der Junge spricht von seinem Körper wie von einem Haus, das verbrennt, nachdem es zusammen gefallen ist. Dies versetzt Sāstriji in eine außerordentliche Beunruhigung. Er sieht das Leid in den Augen seiner Frau, die die Bedeutung der Worte des Jungen nicht verstehen kann, wenngleich sie dadurch Kummer erfährt. Er schaut Bāla Sai in die Augen und bedeutet ihm, das Thema zu beenden:

„Du kannst etliche Spiele mit deiner Mutter spielen. Wähle nicht dieses! Sie kann das nicht aushalten, das arme Geschöpf."
Der Knabe hat eine Idee von des Vaters dringender Bitte erfasst und umarmt seine Mutter.
Er sagt:
„Meine Mutter ist eine gute Mutter. Sie ist so gut, dass sie mich baden und diesen Körper von all dem Schmutz befreien wird. Sie wird mich füttern und schlafen legen und mir ein Schlaflied singen."
So schmeichelt er und überredet sie.
Es ist wahr, dass die Mutter durch das Verhalten des Kindes bezaubert wird. Dennoch versetzen Bāla Sais Worte sie an diesem Tag in unvorstellbare Furcht. Da sie die spirituellen Worte Bāla Sais nicht verstehen kann, denkt sie, das Disputieren des Jungen komme vom Einfluss schlechter Gesellschaft. Von jetzt an soll er an Disziplin gewöhnt werden.
An diesem Abend füttert sie ihn und singt ihn in den Schlaf.
Am nächsten Tag, als die Freunde Bāla Sai abholen wollen, findet sie ein paar überzeugende Worte und schickt sie fort. Bāla Sai bittet seine Mutter um Erlaubnis, mit seinen Freunden hinausgehen zu dürfen. Da sie dieser dringlichen Bitte nicht entspricht, will er plötzlich davon springen. Aber er fällt hin – in ihren Schoß.
Als er beobachtet, wie seine Mutter sein rechtes Bein an dem Bett festbindet, fragt er:
„Was ist das? Warum tust du das?"
Sie antwortet mit einer Lüge, die ihr gerade in den Sinn kommt:
„Heute ist Ekādashi. Es heißt, dass deine Lebenserwartung zunimmt, wenn du bis zum Sonnenuntergang festgebunden bist. Grandfather, der Pūjari, hat das gesagt. Willst du mir nicht diesen einen Tag lang gehorchen?"
Er sieht ihre von Liebe erfüllten Augen und liegt auf den Bett – ein wenig lächelnd.

Genau um diese Zeit sitzen Bāla Sais Freunde in dem Mango-Hain und sind beunruhigt. Bei allen ihren Aktivitäten – Spielen,

Singen, Lachen oder Tanzen – ist immer Bāla Sai der Anführer. Nur in seiner Gesellschaft gibt es Trubel, und ohne ihn gibt es gar nichts.
Sie erinnern sich nicht, wie lange sie so geschwiegen haben. Vielleicht sind sie gerade dabei, nach Hause zu gehen, als sie seine Stimme hören, die der Flöte gleicht.
„Oh Geist! Warum hörst du nicht auf meine dringende Bitte? Ich will all mein Geheimnis enthüllen."
Die Freunde, die Bāla Sais Stimme erkennen, werden plötzlich lebendig. Bāla Sai kommt heran, ein Lied im Nalina Kanthi Rāga singend. Ob sie in ihm den kleinen Krishna inmitten der Kuhhirten sehen oder den Prahlāda, der sich des Mysteriums der Schöpfung bewusst war – jedenfalls umringen sie ihn alle.
Bāla Sais sanfte Stimme ist wie Sāma Gāna und versetzt die Natur in Verzückung. Seine Freunde, die nicht wissen, wo er solch süße Musik ohne die Hilfe eines Lehrers gelernt hat, sind wie gelähmt und hören schweigend zu.
Bāla Sai begnügt sich nicht damit. Bis jetzt hat er seine Freunde mit Singen unterhalten, und nun fängt er an – an diesem Tag übrigens zum allererstenMal – mit Gesten des Körpers zu tanzen. Kein einziger hat das Gefühl, dass dies eine Erstaufführung ist.
Seine Freunde schauen dem Tanz ganz erstaunt zu, den der fünfjährige Bāla Sai vollführt, als ob er von den Anweisungen des Weisen Bharata, eines gefeierten Schriftstellers dramatischer Komposition, inspiriert sei.
Tatsächlich ist das gar kein Tanz.
Es ist wie das Vergnügen der Flutwelle, die aus den Tiefen des Ozeans voll in die Höhe schießt.
Es ist wie die Manifestation der Mohana Rāga, die an Berg-Passstraßen begann, die Natur zu faszinieren.
Wie ein Mango-Baum, der das Stadium der Blüte erlangt hat...
... wie ein Kuckuck, der das Alter erreicht hat, „kuckuck" zu rufen...
so steht er vor ihnen und vollführt mit verzücktem Gesicht rühmenswerte Bewegungen und Gesten. Mit dem Geräusch der

Fußkettchen als Hintergrund ist es wie die Wellen des Windes, die sich ruhig von den Gipfeln der Berge ausbreiten, oder wie die Äste der Bäume mit beherrschtem Rhythmus, der mit der seltenen Bewegung des Spektrums der Träume erfüllt ist.
Ohne müde zu werden macht Bāla Sai volle zehn Minuten lang Musik für sie. Lächelnd wie ein aufgeschlagenes Buch fragt er sie, ob der Tanz ihnen gefallen hat. Der zwölf Jahre alte Samuel fragt, wo er den Tanz gelernt hat, den er so gut vorgeführt hat.
Als ob er sagen wolle, dass das keine so große Sache ist, meint Bāla Sai:
„Nicht nur ich – auch ihr könnt singen und tanzen, wenn ihr das möchtet."
„Würdest du mit uns üben?" fragt Bālaji.
Plötzlich fällt ihm die Frage wieder ein:
„Wer hat mich gelehrt? Ist es nicht Musik, die ihr im Säuseln der Casuarinen hört, wenn sie sich unter der Reibung des Windes bewegen? Ist es nicht Tanz, was der Tungabhadra vollführt, wenn er hüpft und springt, sobald er uns sieht?
Wenn ihr nur die Neigung habt zuzuhören, so könnt ihr es auch im Fliegen einer Libelle finden.
Es ist Musik im frohen Herumtollen des Kalbes, wenn es sich bei der Mutter vollkommen satt getrunken hat."
Die Jungen hören verwundert zu.
Bāla Sais Vorträge scheinen in einem Augenblick verständlich und sind im nächsten Moment nicht zu verstehen, und das ist ihnen nicht fremd. Oft haben sie teil an solchen „Sitzungen". Sie sind sich bewusst, dass Bāla Sais Liebeszauber und seine teilnahmsvollen Nachfragen nicht auf sie beschränkt sind.
Als ob er sich der Stimmung der Blumen bewusst ist, redet er mit ihnen. So spricht er tröstend zu ihnen, wenn sie verblühen.
Tauben, die an Hunger leiden, werden von ihm auf den Arm genommen und mit süßen Worten gefüttert und wieder in die Lüfte entlassen. Bäume und ihresgleichen, wilde Tiere und Vögel – sie alle sind Bāla Sais Freunde. Er pflegt Bekanntschaft mit allen und jedem.
Der zehnjährige Satyam schaut Bāla Sai an und sagt:

„Wir dachten schon, du würdest heute nicht herauskommen. Wie hast du es geschafft? Hat deine Mutter dir Erlaubnis erteilt?"

„Sie hat mich gebunden..." er hört mittendrin auf und fährt dann fort: „... mit mütterlicher Liebe. Aber ihr habt mich angezogen. Ich schnitt meine Fessel durch und eilte hierher, weil ich ohne euch nicht sein mag."

Wie gewöhnlich verstehen sie nur die Hälfte dessen, was er sagt. Aber sie nicken aus alter Gewohnheit trotzdem mit den Köpfen, als ob sie ihn verstanden hätten.

Der zehn Jahre alte Raju fragt voller Eifer:

„Wie viele Sprachen kennst du?"

Er weiß nicht, wie viele Sprachen es in der Welt gibt. Aber er möchte gern die Zahl der Sprachen wissen, die Bāla Sai sprechen kann wie jene der Vögel, Blumen und so weiter.

Bāla Sai sagt lachend:

„Ich kenne sie alle."

Und als er bemerkt, dass Rajus Gesicht blass wird, fügt er hinzu:

„Ich werde sie dir auch beibringen."

Der neunjährige Sankaram sagt plötzlich:

„Mein Vater kannte nicht alle Sprachen. Wenn er das nur gekonnt hätte, wäre er nicht gestorben."

Er erinnert sich an das, was seine Mutter ihm über den Tod des Vaters vor zehn Jahren aufgrund eines Schlangenbisses auf einem Feld erzählt hat. Das erzählt er jetzt:

„Als mein Vater auf dem Heimweg war, griff eine Schlange ihn an. Ich war damals noch im Leib meiner Mutter. Wenn er nur die Schlangensprache gekannt hätte, dann hätte er der Schlange von mir berichtet, und diese hätte ihn dann nicht gebissen."

Bāla Sai ist tief bewegt von Sankarams Not und streicht ihm liebevoll über den Kopf. Er wischt die Tränen von Sankarams Augen und sagt:

„Ich bin hier, um für dich zu sorgen."

Sankaram, der durch diese Tröstung wie in Trance ist, möchte nun wirklich seinen Zweifel klären. Unschuldig drein schauend fragt er Bāla Sai:

„Also, kennst du die Sprache der Schlangen?"
Wie ein Schmetterling, dem die Flügel entfernt wurden, ist Sankaram zusammen geschrumpft - wie eine unruhig brennende Lampe im Schatten der Erinnerung an seines Vaters Tod. Möglicherweise fühlt Bāla Sai den Wunsch, seinen Freund glücklich zu machen. Er schließt seine Augen für eine Weile, als wäre er in Meditation, und läuft dann sofort zu einer Schlangen-Höhle inmitten der Büsche, als ob er zeigen wolle, dass alles mit irgendetwas anderem verbunden ist, dass jeder Weg der Ursprung für eine neue Verbindung ist.
Alle Freunde halten den Atem an in der Erwartung, dass sie Zeugen eines weiteren unvorstellbaren Geschehens sein werden.
Ein Zeitraum von zehn Sekunden...
Die Freunde, die alles genau beobachten, zittern vor Furcht, als sie eine fünf Fuß lange Kobra aus dem Loch schnellen sehen. Es ist nicht bekannt, ob Sankarams Geist sich an den Tod seines Vaters erinnert oder ob er vor Angst erstarrt, dass seinem lieben Freund eine Gefahr droht. Schweißgebadet sagt er:
„Nein, Sai. Komm – lass uns fortlaufen!"
Die zischende Kobra kommt noch zwei Fuß näher. Nun beträgt die Entfernung zwischen Bāla Sai und der Schlange gerade mal zwei Fuß...

Om Namo Bhagavate Sri Bāla Sai Bābāya Namah

9

Die Kobra mit ihrem aufgeblähten Kopf ist nun größer als Bāla Sai. Bitterlich weinend und ganz niedergeschlagen ruft Sankaram noch einmal seinen Freund:
„Sai... komm weg von hier!"
„Hab keine Angst, Sanku. Diese Schlange tut uns nichts Schlimmes an. Sie ist so eine gute..."
Noch bevor er den Satz vollendet hat, hält Bāla Sai die Haube der Kobra und berührt ihren Kopf mit seinen Lippen.
Nur das...
Als ob sie nicht Zeugen des bevorstehenden Unglücks werden wollen, schrecken die Jungen hoch, schreien, dass es widerhallt, und rennen fort. In dem Augenblick denken sie nicht an die Leute in der Stadt, sondern an Bāla Sais Mutter, Srimāti Jayalakshmamma.
Innerhalb von drei Minuten erreichen sie Sāstrijis Haus.
Keuchend und erschöpft berichten sie der Hausherrin von dem Vorfall. Sofort danach laufen sie nach Hause.
Srimāti Jayalakshmamma braucht ein Weilchen, um zu begreifen, was sie gehört hat, und dann ruft sie klagend ihren Mann herbei. Als sie sich auf der Schwelle umdreht, bemerkt sie Bāla Sai, der ohne eine Spur von Anteilnahme oder Aufregung auf dem Bett liegt und schläft. Sie ist überrascht. Sie versteht nicht, warum die Freunde Bāla Sais ihr so etwas erzählt haben, während er doch seit dem Morgen an dem Bett festgebunden ist. Wie sie sich dem Kind mit erleichtertem Herzen nähert, kommt Sāstriji herbei.
„Warum hast du so laut gerufen?" fragt er sie.

Während sie sich nach seiner Frage langsam erholt, erzählt sie ihm alles, was seit dem Morgen passiert ist. Sie stellt fest: „Wenn mein Sohn doch hier ist, erscheint es seltsam, dass seine Freunde mir berichten, er spiele draußen mit einer Kobra. Ich kann nicht verstehen, warum sie Lügen erzählen!"
Sāstriji sagt gedankenvoll:
„Vielleicht wollten sie Bāla Sai herausholen, indem sie dir einen Streich spielten, und ihn dann mitnehmen."
Er weiß, dass es nicht Bāla Sais Freunde sind, die zu Streichen Zuflucht nehmen. Schlaf vortäuschend und dort liegen bleibend war es Bāla Sai, der sie getäuscht hat. Sāstriji betrügt sie nun, indem er sagt, es könne nicht wahr sein, dass Bāla Sai hinausgegangen sei. Ist Bāla Sais Hinausgehen wahr oder ist sein Verbleiben im Haus eine Tatsache...?
Bāla Sai zeigt seiner Mutter Srimāti Jayalakshmamma „raju sarpa brahanti", nämlich die Täuschung, die darin besteht, ein Seil für eine Schlange zu halten. Dieser ist sie unterworfen, weil sie in den Fesseln des „ICH und MEIN" in dieser Welt der Illusion gefangen ist.
Während er Bāla Sai betrachtet, erinnert Sāstriji sich an Yashoda, die ärgerlich versuchte, Krishna zu bestrafen, der daraufhin seiner Mutter den ganzen Kosmos zeigte, indem er seinen Mund öffnete. Er schließt die Augen wie in Meditation. Er lehnt sich gegen die Wand und schaut seinen heranwachsenden Sohn an, der ihm wie ein Pinsel erscheint, der eine neue Welt malt oder wie eine Hecke, die wie ein Wachposten wirkt für die Schöpfung in der Dunkelheit.
In einer Trance, die an einer Vergiftung ähnelt, stößt er gegen die Wand und fällt zu Boden.
Erschrocken öffnet Bāla Sai seine Augen. Er sieht als erstes nicht seine Mutter, sondern seinen Vater, der in tödlicher Blässe daliegt. Bāla Sais göttlichem Wesen ist klar, dass sein Vater, der den Veden gemäß gelebt hat, nur noch wenige Tage zu leben hat. Er ist jetzt wie ein Tropfen, der von der höchsten Spitze des höchsten Astes am Baum des Lebens herabzufallen droht. Obwohl er ihn trösten möchte, hält er ein, da er sich auf die Not

seiner Mutter besinnt. Die Schatten des Todes sind an seinem Vater deutlich sichtbar. Innerhalb kürzester Zeit wird ein einzigartiges Kapitel abgeschlossen sein in diesem Haus, in dem bisher alles ganz glücklich verlaufen ist.
Sein Geist macht keine Sprünge, er bleibt ruhig.
Ein Ebenbild seines Vaters, so bleibt Bāla Sai unverändert. Er betrachtet ihn in dem Bewusstsein, dass es in der Schöpfung natürlich ist, mit der Universal-Seele zu verschmelzen.

Om Namo Bhagavate Sri Bāla Sai Bābāya Namah

10

Das Dorf wird still, als ob es zeigen will, dass Mitternacht vorbei ist. Bāla Sai befreit sich aus der Umarmung seiner schlafenden Mutter, steigt leise aus dem wohlvertrauten Bett und geht in das Zimmer seines Vaters.
Sāstriji sitzt im Zimmer wie eine kraftlose Lampe, die ein schwaches Licht gibt. Vielleicht denkt auch er über seinen Zustand nach, der ihn jeden Augenblick verglimmen lassen kann. Er streckt beide Hände aus und zieht den Jungen dicht an sich heran und sagt:
„Bāla Sai, ich wusste, dass du zu mir kommen würdest."
Der Junge sieht nachdenklich aus.
„Sai, du bist die Verkörperung Gottes und kennst den Anfang und das Ende aller Lebewesen. Ich möchte von dir hören, wie es um mich steht!"
Seine Stimme fängt an zu zittern.
Bāla Sai sieht seinen Vater einige Augenblicke lang an, ohne die Lider zu schließen. Er sagt angelegentlich:
„Du, der du bisher wie ein Wagenlenker des Lebens gewirkt hast, bist im Begriff, sehr bald von den weltlichen Bindungen entfernt zu sein."
Obwohl Sāstriji durch das Erreichen unendlicher Weisheit eine große Reife erlangt hat, ist er jetzt verwirrt, denn er ist nicht in der Lage, die Wirklichkeit aufzunehmen.
Er sagt:
„Ich bin in diesem Körper, aber ich bin nicht der Körper. Ich weiß das. Eines Tages – das ist sicher – werde ich aus dieser vergänglichen Wohnstatt in den Höchsten Geist eingehen, der

die Ewige Wahrheit ist. Aber ich unterliege jetzt einer gewissen Unschlüssigkeit."
Spielerisch, mit halb geschlossenen Augen, rezitiert Bāla Sai beiläufig einen Sloka aus den Upanishaden und überrascht damit seinen Vater. Wie das Höchste Wesen über den Himmel sprechend sagt er sanft:
„Lieber Vater, dein Verstand beeinflusst deine Sinnesorgane und versucht gerade, deine Weisheit zu überwinden – so wie der Wind die Richtung eines ruderlosen Bootes ändert und es schwanken lässt."
Sāstriji sieht seinen Sohn voll Verwunderung an. Er weiß, dass sein Sohn das genaue Abbild Gottes ist. Er kann nicht umhin, zu reagieren, als sein Sohn in diesem zarten Alter unendliche Weisheit an den Tag legt.
„Ich habe Weisheit als Lenker des Lebens-Wagens erhalten, habe die Zügel des Verstandes beherrscht und bis jetzt den Pferden, die den Sinnesorganen entsprechen, stark Einhalt geboten. Ich habe mit standfestem Geist wie ein Asket gelebt. Solch ein Mensch war ich. Aber jetzt rede ich wie ein Laie – weil meine Zuneigung zu dir mich nicht von dir fortgehen lassen will.
Mit der Täuschung, die durch unwissendes Leben bedingt ist, erklärt Sāstriji seine Vernarrtheit in seinen Sohn, sucht damit Schutz im Vergänglichen und erkennt nicht, dass gerade das die Ursache für den Kummer ist.
„Du gehst nicht weit weg von mir, Vater! Du wirst mit mir in einer anderen Form zusammen sein."
„Aber ich wünsche mir, ein bisschen länger zu leben und deine Gestalt mit meiner gegenwärtigen Form zu sehen."
„Alle Lebewesen sind durch die Gesetze der Natur gebunden. Das Wort NATUR selbst bedeutet schon Veränderung und Transformation. Es ist nicht richtig, dass du, der du die Wahrheit kennst, so denkst. Jemand, der aus der Philosophie den Begriff des Karma kennt, weiß, dass er nach dem Tod Gott ohne ein weiteres Leben erreichen kann. Das ist wirkliche Weisheit. Du kennst diese Wahrheit, und ich muss dir nicht davon erzählen."

Wie Prahlāda erläutert Bāla Sai Karma-Yoga und Jnāna-Yoga, welche die Täuschung aufheben und beseitigen.
Sāstriji würde am liebsten Befreiung erlangen, indem er das intellektuelle Wachstum seines Sohnes verfolgt. Indem er in ihm aufgeht oder in ihn eingeht, kann er sie erreichen.
„Wo ist also die Notwendigkeit, traurig zu sein?" denkt Sāstriji und sagt:
„Du bist dir wie Nārāyana der drei Zeiteinteilungen bewusst – der Vergangenheit, der Gegenwart und der Zukunft. Du befreist mich von der Illusion, Bāla Sai. Meiner Weisheit zum Trotz sprach ich wie ein Unwissender. Verzeih mir, dass ich so geredet habe..."
Es schmerzt ihn ein wenig, dass er derart in der Täuschung verhaftet gewesen ist. Aber dennoch kann er nicht umhin, an seine Frau zu denken.
„Deine Mutter hat schon immer ihr Leben mit mir geteilt. Sie konnte für dich zur Mutter werden, der du das Abbild Gottes bist. Aber ich mache mir Sorgen darum, was aus ihr werden wird von dem Augenblick an, da ich nicht mehr bei ihr bin."
Bāla Sai antwortet:
„Ich bin da, Vater. Ich bin für das Wohlergehen der Welt auf diese Erde gekommen. Sie trug mich neun Monate in ihrem Leib. Also werde ich sie die wahre Natur der menschlichen Seele in ihrer Beziehung zum Höchsten Bewusstsein lehren, das das Universum durchdringt, und für sie sorgen."
Nach ungefähr einer Woche mit allmählich schwächer werdender Gesundheit stirbt Sāstriji schließlich.
Lange Zeit hat Bāla Sai an seinem Bett gesessen und ihn betrachtet.

Om Namo Bhagavate Sri Bāla Sai Bābāya Namah

11

Als ein Anzeichen für das Herannahen des Sankranti-Festes in etwa einem Monat beginnt jetzt Dhanushmāsan. Das ist der Monat, in dem die Sonne im Sternzeichen Schütze steht und während dessen auch in allen Häusern besondere Gottesdienste zu Ehren Vishnus abgehalten werden. Während dieses Monats finden in jedem Tempel vor Sonnenaufgang Gottesdienste mit Salbungen und Zeremonien statt.
Bāla Sai, der weiß, dass sein Vater am nächsten Morgen ganz sicher seinen Körper verlassen wird, sieht, wie seine Mutter sich gegen Mitternacht zum Schlafen fertig macht. Er hindert sie daran. Er sagt:
„Mutter, ich möchte die ganze Nacht mit dir sprechen."
Sie sieht ihn verwundert an. Ziemlich müde sagt sie:
„Ich bin schwach, weil ich faste. Willst du mich nicht schlafen lassen?"
Bāla Sai, der Gebete und religiöse Meditation nicht gerade bevorzugt, sagt:
„Mutter, ist es notwendig zu fasten, um Gott zu gefallen?"
„Nein, nein! Sag nicht so etwas! Wenn die Kinder klug und nützlich werden sollen, sollten ihre Mütter beten, Gott huldigen und fasten."
„Wir werden aus Gott geboren, und wir sollten Ihn durch Weisheit verstehen, die wir durch Seelen-Erforschung erlangt haben – und nicht durch Abmagerung wegen unseres Fastens!"
Bāla Sai schaut sie lachend an. Seine Mutter versteht ihn nicht. So spricht er zu ihr in einer Weise, die sie erfassen kann:

„Gott, der Vater aller lebenden Geschöpfe, sollte sich um ihren Hunger kümmern, aber sie nicht dem Leiden durch Fasten aussetzen. Könnte so etwas Göttlichkeit genannt werden?"
Sanft tadelnd sagt sie:
„Es ist nicht richtig, dass ein kleiner Junge wie du Ihn kritisiert!"
„Dies ist nicht Kritik. Dies ist eine Untersuchung – die ein Kind für seine Mutter macht."
Bāla Sai lacht verschmitzt wie der kleine Krishna:
„Du weißt, dass Grandfather, der Pūjari, dem Fasten eine andere Bedeutung gab."
Er erwähnt das, als wäre es nicht sein eigener Gedanke, sondern als ob er es von jemandem gelernt hätte:
„Wenn ein Mensch, der mit seiner Familie lebt und mit diesen Bindungen gefesselt ist, seine Gedanken gelegentlich für einen Tag nur auf Gott richtet und fastet - von dem wird gesagt: er beachtet Fasten."
Srimāti Jayalakshmamma umarmt Bāla Sai voller Begeisterung und sagt:
„Wie viele Dinge du schon gelernt hast, mein kleiner Liebling..."
Sie vergisst, dass sie schlafen wollte, und fragt ihn:
„Hat Grandfather Pūjari dir all diese Dinge erzählt?"
Sie betrachtet Bāla Sai als das Segel, das das Boot ihres Lebens lenkt, und fügt hinzu:
„Was hat er dir sonst noch erzählt?"
„Er sagte, wir sollten unseren Verstand leeren, um ihn mit göttlichen Gedanken zu füllen, und nicht unsere Mägen im Namen des Fastens leer machen. Sie sollten mit Nahrung gefüllt sein, welche das genaue Abbild des Allerhöchsten ist. Es ist eine Sünde, dieses Fasten zu einzuhalten!"
„Ist das wahr..? Das wusste ich nicht. Von jetzt an werde ich nicht mehr fasten."
„Es geht nicht nur darum, den Hunger zu unterdrücken. Anderen Nahrung anzubieten ist Ausdruck unserer Liebe zu Gott. Das hat Grandfather auch noch gesagt."

„Das tue ich ja..."
„Darum bist du ja auch eine gute Mutter."
„Wie könnte ich etwas anderes sein als eine gute Mutter, nachdem ich solch einem Liebling von Sohn wie dir das Leben geschenkt habe?"
Bāla Sai fühlt, dass es keine bessere Gelegenheit als diese geben wird, um das eigentliche Thema zu diskutieren. So sagt er:
„Würdest du mir eine Frage beantworten? Wen magst du lieber – mich oder meinen lieben Vater?"
Da sie so eine Frage nicht erwartet hat, ist sie ein bisschen verlegen. Sie sagt:
„Ich liebe euch beide."
„Das ist es nicht. Ich möchte eine genaue Antwort."
Bāla Sai, der seine Mutter aufregt wie ein Plappermaul, fängt an, ihr durch die Art seiner Worte Schwierigkeiten größeren Ausmaßes zu bereiten. Er konfrontiert sie mit einer noch direkteren Frage:
„Du empfindest viel Ehrfurcht vor Gott. Wenn Gott vor dir erschiene und dich um mich bäte, würdest du mich fortgeben?"
Sie zittert vor Furcht.
„Nein. Wenn solch eine Situation entstünde, würde ich dich nicht verlassen. Ich würde lieber Zuflucht nehmen zu Selbst-Opferung!"
„Das würde Vater nicht ertragen."
„Lieber Sohn, wir haben das letzte Stadium unseres Lebens erreicht. Unser Leben ist nicht mehr wichtig für uns. Du sollst glücklich sein mit deinem Leben."
„Wenn du solch eine Liebe für mich empfindest, kannst du ja Vater mit Gott gehen lassen."
Srimāti Jayalakshmammas Augen füllen sich mit Tränen. Sie sagt:
„Was ist los mit dir? Warum redest du heute in dieser Weise?"
„Einen Moment," sagt er.
Er führt seine Mutter an seiner Hand nach draußen zu dem Gefäß auf dem Pial. Er zeigt ihr den Topf voller Wasser.

Die Reflexion des Mondes am blauen Himmel ist in dem stillen Wasser ganz klar zu sehen.
„Was siehst du hier drin?"
„Den Mond," antwortet seine Mutter.
Plötzlich kippt er den Topf um und leert das Wasser auf dem Boden aus. Er zeigt ihr den leeren Topf und fragt:
„Was ist nun mit dem Mond geschehen?"
Sie steht still, unfähig, irgendetwas zu sagen. Bāla Sai wiederholt die Frage:
„Was ist nun mit dem Mond passiert, der dir doch vor kurzer Zeit noch hier erschien?"
„Verschwunden," antwortet sie.
„Warum?" fragt er.
Die Mutter erwidert:
„Weil er nur eine Widerspiegelung war und nicht die Wirklichkeit, die Wahrheit."
Bāla Sai sagt:
„Das heißt, der eine, den du vorher gesehen hast, erschien als der wirkliche Mond und ist nun verschwunden, um sich mit dem Mond am Himmel zu vereinigen."
Er möchte ihr die Wirklichkeit dieser Angelegenheit erklären und sie geistig darauf vorbereiten, sich der Situation zu stellen. Da er dies erreicht hat, spricht er ganz befriedigt, klar und fest zu seiner Mutter:
„In dieser Schöpfung ist die Bedeutung von Leben und Tod genau von dieser Art. Meinst du nicht auch?"
Als ob er die Unverständlichkeit und Fragen des Lebenskampfes klären wolle, schaut er seine Mutter unverwandt an und erläutert ihr ganz genau:
„Nichts in dieser Welt ist dauerhaft. Alles muss vergehen. Bäume, Pflanzen und die gesamte Anzahl lebender Geschöpfe werden auch wieder vergehen. Wir aber werden von der Illusion beherrscht, dass wir alle ewig leben und entwickeln Bindung durch die Stimme des Verstandes. Wir stellen uns taub gegenüber den Hinweisen unseres Geistes, die Weisheit erwecken. Wir sind angetan von Gedanken wie „ICH und MEIN", ent-

wickeln völlige Hingabe an sinnliche Vergnügungen und werden schließlich Opfer der Ruhelosigkeit."
Mit flatternden Lidern fühlt Srimāti Jayalakshmamma nicht nur, dass das, wovon ihr Sohn spricht, die Wahrheit ist, sondern sie möchte ihm auch weiter mit ungestörter Konzentration zuhören, da ihr Kind – in diesem zarten Alter – so tiefsinnig diskutiert.
„Selbst nach dem Tod geht kein Lebewesen in neue Welten. Dieser Körper, der aus den fünf Elementen Wasser, Luft, Erde, Äther und Feuer zusammengesetzt ist, vereinigt sich nach der Einäscherung mit denselben fünf Elementen. Die Seele, die immer da ist und den Körper wie ein Fahrzeug benutzt hat, bleibt dann mit der Universal-Seele zusammen."
Eine Weile bleibt Bāla Sai still und fügt dann dazu:
„Die Widerspiegelung des Mondes ist ebenfalls so etwas. Sie verschwand und wurde eins mit dem Mond. Stimmst du dem zu?"
Still nickt sie mit dem Kopf. Bāla Sai sagt:
„Wenn ich in Zukunft sterbe oder Vater heimgeht, dann solltest du fühlen, dass wir bei dir sind – in anderer Form. Du solltest nicht traurig sein. Unerschütterlich zu bleiben ist Weisheit."
Bāla Sai erscheint wie eine schöne Blume, die sich am Duft des Nektars erfreut. Seine Worte – gleich dem Läuten kleiner Glöckchen oder dem Funken, der den Geist entflammt – haben seine Mutter in eine Trance versetzt. Die ganze Nacht verbringen sie auf diese Art. Seine Worte gehen nicht fehl, da sie die Stimme der Zukunft erwecken.
Am nächsten Morgen stirbt sein Vater.
Im ersten Augenblick kann seine Mutter gar nicht glauben, dass die Sonne ihres Lebens noch vor der Abenddämmerung untergegangen ist. Dann fällt sie auf den Leichnam und weint herzzerreißend und untröstlich.
Bāla Sai ist nicht bestürzt.
Er schaut ihrem Weinen unaufhörlich zu.
Er hat erkannt, dass in der Geschichte ihres Lebens ein einzigartiges Kapitel zuende gegangen ist.

Om Namo Bhagavate Sri Bāla Sai Bābāya Namah

12

Es ist die Zeit des Sankranti-Festes, der Beginn der glücksbringenden Zeit Uttarāyana. Obwohl die ganze Stadt von lärmendem Geräusch erfüllt ist, herrscht in Bāla Sais Haus kein Leben. Srimāti Jayalakshmi, die ihren Ehemann verloren hat, vergießt Tränen und erscheint in diesem Haus, in dem Friedhofsstille herrscht, wie eine leblose Statue. Bis zum Vortag ist sie von vielen wie Mahālakshmi verehrt worden. Nun ist sie Witwe und kümmert sich nicht einmal um Bāla Sai. Sie fühlt sich bedrückt durch ihre Einsamkeit...

Dessen ungeachtet spielt Bāla Sai mit seinen Freunden im Wäldchen.
Samuel sieht zu Bāla Sai hin und sagt:
„Sri Nārāyana Reddy besucht gerade den Tempel."
Jedes Jahr zum Sankranti-Tag besucht Sri Reddy, der Großgrundbesitzer, Hauseigentümer und Bürgermeister der Stadt, mit seiner Frau zusammen den Tempel und hält einen zeremoniellen Gottesdienst ab. Jeder weiß, dass er an dem Tag vor Sankranti die Festlichkeiten für das Erntedankfest ausrichtet und die Freude über die fruchtbare Arbeit auf den Feldern feiert.
Bālaji fragt voller Begeisterung:
„Sollen wir hingehen, Bāla Sai?"
Bāla Sai kann zu diesem Vorschlag nicht nein sagen, denn er weiß, dass Bālajis Interesse mehr seinem Hunger gilt als dem Spielen.
Nach fünf Minuten sind alle vier Freunde am Shiva-Tempel angekommen. Der Tempel-Priester, Sri Viswanatha Sāstri, hat

die Rituale durchgeführt und segnet gerade das Ehepaar Reddy. Einige sind damit beschäftigt, überall Prasād an die Leute zu verteilen.
Bāla Sai versteht die Nöte Bālajis, läuft in zwei Sprüngen in den Tempel und bringt ein Bananenblatt voller Prasād heraus. Er verteilt es an die Freunde mit Ausnahme von Bālaji, indem er jedem eine Handvoll gibt. Dann schlägt er Bālaji vor, dass sie beide sich auf den Boden setzen und den Prasād gemeinsam verspeisen. Bāla ji, der zu der untersten Kaste gehört, ist sprachlos – während Bāla Sai ihn mit sich zieht und ihn zwingt, sich ihm gegenüber hinzusetzen. Er ermutigt Bālaji zu essen.
Bhagawan Krishna umarmte Kuchela, nahm ihn an sein Herz und behandelte ihn freundschaftlich.
Warum Bāla Sai solch eine Großherzigkeit demonstriert, ist nur ihm selbst bekannt. Man weiß nicht, ob er nur Sri Viswanatha Sāstri, den Priester, herausfordern will, der Bālaji einstmals den Zutritt zum Tempel verweigert hat, oder ob er denkt, es gäbe kaum eine bessere Gelegenheit als diese, um allen die Wahrheit zu zeigen...
Bāla Sai teilt nicht nur dasselbe Blatt voller Essen mit Bālaji, sondern versucht überdies plötzlich auch noch, die vorgeformte Nahrung aus Bālajis Hand zu verspeisen.
„Sai!"
Sri Viswanatha Sāstris Stimme dröhnt wie eine Tempelglocke.
„Du bist der Sohn Rāmānātha Sāstrijis, der als Brahmane und wie Brahmā lebte. Zu welchem Status bist du herabgesunken?"
Vielleicht hat Bāla Sai sich solch eine Situation herbeigewünscht. Er lacht sanft, als wolle er zeigen, dass dies Seine Reaktion ist.
„Was willst du mit diesem Kichern erreichen? Du hast Sittenlosigkeit über das Brahmanentum gebracht! Geh weg von ihm!"
Er will Bāla Sai an den Schultern fassen, hört aber unverhofft auf damit, als er die Intensität im Blick von Bāla Sai sieht.
Zusammen mit den Gottesdienst-Besuchern, die sich dort versammeln, steht auch der Bürgermeister der Stadt, Nārāyana

Reddy, sprachlos dabei. Aber dann versucht der letztere in aller Bescheidenheit, den Priester zu überreden:
„Sie sind Kinder, Sāstriji..."
„Wegen der Sünde, solch einen verdorbenen Kerl hervorgebracht zu haben, hat Rāmānātha Sāstris Leben ein abruptes Ende gefunden. Wenn solche unangemessenen Handlungen fortgesetzt werden, wird das Unglück über diese Stadt bringen."

Für eine geraume Weile steht Bāla Sai still und schaut zu – als ob er die Entfernung zwischen Weisheit und Unwissenheit messen wolle. Bis gestern hat der Pūjārī, sein Großonkel mütterlicherseits, versucht, ihn die Quintessenz der Veden zu lehren – und nun sagt er, es sei sein Benehmen gewesen, das den plötzlichen Tod seines Vaters zu verantworten hat?
„Grandfather, welches Delikt habe ich begangen?"
„Du hast mit einem Unberührbaren gegessen und noch dazu aus seiner Hand!"
„Wenn Hari selbst, also Gott selbst, diese Person ist, wie kann das Essen dann verunreinigt sein?"
„Frechheit!"
„Aber es ist nicht leeres Gerede, Grandfather!"
Der Großonkel steigert sich in seinen Ärger hinein:
„Du kleiner Kerl, du willst mich prüfen? Ich bin ein Brahmane, der all die Sāstras gelesen hat."
„Wird jemand gelehrt, indem er bloß liest? Man braucht doch die Vornehmheit des Lebens, die Verfeinerung durch viele Leben."
Die Worte Bāla Sais voller Selbstvertrauen überraschen den Pūjārī nicht. Tatsächlich wird er nur noch wütender.
„Ich habe alle Veden und Upanishaden verinnerlicht. Wenn du mich herausfordern willst, wirst du zu Boden gehen!"
„Alles was du verinnerlicht hast, Grandfather, ist nur mit deinem Körper verbunden und hat nicht DICH erreicht."
„Wenn es mich nicht erreicht hätte, wie könnte ich darüber sprechen?"

„Wenn du die Bedeutung von ICH verstanden hättest – ob das dein Körper ist oder dein Geist – dann hättest du nicht versucht, auf mich durch die Brille des Ego zu schauen. Du missverstehst deine körperliche Entwicklung und hältst sie für dein Bewusstsein. Du bedenkst nicht die Wahrheit des Brahmam, wie sie in den Upanishaden erwähnt wird. Du berücksichtigst nicht die immerwährende, allumfassende Maxime."
Die ungewöhnliche Logik Bāla Sais beeindruckt Vishwanatha Sāstri nicht. Andererseits erscheint es ihm, als ob der Fünfjährige ihn herausfordert und regelrecht beleidigt. So schaut er Nārāyana Reddy an und sagt verärgert:
„Ich bin durch unaufhörliche Meditation und Gebete heilig und sündenfrei geworden und kann nicht einverstanden sein mit dieser Verspottung durch ein Kind, Reddiji..."
„In diesem Augenblick erscheinen die Gebete und die Meditation als traditionelle Glaubenssätze und unsinniger Glauben, die dir keine Weisheit vermittelt haben. Wenn du stattdessen mit dem philosophischen Denken vertraut wärest, das dein Verhalten ändern würde, dann hättest du meine Worte gebilligt. Wahr ist, dass die Grundlage für die Suche nach der Wahrheit Karma-Yoga ohne jegliche Spur von Selbstsucht ist – und auch dafür, sie zu erreichen. Du aber sprichst nur davon, etwas zu tun, verzichtest aber auf Karma-Yoga..."
Er wartet einen Augenblick. Er hat alle rundum auf ungewöhnliche Weise in Erstaunen versetzt. Dann sagt er freundlich:
„Lieber Grandfather, dadurch dass man täglich im Allerheiligsten nahe bei Gott steht, kommt man Ihm nicht wirklich nahe. Liebe jeden mit einer Zuneigung, die keine Unterschiede macht, was Kaste oder Glaubensbekenntnis angeht. Dann wirst auch du Gott."
Nun wartet er nicht länger dort. Er nimmt die Hand Bālajis, der von anderen beleidigt wird, indem sie ihn einen Unberührbaren nennen. Wie der Allerhöchste umarmt er ihn und geht davon, und alle schauen ihm nach.
Sri Vishwanatha Sāstri, der bis dahin mit unangefochtenem Selbstvertrauen als der uneingeschränkte Kenner aller Bereiche

des Wissens gegolten hat, ist derart verblüfft, dass er auf der Stelle beschließt, Bāla Sai so schnell wie möglich aus der Stadt zu verweisen.

Noch am selben Abend spricht er Sri Nārāyana Reddy an und droht ihm, er würde den Shiva-Tempel verlassen und irgendwo anders hingehen, wenn Bāla Sai nicht binnen einer Woche aus der Stadt ausgeschlossen wird.

Genau das...

Die Natur ist verdutzt, als haben ihr seine Worte nicht gefallen. In derselben Nacht gibt es einen Gewittersturm.

Sri Nārāyana Reddy missversteht das ungemütliche und ekelhafte Wetter und betrachtet es als das Ergebnis der Erniedrigung, die einem Gelehrten der Veden zuteil geworden ist.

Ganz widerwillig entscheidet er, Srimāti Jayalakshmamma und ihren Sohn aus der Stadt zu verbannen.

Om Namo Bhagavate Sri Bāla Sai Bābāya Namah

13

Der stürmische Wind lässt die Erde ernstlich erzittern.
Srimāti Jayalakshmamma erfährt von verschiedenen Leuten, was sich zugetragen hat. Sie tadelt Bāla Sai, der im Lotussitz dasitzt.
„Was bedeutet das alles? Was ist mit dir geschehen?" fragt sie.
„Ohne einen Unterschied zu machen, was die Verdienste der Großen und der Geringeren betrifft, hast du diesen erhabenen und berühmten Mann gepeinigt. Was ist denn falsch an dem, was er gesagt hat? Ist es nicht eine Herausforderung, zusammen mit Bālaji zu essen?"
Bāla Sai schaut seine Mutter fest an und meint:
„Wenn das ein Fehler ist, warum hast du mich dann nicht von der Freundschaft mit ihm abgehalten? Du hast das nicht als Fehler angesehen!"
„Ich bin deine Mutter..."
„Aber Grandfather, der Pūjārī, ein gelehrter Mann von großer Bedeutung, hat die Größe, für viele Mütter, wie du eine bist, der Vater zu sein."
Selbst in diesem Moment spricht Bāla Sai nicht geringschätzig über Sri Vishwanatha Sāstri.
„Sag mir, Mutter – warum sollten die Leute aus der untersten Kaste den Tempel nicht betreten?"
Verwirrt sagt sie:
„Ich weiß es nicht genau."
Doch bald, nachdem sie sich an Worte erinnert, die sie früher gehört hat, fügt sie hinzu:

„Es heißt, wenn den Unberührbaren der Zutritt zu einem Tempel gewährt wird, würde Gott verunreinigt."
„Wenn Er durch so etwas beschmutzt würde, wie könnte Er dann Gott sein?" fragt Bāla Sai.
Srimāti Jayalakshmamma erschrickt.
„Bei etlichen Gelegenheiten hast du selbst Bālaji zu dir genommen und ihn mit deinen eigenen Händen gefüttert. Bist du dadurch verunreinigt worden? Du selbst bist der Beweis für den höchsten Gegenstand religiösen Wissens, der ansonsten MUTTER genannt wird. Warum hast du deine Liebe auf uns verteilt?"
„Ich weiß gar nichts, liebes Kind!"
Bāla Sai sieht seine Mutter an, die ganz unschuldig dreinschaut, und tätschelt ihr sanft den Kopf.
„Das ist der Unterschied, Mutter. Du, die du nur lieben kannst, hast meine Freunde liebevoll an dich genommen, und wirst wie eine Göttin angesehen, wohingegen Grandfather Pūjārī trotz seiner gründlichen Studien der Heiligen Schriften nicht die Stufe des Intellektes erreichen kann, sondern auf der Ebene des Verstandes stehen geblieben ist und nun seine Torheit zur Schau gestellt hat. Er kann wegen seines Egos, das ihn denken lässt, er wisse alles, nichts über seine eigene Existenz wissen."
Srimāti Jayalakshmamma will sich aus der Situation herauswinden, indem sie sagt:
„Ich verstehe deine Worte nicht."
Aber Bāla Sai gibt ihr keine Gelegenheit dazu.
„Mutter, ich verkünde hier keine abstrakte Philosophie, und so gibt es keinen Grund für dich, mich nicht zu verstehen!"
Bāla Sai, der die Stirn von Kāla Purusha mit unsichtbaren Streifen aus Vibhūti, der geheiligten Asche, gefärbt hat, erklärt ihr detailliert den Weg, wie man die Geheimnisse der Schöpfung erforscht.
„Liebe Mutter, diese Religionen und Kasten sind um der gesellschaftlichen Regulierungen und Vorschriften willen vom Menschen erschaffen worden: sie sind nicht von Gott festgelegt worden. Gott ist nicht bloß das steinerne Standbild im Tempel. Er ist

der Erschaffer aller Schöpfung – alles Lebenden und alles Unbelebten. Sutradhari spielt die Hauptrolle im Schauspiel der Welt. Jagannātha, der Allmächtige, der Wunder wirkt, erschafft die Lebewesen, liebt sie zu Seinem eigenen Vergnügen und erläutert ihnen die allumfassende Liebe. Die Menschen möchten Gott mit Gottesdiensten und Ritualen fesseln. Sie betrachten Yoga, die Vereinigung, nicht als größer als die Gebete, die doch nichts weiter sind als vergleichsweise die unsicheren Schritte eines Kleinkindes."

Srimāti Jayalakshmamma hört mit gespannter Aufmerksamkeit zu.

„Die schwankenden Schritte eines kleinen Kindes mögen vergnüglich sein, sie sind aber nicht für ein Wettrennen geeignet. Wenn Yoga heißt, dass man das völlige Aufgehen in der göttlichen Essenz erreicht, dann muss das Kind wachsen und Weisheit erlangen.

Wer im Kontakt mit der physischen Welt ist, kann ein Karma-Yogi sein, aber nicht ein Jnāna-Yogi, der mit der intellektuellen Welt verbunden ist. Vater, der sein Leben mit dir teilte, besaß unendlich viel Liebe für die Veden und pflegte oft zwei Ausdrücke zu benutzen – VIDYA und AVIDYA. Kannst du dich erinnern? Vidya ist Weisheit, aber Avidya ist nicht Unwissenheit.

Was ist Vidya? Das ist etwas, das hilft, die Befreiung zu erreichen. Es ist auch philosophisches Wissen. Durch Vidya wissen wir, was die Schöpfung ist, und wir kennen die Wahrheit über den Unterschied zwischen dem Selbst und dem Höchsten Sein. So beginnt die Untersuchung...

Avidya bezieht sich auf die Dinge, die wir in der materiellen Welt sehen. Avidya ist das ‚Wissen', das uns in die Māyā stößt. Wegen Avidya empfinden wir, dass unser Leben von Dauer ist. Wir entwickeln Leidenschaften und Erwartungen. Wir denken nicht tiefer über Intellekt, Verstand und Sinnesorgane nach, welche die Ursache für unser Wachstum oder unseren Untergang sind. Wir verharren im Makrokosmos, ohne den Mikrokosmos zu verstehen. Wir wachsen nicht heran zu der Stufe, auf

der wir sagen könnten: ‚Ich bin auch Gott', sondern bleiben, wo wir sind – wie Grandfather Pūjārī, der mich hochgezerrt hat. ‚Ich bin nicht verschieden von Gott... Ich bin Gott...' Dies zu erkennen ist Weisheit. Vidya ist das Forschen nach dieser Weisheit.
Die Schöpfung hat keine Form. Es sind unser Verstand und Avidya, die darin festgefroren sind, die ihr Gestalt geben. Die ewigen Wahrheiten, über die die Upanishaden sich verbreiten, betreffen Vidya. Aber wir denken mit dem Verstand, nicht mit dem Intellekt.
Lass uns den Fehler im Menschen betrachten. Der Mensch, der auf der Ebene von Avidya und inmitten vergänglicher Fesseln verharrt, kämpft wie eine Fliege, die in Schleim festsitzt. So stirbt er voller Ruhelosigkeit.
Jemand, der die Bedeutung von Vidya kennt, wächst über die gegenwärtige Welt hinaus, denkt an den Allerhöchsten und wird selbst das Höchste Sein. Das ist unendliche Weisheit."
Nach diesen Ausführungen schaut Bāla Sai seine Mutter an. Sie erscheint ihm nicht wie seine Mutter, die ihn jeden Tag zu umarmen pflegt. Sie ist wie eine Devotee, die voller Verehrung vor einer Gottheit steht. Die Seiten ihres Lebens-Buches, die mit freudigen Gefühlen hätten gefüllt sein sollen, sind durch den Tod ihres Ehemanns leer und nichtssagend geworden. Hier ist ihr Sohn, der über das Wesen des Lebens spricht, indem er die verhedderten Knoten weit entfernter Dinge zerschneidet. Er ist ein Gott, der der Welt die ewigen Wahrheiten verkündet.
Er streichelt sie sanft.
„Mutter..."
Sie spricht wie in einem Traum:
„Wer bist du? Bist du der Widerhall meiner Fußketten-Glöckchen? Oder bist du der Herr, der auf der Schwelle meiner Lebens-Welt steht, der mein entkräftetes Leben wie jemand beherrscht, der Sanjivinis in Händen hält? Wer bist du, mein Liebling? Du bist ein kleiner Junge. Wie kannst du über dieses weite Universum reden? Bin ich wirklich deine Mutter oder bist du mein Vater?..."

Bāla Sai umarmt seine Mutter ganz unerwartet.
„Ich bin dein kleiner Liebling, der mit deiner Muttermilch aufgewachsen ist."
„Aber" – sie macht eine kleine Pause. Sie unterdrückt ihre Verwunderung und sagt:
„Du denkst viel weiter als eine Mutter in ihrer Aufgabe, ein Kind großzuziehen. Wie ist dir das möglich?"
Bāla Sais Lachen ist so klar wie das Mondlicht.
„Du hast deinen Leib zu einem Gotteshaus gemacht und gabst mir das Leben. Ständig hast du Gott verehrt und zu Ihm gebetet, dass du einem guten Kind das Leben schenken mögest. Dein eigenes Fleisch und Blut hast du mir als geheiligte Nahrung angeboten. Du hast mich mit deiner Milch gefüttert, die vermischt war mit der Essenz der Zuneigung – mit Liebe. Also bin ich so gut wie ein Gott."
Auch diese Worte erscheinen ihr unfassbar.
In diesem Augenblick ist sie ganz unberührt von dem tobenden Sturm, von Donner und Blitzen. Ihr Geist ist nach dem Ableben ihres Mannes ein aufgewühlter Ozean. Bāla Sais Worte sind für ihren Geist wie die Musik einer Sitar. Seine Worte sind auf seltsame Weise tröstlich. Obwohl er wie eine Widerspiegelung erscheint, lehrt der Kleine uns, dass er das wahre Bild ist. Indem er seine Gedanken als Worte nahezu herausschleudert, vertreibt er die Vögel der Mutlosigkeit, die in ihrem Herzen nisten. Sie ist sich in dieser Nacht nicht bewusst, wie die Zeit vergeht.
Wie wenn er plötzlich einen Schmerzensschrei von irgendwoher vernimmt, schreckt Bāla Sai hoch. Er schaut hinaus und geht zur Tür.
„Was ist geschehen, Liebling?" fragt die Mutter voller Pein.
Bāla Sai, der dasteht wie Jagannātha, der von dem lauten Klagen des Elefantenkönigs berührt wurde und von Vaikunta herbei eilte, um ihn zu retten, denkt gar nicht in diesem Augenblick. Er beobachtet mit seiner geistigen Sicht eine Szene.
Die Tochter des Bürgermeisters Nārāyana Reddy schreit in dieser mitternächtlichen Stunde zu Hause in Geburtswehen. Zu dieser Zeit ist der Doktor nicht zur Stelle...

Sri Viswanatha Sāstri, der gekommen ist und versucht hat, ihr mit Ayurvedischer Medizin zu helfen, ist bei diesem Versuch gescheitert.

Er sagt:

„Wenn Sie sie nicht sofort in das Krankenhaus in der Großstadt bringen, ist ihr Leben in Gefahr."

Sri Nārāyana Reddy, der das rauhe Wetter draußen bedenkt und die Tochter Adilakshmi sich in Schmerzen winden sieht, ist so sehr im Zustand der Verwirrung, dass er unter Tränen zu Millionen von Gottheiten betet, seine einzige Tochter zu retten.

„Im Fall von Bāla Sai, der nun ein Unberührbarer ist, haben Sie Gleichgültigkeit an den Tag gelegt, und so haben Sie Unglück über Ihr Haus gebracht. Das ist Ihr Schicksal..."

Nach diesen Worten verlässt Sri Viswanatha Sāstri in einem Anfall von Wut das Haus.

Om Namo Bhagavate Sri Bāla Sai Bābāya Namah

14

Um diese mitternächtliche Stunde hallt das Haus von den Schreien der Adilakshmi wider.
Nārāyana Reddys Frau umfasst die Füße ihres Ehemannes und sagt:
„Bitte rette mein Kind! Wenn ihr irgendetwas passiert, kann ich nicht mehr leben."
„Als Vater empfinde ich doch auch Liebe für die Tochter. Aber an welche Gottheit soll ich mich nur wenden?"
Nārāyana Reddy, der sich hilflos fallen lässt, schaut verwundert drein, als er Bāla Sai in der Tür erblickt. Es ist mitten in der Nacht, und das Wetter ist stürmisch. Wie konnte Bāla Sai hierher kommen? Wer hat ihn gerufen herzukommen?
Reddy erinnert sich an die Worte Viswanatha Sāstris in Bezug auf Bāla Sai, aber er kann keinerlei Zorn zum Ausdruck bringen.
„Seien Sie nicht voller Panik, Uncle... Ich bin gekommen."
Von irgendwoher ertönt ein Donnerschlag. Als Bāla Sai selbstsicher ins Zimmer geht, bleibt das Ehepaar verwundert zurück.
Eine unheimliche Pause.
Dann – bevor noch fünf Minuten vergangen sind - ist plötzlich der Schrei eines Kindes zu hören. Voller Übereifer stürmen die Eltern in das Zimmer, in dem Adilakshmi liegt. Nichts von der vergangenen Aufregung ist mehr in ihr. Sie weint Freudentränen, als sie ihren neugeborenen Sohn anschaut.
Zitternd vor Aufregung tätschelt Nārāyana Reddy den Kopf seiner Tochter. Dann geht er mit wenigen Schritten in die Halle zurück.

Nachdem er die Aufgabe, für die er gekommen war, erfüllt hat, ist der Junge gerade im Begriff zu gehen. Reddy ruft, die Augen feucht voller Liebe:
„Bāla Sai!"
Als absoluter Neuling auf diesem Gebiet hat er nicht nur seiner Tochter bei der Entbindung beigestanden, sondern ihr auch noch das Leben gerettet, das bereits aufgegeben war.
Mit Tränen in den Augen und gefalteten Händen sagt Nārāyana Reddy voller Enthusiasmus:
„Ich weiß nicht, Bāla Sai, mit welcher Kraft oder Energie du dieses Wunder vollbracht hast. Aber von diesem Augenblick an betrachte ich dich als einen Gott!"
Lächelnd sagt Bāla Sai:
„Uncle – auch Sie sind das Ebenbild Gottes. Ich dulde nicht, dass Ihnen Ungerechtigkeit widerfährt, der Sie so viele fromme Handlungen getan haben."
„Aber ich hätte dich ungerechterweise aus der Stadt verwiesen – aufgrund des Behauptung Viswanatha Sāstris, dass deine Existenz uns Unglück bringen würde."
Reddys erboste Stimme richtet sich nun gegen Viswanatha Sāstri, der Bāla Sai gescholten hat.
Bāla Sai sagt:
„Uncle, verzeihen Sie meinem Großonkel. Er ist wie einer, der seine unbefleckte Seele mit Ego zugedeckt hat und sich auf eine gedankenlose, hirnverbrannte Weise benimmt. Mit Ausnahme dieses Wesenszuges ist auch Grandfather das Ebenbild Gottes."

Bāla Sai zeigt nicht nur Vergebung gegenüber dem alten Mann, der ihn hasst, sondern darüber hinaus noch eine ungewöhnliche Zuneigung.
„Uncle, Liebe ist ein natürliches richtiges Handeln. Sie ist ein allumfassendes Gesetz. Liebe ist unermesslich. Sie ist ein selbstloser Akt und weiß nur zu geben, nicht aber zu nehmen."
Als ob er die Gedanken Reddys gelesen hätte, erklärt Bāla Sai die Philosophie der Liebe:

„Die Sonne, die uns allen Licht gibt, fragt nicht nach irgendeiner Belohnung. Der Mond, der uns das Mondlicht schenkt... die Sterne... die Wolken, die uns Regen bringen... die Bäche und Flüsse... die Früchte tragenden Bäume sind alle sehr nützlich für den Lebensunterhalt der Menschen. Sie verlangen gar nichts als Gegenleistung. Für Augen, die lieben, ist alles makellos. Liebe ist allgegenwärtig."
Bāla Sai, der ein paar Fuß entfernt vor Reddy steht, schaut nun tief in dessen Augen, als ob er die Türen zu Reddys Herz geöffnet hätte.
„Obwohl er diese Philosophie der Liebe kennt, hat mein Großonkel, der Pūjārī, meinen Freund einen Unberührbaren genannt und ihn beleidigt. Das konnte ich nicht dulden, und so habe ich rebelliert. Sagen Sie mir, Uncle – wenn Liebe durch die Unterscheidungen von Kasten, Hautfarben, Glaubensbekenntnissen oder Geschlecht begrenzt wäre, hätte dann Rāmā mit Sabari aus der niederen Kaste Früchte teilen und essen können? Vibhishana, der in der Sippe der Dämonen geboren war, liebte Rāmā und gewann dessen Herz. Hätte er sonst ein Busenfreund des Gottes Rāmā werden können? Wenn die Philosophie der Liebe nicht überragend und vorrangig wäre, hätte dann der arme Kuchela das Herz von Vasudeva mit einer Handvoll trockenem Reis gewinnen können?"
Sri Nārāyana Reddy steht gefesselt da. Er hat nun vollkommen verstanden, dass Bāla Sai eine weitere Inkarnation Gottes auf Erden ist und sagt:
„Bāla Sai, ich weiß nicht, ob du Gott selbst bist oder ein Ebenbild Gottes. Aber diese Philosophie der Liebe sollte die Menschen durch dich erreichen. Die Menschen von heute bedecken ihre Körper mit einer Rüstung aus Sünden und sehen das als das Leben an. Deine Ausführungen sollten solche Leute erreichen, so dass sie Ebenbilder Gottes werden können, indem sie den Mitmenschen vergeben. Ohne Richtung und Methode kämpfen sie und streunen in der Illusion herum. Solche Menschen sollten von dir die wirklichen Wahrheiten über das Leben lernen und

die höchste Wahrheit des Lebens oder spirituelles Wissen verstehen.
Ich bin nicht kompetent genug, um dir Hilfe anzubieten. Aber befiehl mir! Obwohl ich der Stadt-Älteste bin, gebe ich zu, dass ich vor dir ein ganz gewöhnlicher Mensch bin. Ich würde dir bei deiner göttlichen Mission gern als dein Untertan nützlich sein."
Nach einer langen Stille spricht Bāla Sai, als ob er zu den Gedanken seines Geistes einen Kommentar verfasst:
„Es ist nicht einfach, einen Menschen zu ändern, der – gefangen in den Bindungen der Welt – in der Illusion lebt, dass diese Welt großartiger ist als das spirituelle Königsreich, da nur erstere Vergnügen schenkt. Der Mensch misst eher seinem Verstand, der ihn beherrscht, eine ungeheure Bedeutung bei als Gott, der die ganze Schöpfung unterhält. Solange alles gut verläuft, denkt er, er allein sei großartig. Wenn ihm die Dinge entgleiten, wenn er die Kontrolle über die Dinge verliert, dann besucht er Gott im Tempel und bringt dort seinen Schmerz, sein Leid zum Ausdruck.
Wenn dies nicht wahr wäre, gäbe es nicht so viele Tempel als sichtbare Zeichen für die Existenz Gottes, der doch allgegenwärtig ist. Es würden auch nicht so viele Rituale und Zeremonien durchgeführt. Es ist unnütz, darüber zu reden, warum jemand sich so verhält. Der Mensch ist gewöhnt, Gott in einem Standbild zu sehen.
Wenn also jemand auf den Weg zur Göttlichkeit gebracht werden soll, muss man einen Āshram errichten. Der sollte ein Heiligtum sein, das von allen gebilligt und angenommen wird. Es wäre nötig, allen Menschen die Wahrheit bewusst zu machen, dass sie alle Ebenbilder Gottes sind."
Nārāyana Reddy sagt:
„Bāla Sai, ich bin da, um deinen Ideen Gestalt zu geben. Befiehl mir! Sag mir, wo, wann und wie dieser Āshram gebaut werden soll, damit du mit dieser göttlichen Mission beginnen kannst."
„Das hat noch etwas Zeit."
Nārāyana Reddy sagt äußert entschlossen:
„Nein, Sai. Wir sollten sofort ausführen, was wir planen."

„Lieber Uncle, kein Programm, das nicht mit geistiger Reife begonnen wird, kann erfolgreich sein. Ein Baum trägt nicht gleich Früchte, wenn wir ihn pflanzen oder die Saat in die Erde geben. Wenn Regen fällt, füllen auch die Flüsse sich nicht sogleich auf. Wir müssen den richtigen Zeitpunkt abwarten. Bis zu der Zeit, da die Menschen meine Existenz anerkennen, werden all Ihre Anstrengungen der Lächerlichkeit unterworfen sein. Warten Sie noch eine Weile. Bewahren Sie es bis dahin als ein Geheimnis."

Nārāyana Reddy kann Bāla Sais Worte nicht verstehen, die wie eine Anordnung ausgesprochen werden. Er kann die Wahrheit in ihnen erst nach einer Reihe von Ereignissen verstehen, die stattfinden und deren Zeuge er wird.
In dieser Nacht geschieht ein Diebstahl im Tempel der Kanyaka Parameshwari. Der goldene Armreifen an der Hand der Göttin verschwindet.

Om Namo Bhagavate Sri Bāla Sai Bābāya Namah

15

„Oh, du Bursche... Kaum stehst du morgens auf, da bist du auch schon bereit, auf deine Streifzüge durch die Stadt zu gehen – nur um dir wieder Vorwürfe von manchen Leuten einzuhandeln. Warum willst du nicht einmal Interesse am Lernen und Beten zeigen?"
Mutter Jayalakshmamma verwarnt Bāla Sai sanft, als er im Begriff ist, mit seinen Freunden aufzubrechen, die draußen auf dem Pial sitzen.
Es ist nicht das erste Mal, dass seine Mutter ihm die Leviten liest. Das passiert des öfteren. Es bewegt sie auch nicht nur der Gedanke an seine Ausbildung. Sri Viswanatha Sāstri hat ihn schon einige Male wegen seiner mutwilligen und üblen Taten verwarnt. Sie findet, er solle Lesen als eine Aktivität betreiben, und so weist sie ihn ernstlich zurecht.
Wie in der Vergangenheit möchte Bāla Sai sie auch diesmal austricksen und heimlich entweichen. Aber dieses Mal schont sie ihn nicht. Sie hält seine Hand fest und sagt:
„Du bist es, zu dem ich spreche!"
Erregt durch die Worte der Dörfler offenbarte Yashoda ihren mütterlichen Instinkt, indem sie das Kind umarmte, das gar nicht ihr Kind war – denn Krishna wurde von Devakī geboren und von Yashoda lediglich groß gezogen. Solch ein Wesenszug ist jetzt auch in Srimāti Jayalakshmammas Verhalten zu beobachten.
Bāla Sai lockert die Hand seiner Mutter und zieht sie in die Küche. Er fragt sie:
„Was soll ich denn studieren?"

„Du solltest Arzt werden!" antwortet seine Mutter mit starkem Verlangen.
„Auch ohne zu lernen werde ich ein Arzt werden und jeden mit Leichtigkeit von jeglicher Krankheit heilen. Bist du damit zufrieden?"
Sie hält sich ihren Kopf und sagt:
„Beschwatze mich nicht mit deinen Worten!"
Nichts scheint ihm unmöglich zu sein. Er sagt, alles sei durchaus möglich, und wechselt fürs erste das Thema.
„Wenn du ein Doktor werden willst, solltest du zur Schule gehen."
„Selbst ohne zur Schule zu gehen, habe ich alle Lektionen abgeschlossen, Mutter."
Srimāti Jayalakshmamma, die sich der Göttlichkeit ihres Sohnes nicht bewusst ist, wird so böse, dass sie diese Angelegenheit auf der Stelle ein für alle Male regeln will. Sie nimmt seine Hand und zieht ihn mit sich. Vor den Augen seiner Freunde bringt sie ihn zu dem Haus des Lehrers Sri Sitaramayya am oberen Ende der Straße.
Dieser ist gerade dabei, das Zeichen auf seiner Stirn anzubringen. Er betrachtet Bāla Sai, der so rein erscheint wie der sanfte Strahl der Morgensonne. Er bemerkt auch die Niedergeschlagenheit in den Augen von Srimāti Jayalakshmamma. Er will wissen:
„Was ist passiert?"
„Lieber Bruder, ich bin nicht in der Lage, mit diesem Burschen fertig zu werden. Wenn ich ihn auffordere zu lernen, dann sagt er, er habe schon alles studiert. Wenn ich ihm sage, dass er ohne Ausbildung nichts werden wird, dann sagt er, er sei erst mein Kind geworden, nachdem er sich vollkommen entwickelt habe. Er spricht weit über sein Alter hinaus."
Sri Sitaramayya hat Mitleid mit ihr, als er Tränen in ihren Augen sieht.
„Es hat keinen Zweck zu weinen. Das alles kommt nur von dem schlechten Umgang. Ihr Bursche da kann bloß Tänze aufführen und Lieder singen, und es ist ihm nicht möglich, sich Kenntnisse

anzueignen. Sri Rāmānātha Sāstri ist gestorben, und wir wissen nicht, in welchem Teil des Universums er sich aufhält. Das Versagen dieses Jungen entspricht der sprichwörtlichen Aussage: ‚Der Sohn eines Pāndit ist ein Dummkopf'."
Bāla Sai betrachtet seine Mutter unentwegt. Vielleicht denkt er in diesem Augenblick, dass es wichtiger ist, seine Mutter zu trösten. So schließt er seine Augen eine Weile und sagt dann, während er Sri Sitaramayya anschaut: „Erziehung bedeutet **spirituelle** Ausbildung!"
Sri Sitaramayya kann sich einen Moment lang nicht von dem Schock erholen, so verblüfft ist er. Dann sagt er:
„Haben Sie das gehört? Ihr Sohn erklärt, dass spirituelle Erziehung wichtiger ist als alle anderen Arten von Ausbildung. So zeigt er seine Arroganz! Weil ich ihn als den Sohn eines Pāndits verspottet habe, erinnert er sich an einen Satz, den sein Vater gelegentlich gesagt hat und verwendet ihn gegen mich!"
Bāla Sai lächelt sanft. Sogleich rezitiert er einen anderen Sloka „Aham..." und versetzt den Lehrer erneut in Erstaunen. Als Bāla Sai den Sloka beendet, ist der völlig verdutzt und sagt hochmütig:
„Dies ist nicht ein Sloka aus der Bhagavad gītā!"
„Ich weiß, Uncle. Dieser ist von Ashtāvakra."
Sitaramayya, der beabsichtigt, Bāla Sai eine Lektion zu erteilen, sagt:
„Wie der Faden in einer Girlande deren Duft annimmt, so hat dieser Bursche ein bisschen oberflächliches Wissen von seinem Vater übernommen und rezitiert es nun unbeholfen... Nenne mir die Bedeutung dieses Slokas!"
Er will Bāla Sai verwarnen.
Bāla Sai steht still, und seine Freunde denken schon, dass er diese Antwort nicht geben kann. Aber er sagt:

„Du denkst voller Arroganz:
Ich bin der Autor und der Handelnde.
Dein Ego, das wie eine schwarze Kobra ist, hat dich gebissen.
Trink den Nektar des Glaubens

und erkenne, dass du nicht der Handelnde bist
und sei glücklich!"

Sitaramayya wischt sich den Schweiß von der Stirn und meint ärgerlich:
„Haben Sie die Streiche Ihres Sohnes zur Kenntnis genommen, Jayalakshmamma? Dieser halben Portion von einem Burschen erscheine ich als Egoist. Ego ist die schwarze Kobra, die mich gebissen hat. Haben Sie die Worte Ihres Sohnes gehört, der den Unterschied zwischen den Älteren und dem Jungvolk nicht kennt?"
Bāla Sai antwortet:
„Die Worte, die ich gesagt habe, sind nicht von mir, Uncle. Ich habe nur die Bedeutung des Sloka, den ich vorher rezitierte, wiedergegeben."
Der Lehrer ist für einen Augenblick sprachlos. Um sein Gesicht zu wahren, sagt er prompt, noch nach Luft schnappend:
„Bāla Sai, es ist nichts Ungewöhnliches für jemand, der als Sohn eines Gelehrten der Veden geboren ist, so viel Wissen aus den heiligen Schriften angesammelt zu haben. Wenn du kannst, dann lies ein Gedicht von Vemana vor. Dann will ich zufrieden und glücklich sein."
Er hat sich noch nicht von dem Gedanken erholt, dass es ihm möglich war, Bāla Sai für einen Moment zum Schweigen zu bringen, als Bāla Sai auch schon ein Gedicht von Vemana rezitiert:

„Wenn der Löwe schwach ist,
kann selbst ein ausgehungerter Hund ihn beißen und ärgern.
Wenn du keine Stärke besitzt,
kannst du kein Mitspracherecht beanspruchen...."

Einen Augenblick lang kann der Lehrer sich nicht erholen. Bāla Sais Worte entsprechen exakt seinem gegenwärtigen Zustand. Jemand, der niemals eine Schule auch nur für einen Tag besucht hat, der nie die Gelegenheit hatte, Vemanas Gedichte zu hören,

hat nun plötzlich eines rezitiert. Er ist fassungslos. Er möchte wissen, wie so etwas möglich ist.
Die ganze Zeit hat Srimāti Jayalakshmamma die Vielseitigkeit ihres Sohnes beobachtet. Ob sie die Diskussion bis hierhin vollkommen verstanden hat oder nicht, sie kann jedenfalls keinen Fehler an ihrem Sohn finden. Obgleich keiner weiß, wann er studiert hat – er diskutiert mit einem übermächtigen Gelehrten und kann sich mit ihm messen, als ob er alles gelernt und verstanden hat.
Bāla Sai bringt seine Mutter heim. Sie sieht benommen aus, und er spricht besänftigend zu ihr:
„Wenigstens von jetzt an mach dir keine Sorgen um meine Studien. Ich bin das Kind eines begnadeten Weisen, und von dem Moment an, da ich in deinen Leib kam, habe ich begonnen, die Welt zu studieren. Während ich in deinem Schoß heranwuchs, verstand ich die drei höchsten Prinzipien: Sat, Chit und Ānanda – Wahrheit, Intellekt und Glückseligkeit."
„Ich besitze nicht so viel Weisheit, Bāla Sai."
„Wenn du die Weisheit besitzt, dass du **diese** Weisheit nicht hast, dann ist das genug. Du bist überhaupt nicht unwissend. Du allein bleibst. Das DU in dir weiß alles."
Während sie noch versucht, ihn zu verstehen, verschwindet Bāla Sai mit seinen Freunden von dort.

Om Namo Bhagavate Sri Bāla Sai Bābāya Namah

16

Als sie an der nächsten Straße ankommen, wird Bāla Sai Zeuge einer Szene. Unter der Aufsicht von Sri Viswanatha Sāstri schleudern dort die Leute Steine auf einen jungen Mann. Seine Frau wird bei dem Versuch, ihn zu retten, selbst verletzt.
Der junge Mann, der in der letzten Nacht den Schmuck der Göttin im Tempel gestohlen haben soll, ist gerade vor zehn Minuten gefangen worden. Sein Name ist Satyam. Dieser Name kommt aus dem Sanskrit und bedeutet WAHRHEIT.
Auf dem Gelände vor Reddys Haus haben sich Menschen in Gruppen angesammelt. Auf Geheiß von Sri Viswanatha Sāstri ist Satyam an eine Säule gefesselt worden.
Der Körper des dreißigjährigen Satyam ist blutüberströmt. Seine Frau zittert vor Furcht angesichts der Strafe, die ihm auferlegt ist.
Nach ungefähr fünf Minuten kommt Sri Nārāyana Reddy mit einigen Ältesten der Stadt und beginnt mit dem Schiedsgericht. Gemäß der Gesetze der Stadt führt Reddy die Untersuchung durch, wer auch immer der Übeltäter sein mag. Es ist Sri Sāstri, der dann über die Art der Züchtigung entscheidet, die erteilt werden soll.
Obwohl Sri Reddy weiß, was geschehen ist, beginnt Sri Sāstri - gemäß der Tradition des Panchāyat, der Fünfer-Rates – als Augenzeuge seinen Bericht.
„In den frühen Morgenstunden, nach meinen Gebeten, betrat ich heute den Tempel der Kanyaka Parameshwari. Ich sah, dass der goldene Armreif an der linken Hand der Gottheit fehlte. Ich legte das so aus, dass der Reif gestohlen worden war. Wegen der

Ungehörigkeit, die in dem Heiligtum vorgefallen war, zelebrierte ich einen besonderen Gottesdienst, um meinen Intellekt zu schärfen und begann dann mit der Ermittlung. Auf dem Gelände vor dem Tempel fand ich ein Taschentuch, auf dem ich den Namen Satyams feststellte. Sofort informierte ich den Tempel-Kurator Krishna Reddy, und mit Hilfe seiner Leute fing ich Satyam, der betrunken zu Hause lag, und brachte ihn hierher. Auf dem Weg hierher züchtigte ich ihn."
Plötzlich herrscht Stille auf dem Platz.
Sri Reddy fragt:
„Haben Sie den Schmuck sichergestellt?"
Sri Sāstri sagt:
„Wenn er gefunden wird, ist das Problem zur Hälfte gelöst. So sehr Satyam jedoch geschlagen wurde – er weigerte sich zu sprechen! Aber sein Taschentuch wurde gefunden."
„Wenn du nur genügend suchst, wirst du etliche solcher Spuren im Tempel finden, Grandfather," sagt Bāla Sai.
Als er Bāla Sais Stimme hört, erschrickt Sri Sāstri. Er schaut zu Reddy hin und sagt:
„Als erstes lassen Sie mal diesen verachtenswerten Jungen von hier wegschaffen."
Nārāyana Reddy würde diesen Vorschlage vielleicht früher aufgegriffen haben, nun aber ist seine Meinung über Bāla Sai eine andere. Er hat Bāla Sais Göttlichkeit verstanden und würde am liebsten begeistert über ihn sprechen, aber er reißt sich zusammen. In der letzten Nacht hat Bāla Sai ihn nicht nur gebeten, das Geheimnis über die Vorkommnisse zu bewahren, sondern auch noch darum, still zu sein, bis er selbst sich unter den Leuten, denen die geistige Reife noch fehlt, unter Beweis gestellt hat.
„Nachdem Sie die Serie von Handlungen der Anarchie und die Verwirrung in der Stadt gesehen haben, sollten Sie verstehen, dass dieser Kerl die Hauptursache für all diese Misshelligkeiten ist!"
Wieder einmal bekommt Sri Sāstri einen Anfall von Raserei, und er bringt zum Ausdruck, dass ihm schon allein die Existenz Bāla Sais unerträglich ist.

Nārāyana Reddy sagt:
„Ich würde das vielleicht verstehen – aber entgegen Ihrer Vorhersage, dass meine Tochter in der letzten Nacht dem Tod geweiht war, hat sie eine risikolose Entbindung gehabt..."
„Das ist alles Gottes Wille," sagt Sri Sāstri.
Reddy sieht Bāla Sai milde lächelnd an und sagt:
„In welchem Fall und warum sollten wir wegen irgendwelcher Unglücksfälle in Panik geraten?"
Sāstri zeigt noch größeren Zorn:
„So würden Sie also gern Bāla Sai zu diesem Panchāyat einladen. Er zeigt ja eine Aktivität im Reden, die in keinem Verhältnis zu seinem Alter steht!"
„Vāmana, der den Kaiser Bali um nur drei Fuß Land bat und ihn vernichtete, war auch ein junger Mann."
Sāstri mag keinen freundlichen Ratschlag, und er will auch vor den anderen nicht minderwertig erscheinen. Da er keine andere Möglichkeit sieht, lenkt er ein:
„Ich respektiere Ihre Wünsche als die des Stadt-Ältesten."
„Grandfather – du hast nicht seinen Wunsch zu respektieren. Du musst ‚Satyam' respektieren!"
Bāla Sais Worte treffen ihn wie ein Donnerschlag.
„Ich sollte einen Dieb respektieren?"
Sri Sāstri fragt es mit Nachdruck.
„Ich habe dich gebeten, die ewige Wahrheit zu respektieren, die die wirkliche Wahrheit ist – und sodann auch diesen Mann Satyam," sagt Bāla Sai.
Nārāyana Reddy schaut Bāla Sai an und sagt bedeutungsvoll:
„Worte eines Kindes."
Bāla Sai fügt hinzu:
„Dies sind auch Brahmās Worte, Uncle."
Er bezieht sich damit auf ein Sprichwort, das lautet: ‚Bāla Vākku, Brahmā Vākku' – die Worte eines Kindes sind den Worten Gottes gleich. Kindermund spricht wahr...
Die Veränderungen auf Sri Sāstris Gesicht beobachtend sagt Bāla Sai:

„Gepriesen als eine Quelle der Weisheit hat dieser Grandfather mit einem schwachen Anhaltspunkt einen unschuldigen Mann aufgetrieben und gequält. Das ist bedauerlich!"
„Was weißt denn du über Satyam, Sai?" schreit Viswanatha Sāstri.
Bāla Sai lacht.
„Welche SATYAM, Grandfather? Fragst du mich nach der ewigen Wahrheit, die ich kenne, oder nach diesem Satyam, der dir als die Unwahrheit erscheint? In Ordnung, ich sage es dir."
Die Leute aus der Stadt sind sprachlos. Als ob ihm jeder vertraut wäre, beginnt Bāla Sai über Satyam zu sprechen, der als Angeklagter dasteht:
„Dieser Satyam hat nur seine Frau Nārāyanamma und zwei Kinder auf dieser Welt. Er war ein Faulenzer und Nichtstuer, der all seinen Besitz ausgab und verlebte. Seine Frau seufzte und beklagte sich und versuchte schließlich, Selbstmord zu begehen. Da wollte er gut werden und sich bessern und wie ein idealer Ehemann leben."
Unter all den versammelten Leuten ist es nicht Nārāyana Reddy allein, der überrascht ist. Auch Satyam und seine Frau Nārāyanamma sind verwundert. Bāla Sai, der bisher ein völlig Fremder für sie ist, spricht die Wahrheit, als ob ihm alles wohlbekannt ist. Nārāyanamma vergießt reichlich Tränen.
„Wo kommst du her? Welche Gottheit hatte Mitleid mit mir? Als ich alle Hoffnung für meinen Mann schon aufgab, botest du dich als Retter an und beweist so viel Liebe. Wie ein rufender Kuckuck, voller immerwährender Liebe, so stehst du furchtlos in unserer Mitte und rettest uns. Du fasst die Fesseln zerbrochenen Glaubens. Du bist wie eine Girlande aus wunderschönem Lotus, wie du dich so sehr für mich einsetzt, die ich doch nur wie ein Grashalm bin. Wie kann ich jemals meine Schulden bei dir begleichen?"
Ihr Seelenschmerz verwandelt sich in Anbetung, und Nārāyanamma bringt in Gedanken Bāla Sai ihre Verehrung dar.
Bāla Sai geht langsam zu den Ältesten, die den Fünfer-Rat bilden, und spricht mit gesteigerter Erregung:

„Ist es nicht genug, dass ich die Bedeutung von SATYAM - von der Wahrheit - kenne, um Satyam zu retten? Deshalb bitte ich Sie, diesen Satyam zu verschonen, der kein Straftäter ist. Es ist nicht rechtens, diesen Satyam für einen Fehler zu schikanieren, den er nicht begangen hat. Ich bitte Sie, ihm Freiheit zu gewähren!"
Viswanatha Sāstri, der die ganze Zeit still gewesen ist, kann sich nicht länger beherrschen:
„Satyams jüngerer Sohn leidet an Herz-Beschwerden. Er braucht ganz dringend Geld!"
„Und deshalb glaubst du, es sei wahr, dass Satyam den Diebstahl begangen hat, Grandfather?"
„Nicht nur das. Wir stellten im Tempel sein Taschentuch sicher!" sagt Sastri
„Grandpa, du hast bloß sein Taschentuch. Aber an den Händen der Göttin sind die Fingerabdrücke deiner Hände zu finden, mit denen du unentwegt Gottesanbetung vollführst. Können wir allein aus diesem Grund das Delikt dir zuschreiben?"
Sāstri möchte vor Wut schreien, aber Bāla Sai gibt ihm keine Gelegenheit dazu:
„Grandfather, du bist nicht imstande, Wahrheit und Unwahrheit richtig zu analysieren. Wenn es wahr wäre, dass die Göttin, die uns beschützen soll, nicht in der Lage wäre, sich selbst zu beschützen, sondern von dir abhängig wäre – wie könnte sie dann eine Göttin sein?"
Sāstri bebt vor heftigem Zorn und sagt:
„Hör auf zu schwatzen! Du bist nicht Krishna aus Gokulam, dass du reden könntest, als wüsstest du alles!"
„Grandpa, indem du den ganzen Tag im Tempel verbringst und nahe der Gottheit verweilst, wirst du noch lange nicht ein Gott!"
Sāstri sieht Reddy an, der im Fünfer-Rat sitzt, und kreischt:
„Reddy Gāru! Wenn Sie diesen Burschen nicht zurechtweisen und widerlegen, dessen Reden alle Grenzen überschreiten, dann ist das gegen die uralten traditionellen Lehren!"
Reddy sagt sanft:

„Bāla Sai, Sāstriji meint mit Hilfe des Beweises, den er hat, Satyam sei ein Straftäter, während du das Gegenteil behauptest. Aber wie können wir herausfinden, was wahr ist?"
Die Leute halten den Atem an und schauen zu.
Bāla Sai sagt:
„Lassen Sie uns die Göttin um die Entscheidung bitten."
Selbst die Mitglieder des Fünfer-Rates werden ganz mutlos.
Reddy sagt:
„Wenn die Göttin, die schon ihren Schmuck verloren hat, in der Lage wäre, die Wahrheit zu verkünden, dann wäre das Problem nicht so weit gediehen."
„Wenn die Göttin mit ihrem eigenen Mund Worte spricht, kann die Wahrheit nicht gefunden werden, Uncle. Sie ist die Göttin, die durch bloßes Schweigen das Problem lösen kann."
Bāla Sai macht eine kleine Pause und fügt dann hinzu:
„Lassen Sie uns die Tempeltüren im Beisein all der Leute öffnen. Wenn Satyam nicht der Übeltäter ist, wird der Armreif an der Hand der Gottheit hängen. Wenn er andererseits ein Verbrecher wäre, dann würde das Schmuckstück – wo immer es auch sei – in der Nähe der Dhwaja Stamba gefunden werden."
Jeder rätselt, wie das sein kann. Bāla Sai versichert ihnen:
„Dies ist ein Kampf zwischen Wahrheit und Unwahrheit. Es ist ein Kampf zwischen Atheismus und Theismus. Wenn die bloße Existenz der Kanyaka Parameshwari wahr ist, dann muss sie allein die Gerechtigkeit beschützen."
Die Mitglieder des Panchāyat setzen sich in Bewegung.
Die Menschen strömen ihnen hinterher.

Om Namo Bhagavate Sri Bāla Sai Bābāya Namah

17

Die Stadt-Ältesten erreichen den Tempel, um das unvorhersehbare Urteil zu erfahren. In dem Augenblick, als die Türen geöffnet werden, sind sie alle sprachlos: das fehlende Schmuckstück hängt an der Hand der Göttin. Als sie das Standbild betrachten, falten die Menschen unwillkürlich die Hände zum Zeichen der Verehrung der Gottheit.
Reddy schaut Sāstri an, der kein Lebenszeichen von sich gibt.
„Grandfather Pūjārī sollte sich dem Gottesdienst widmen. Er aber sah sich selbst als Beschützer der Göttlichkeit an. Es ist genug, dass er in Ungnade fiel. Er, der die Menschen ganz allgemein für gemeine Kerle zu halten pflegt, bekommt hier von Gott eine Gelegenheit, um endlich zu glauben, das alle die Ebenbilder Gottes sind."
Nachdem er diese Meinung kundgetan hat, geht Bāla Sai zu Viswanatha Sāstriji.
„Grandfather, ich wetteifere nicht mit dir. Du bist wie der Vollmond – in der Lage, Weisheit und Wohlergehen zu verbreiten. Ich habe dies alles nur getan, damit du erkennst, dass du eine Wahrheit nicht praktizierst, obwohl du sie kennst. Du musst als erstes selbst Gott werden, um zu empfinden, dass alle Lebewesen von dir geliebt werden müssen, und um die angenehmen, erfreulichen, lebendigen, schönen Szenen der Natur zu verstehen. Es hat keinen Sinn, dass du dich selbst als Gott ansiehst. Dein Verstand sollte den richtigen Weg gehen. Er sollte gütig sein.
Wir sollten uns selbst als Fähren betrachten, die die Menschen zu der vollkommenen Dreieinigkeit von Wahrheit, Wissen und

Glückseligkeit tragen – aber nicht als diejenigen, die das Schiff steuern. Wenn wir denken, wir seien die Navigatoren, dann wird das Ergebnis so sein wie dieses hier. Verzeih mir, wenn ich dich verärgert habe."
Viswanatha Sāstriji ist nicht befriedigt. Er hat das Gefühl, als gäbe es keine größere Beleidigung als diese. In einem Anfall von Wut fragt er:
„Wer hat also den Diebstahl begangen?"
„Du bist nicht der Handelnde. Du bist nur ein Karma-Yogi."
Trotz all der ausführlichen Erklärungen gibt es keine Änderung im Blick Sāstrijis, und so verweilt Bāla Sai nicht länger dort. Als ob er wünscht, jemanden zu treffen, geht er schnell davon, bis er die Stadtgrenze erreicht.
Er verbringt dann ein paar Minuten in einer strohgedeckten Hütte und betrachtet einen Mann in den mittleren Jahren, der gelähmt ist.
Bāla Sai sagt:
„Sarabhayya, Sie haben einen schweren Fehler begangen. Sie haben nicht nur den Schmuck der Gottheit gestohlen, sondern Sie sind auch noch dafür verantwortlich, dass ein glückloser Mensch vor den anderen als Straftäter dasteht. Eine ganze Familie wäre ruiniert worden, wenn die Göttin nicht auf meine dringende Bitte gehört, geantwortet und mitgewirkt hätte. Wie lange möchten Sie mit diesem verbrecherischen Verhalten leben?"
Sarabhayya spricht in einem kraftlosen, schwachen Ton:
„Erlöse mich erst von diesem Fluch, Bāla Sai. Seit vielen Stunden haben meine Glieder alles Leben verloren, und ich fürchte, dass ich sterben muss. Ich kann nicht einmal atmen."
„Wenn Sie nicht wollen, dass diese zeitlich begrenzte Strafe ein Dauerzustand wird, dann ändern Sie Ihre Lebensweise!"
Bāla Sai berührt liebevoll seinen Körper.
Nur das...
Sarabhayyas Leib, der die ganze Zeit gefühllos gewesen ist, zeigt Lebenszeichen. Seine Augen werden feucht, so aufgeregt

ist er. Bāla Sai, der ihn als den Frevler ausgemacht hat, trifft ihn hier allein und gibt ihm liebevollen Ratschlag.
Er umarmt die Füße Bāla Sais und sagt:
„Babu, Bāla Sai – du weißt eine ganze Menge über mich, und wenn du das den anderen erzählt hättest, wäre das wohl das Ende dieses Körpers gewesen. Selbst wenn das geschehen wäre, würde ich es ruhig hingenommen haben und gestorben sein. Aber mit deiner Vergebung und deiner Liebe hast du mich außerordentlich in Erstaunen versetzt. Von jetzt an will ich neu gestaltet sein, reformiert."
„Sarabhayya, wenn es wahr ist, dass Valmiki, ein brutaler Jäger, der an ein verbrecherisches Leben gewöhnt war, sich dadurch, dass er einen tragischen Vorfall beobachtete, in einen Dichter verwandelte, dann sollte der Wandel, den Sie sich wünschen, auch nicht unmöglich sein."
Sarabhayya faltet voller Verehrung die Hände und verharrt still, als Bāla Sai weitergeht.
Ihm, der mit Gottes Gnade ein geheilter Mensch wurde, erscheint Bāla Sai wie das Epos Ramāyana, das durch die Freude der Seele Gestalt angenommen hat. Oder vielleicht erscheint Bāla Sai ihm als der universelle Dichter, der die Seiten im Buch seines Lebens neu geschrieben hat...

Inzwischen diskutieren die Leute in der Stadt aufgeregt, und Bāla Sai läuft in den Straßen herum...
... wie die Lampe aus Edelsteinen, die die Lebens-Aussichten des Menschen in Ordnung bringt....
...wie eine Brücke zwischen der veränderlichen Welt und der ewigen Wahrheit...
...wie der Wagenlenker, der die Menschheit von dem Kurukshetra der Vorurteile befreit ...
...wie Panchajanya, das Muschelhorn Vishnus, welches die versklavten Menschen aus den schwierigen Gefühlen des Verstandes erweckt, die sich der Tatsache nicht bewusst sind, dass der Suchende und das Gesuchte eins sind...

...wie der kleine Krishna, der Yashoda in seinem geöffneten Mund den ganzen Kosmos zeigte und dennoch wie ein unschuldiges Kind erschien...
...genau so geht Bāla Sai unschuldig umher, als wüsste er überhaupt nichts. Er gewinnt die Herzen vieler, aber einen so starken Rivalen wie Sāstriji kann er nicht verändern.

Die Essenz unserer traditionellen Darstellungen besagt, dass Gott Seine Macht dazu benutzt, die schlechte Natur der Menschen im Laufe von Äonen zu wandeln.
So wird es für Bāla Sai bereits in jungen Jahren unvermeidlich, bereit zu sein, die Wahrheit zu beweisen.

Om Namo Bhagavate Sri Bāla Sai Bābāya Namah

18

„Liebe Mutter!"
Bāla Sais Ruf – wie ein Strahl der Morgensonne – berührt Srimāti Jayalakshmammas Körper, die aus ihrem Tagtraum aufgerüttelt wird. Der Junge hat das Haus am Morgen verlassen, hat die ganze Stadt in Erstaunen versetzt und kommt am Nachmittag allein nach Hause. Er begrüßt sie übrigens, als ob nichts geschehen ist.
„Ich bin hungrig, Mutter," sagt er – nicht wie eine Gottheit, sondern wie ein Kind, geboren von einer Mutter.
Sie unterdrückt ihre überfließende Liebe zu ihre Sohn, der sie zur geehrten Mutter gemacht hat, und sagt:
„Satyam und Nārāyanamma, die deinetwegen hierher kamen, fielen mir beide zu Füßen und gingen wieder fort."
„Du bist die Göttin, die sie gerettet hat," lacht Bāla Sai aus spiritueller Freude.
Sie fragt überrascht:
„Ich?"
„Ich bin du, Mutter."
„Wie kannst du ich sein?" fragt sie. Sie macht sich große Sorgen darüber, was mit Bāla Sai geschehen wird, der immer so sinnlos spricht.
„Ich bin deine Mutter, die dir das Leben geschenkt hat."
„Dann bist du in mir."
„Ich rege mich auf," sagt sie und drückt ihn plötzlich an ihre Brust.
„Ich ärgere mich darüber, wenn Leute dich einen Gott nennen."
„Bin ich nicht ein Gott?" fragt er bedeutsam.

„Wenn du ein Gott bist, solltest du in einem Tempel sein."
Er umarmt sie und schenkt ihr damit eine seltene Köstlichkeit, die der Mutterschaft hinzugefügt wird, und meint:
„Ja, ich bin im Tempel deines Herzens."
Ihre Augen laufen über mit Tränen. Mit der Berührung einer Träne, die auf seine Schulter tropft, löst er sich sanft von seiner Mutter und schaut sie voller Schmerz an.
„Nein, Mutter, vergieße keine Tränen!"
Seine Mutter stöhnt krampfartig, als ob sie einen Kloß im Hals hätte, und sagt:
„Das ist es nicht...Wie du hat auch dein Vater Menschen in Not getröstet. Er pflegte die Menschen mit Hilfe seiner medizinischen Kenntnisse von ihren Krankheiten zu heilen. Menschen, die von Kobras gebissen worden und gestorben waren, brachte er zurück zum Leben. Er erlangte Ruhm und Glanz, allerdings nicht in deinem Alter."
„Weisheit hat nichts mit dem Alter zu tun, Mutter."
„Er, der so vielen gedient und geholfen hat, wurde von allen ein Gott genannt – und doch blieb er bei mir bis zuletzt."
„Ich würde auch bei dir bleiben."
„Ich habe Angst, dass du das nicht tust."
„Ich bin nur gekommen, um zu bleiben, Mutter."
Sie kann ihre Furcht nicht beherrschen.
„Ich bitte dich, bei mir zu bleiben, Liebling. Obwohl ich dich bitte... Wie kann ich glauben, dass du bei mir sein wirst? Du zeigst doch schon in solch einem zarten Alter so viele Tricks! Du hast die Herzen vieler gewonnen, mit deiner Macht, die dein Alter weit übertrifft. Wie kann ich da glauben, dass du – als mein Kind – bei mir bleibst?"
Er wischt seiner Mutter die Tränen ab. Er sieht sie hingebungsvoll an und sagt:
„In dem Augenblick, in dem du meine Mutter wurdest, wurdest du die Mutter aller auf der Welt. Würdest du es dann als gerecht ansehen, wenn du deine Liebe nur auf dein Kind begrenzt? Ist es nicht eine erfreuliche Sache für dich, dein Kind vor dir aufwachsen zu sehen und die Liebe aller zu verdienen?"

„Ich kann mit dir nicht diskutieren!"
„Die Stimme ist dein, und das Wort ist mein! Ich werde dich veranlassen zu reden."
Ein wenig verärgert schaut sie direkt in Bāla Sais Augen und fragt:
„Wenn du solch ein Macht besitzt, dann hättest du mich auch besänftigen können, indem du alle meine Ängste ausräumtest."
Er lacht, und sein Lachen ist wie das Mondlicht...
... wie ein leichter Schauer...
... wie ein klarer Kristall.
„Ich werde dich ganz gewiss trösten, Mutter. Meine Mutter, die mir den Mond gezeigt und mich mit kleinen Bissen gefüttert hat, wird erfahren, dass ich der wirkliche Mond bin. Meine Mutter möchte die Zeit im Zaum halten und ihr Kind mit Zuneigung und Verhaftet-Sein fesseln. Bald werde ich dich aus der Illusion befreien und dich die Wahrheit erkennen lassen, dass – wo immer ich auch bin – ich in dir bin. Ich werde dir beweisen, dass ich in dir bin wie die weiße Farbe in der Milch, die Wärme im Feuer und das Entzücken in der Liebe."
Bāla Sais Worte berühren die Membranen ihres Verstandes wie der heilsame Rat oder die Lehre einer Gottheit, die vom Himmel herabgestiegen ist.
Sie erinnert sich, dass Bāla Sai hungrig ist und steht sofort auf. Binnen fünf Minuten bringt sie das Essen und vertieft sich darein, ihr Kind Bissen für Bissen zu füttern.
Obwohl Bāla Sai seine Mutter überzeugend gebeten hat zu fühlen, dass er immer bei ihr ist – selbst wenn er weit weg sein sollte – und obwohl er in der Gegenwart seiner Mutter weilt, nimmt er doch wie ein Allgegenwärtiger das Wesentliche einer Diskussion wahr, die weit entfernt stattfindet.

Es ist wahr.
Genau in diesem Augenblick steht Viswanatha Sāstri, der noch unter der Last der Beleidigung schwankt, vor Nārāyana Reddy in dessen Haus und spricht spöttisch über Bāla Sai.
Sāstriji sagt:

„Wenn eine kleine Krähe, die von einem Geist besessen ist, miaut wie eine Katze – dann ist es wirklich erstaunlich, dass Sie das als irgendeine göttliche Kraft ansehen."
Reddy antwortet in versöhnlichem Ton:
„Ich gebe zu, Sāstri ji, dass die Kenntnisse, die ich habe, begrenzt sind. Aber Bāla Sai hat die Bedeutung seiner Worte uns allen mit Hilfe eines Beispieles erklärt. Für den Fall, dass der Beweis für seine Behauptung nicht zu sehen gewesen wäre, nachdem die Tempeltüren geöffnet worden waren – hätten Sie Ihm dann verziehen?"
Sasriji kann ihm keine Antwort geben.
Er ist überrascht, dass alles, was immer Bāla Sai gesagt hat, eingetreten ist. Wie ist das möglich? Er hat mit eigenen Augen das Fehlen des Schmuckes an der Hand der Gottheit gesehen. Wie konnte er in der Zwischenzeit wieder sichtbar werden? Er denkt, er müsse irgendwo einen Fehler gemacht haben, aber als Bāla Sais Größe kann er das nicht akzeptieren. Das ist es aber nicht, was ihm ungeheure Schwierigkeiten macht.
Wegen Bāla Sai hat er einen großen Verlust an Ansehen und Ehre zu verzeichnen, derer er sich bislang als Kenner aller heiligen Schriften erfreute. Er sinkt übrigens Stufe um Stufe. Tatsächlich sollte Nārāyana Reddy Bāla Sai schon längst aus der Stadt gejagt haben! Aber der verhält sich gleichgültig und lobpreist Bāla Sai als ein größeres Genie. Wo soll das enden?
Reddy sagt:
„Ich gebe zu, Sie als gelehrter Mann können Bāla Sai besser als ich erfassen. Aber seine Worte erinnern uns ebenfalls an Vedische Weisheit und sie beweisen, dass er Ihnen ähnlich ist – wenn nicht sogar ebenbürtig. Falls Sie meinen, dies sei meine Unwissenheit, dann sollten Sie mir vergeben."
Sāstri antwortet:
„Es ist sicher Unwissenheit, Reddiji. Deshalb haben Sie ihn unterstützt, weil er ein kleiner Bursche ist und weil das, was er sagte, zufällig wahr war."
Reddy erinnert sich an das morgendliche Ereignis und sagt erregt:

„Wie kann das zufällig gewesen sein, Sāstriji? Keiner weiß, warum er dem Fremden Satyam zu Hilfe kam, aber Bāla Sai sprach über alle Vorkommnisse seines Vorlebens, als ob er gar kein Fremder wäre. Auch wenn Sie denken, er wolle Sie mit kindischen Streichen kritisieren, so hat der kleine Kerl doch selbstbewusst vor allen die Wahrheit aufgedeckt und bewiesen, dass Sie sich getäuscht und einen Fehler gemacht haben. Falls Lesen Wissen bringt, falls Reden, indem man Wissen mit Logik verbindet, Weisheit ist – dann hat Bāla Sai uns die Augen geöffnet, was auch immer er studiert haben mag."
Mit einem drohenden Unterton sagt Sāstri:
„Das heißt, dass Sie anerkennen, dass er eine Quelle der Weisheit ist."
„Ich verstehe nicht, was Sie damit erreichen wollen, wenn Sie diesem kleinen Kind gegenüber so viel Groll an den Tag legen."
„Dies ist nicht Ärger, verehrter Reddy... Wenn diese Anarchie so weitergeht, fürchte ich, dass es künftig für die bloße Existenz Gottes Hindernisse gibt."
Reddy schaut ungerührt Sāstriji an, der sich in den letzten Tagen wie ein Verrückter gebärdet.
„Wie könnte Bāla Sai der Existenz Gottes irgendeinen Schaden zufügen?"
Eifersucht wühlt den Geist von Sāstriji auf, als er scharf sagt:
„Sie begreifen die Bedeutung dieser Sache gar nicht! Die Leute sind eine närrische Menge und glauben an das, was immer sie sehen. Wenn wir weiter so tolerant bleiben, werden die kindischen Tricks des Bāla Sai in den Augen der Öffentlichkeit wie Wunder erscheinen. Dann wird Bāla Sai ein Gott für sie!"
Reddy lächelt milde:
„Lassen Sie das geschehen, Sāstriji! Warum sollten wir Einwände erheben, wenn die Menschen durch Bāla Sai Wohltaten erhalten, in ihm solch göttliche Wesenszüge sehen können und ihn als Gott lobpreisen?"
„Dann herrscht Atheismus vor!"

„Wenn Theismus bedeutet, an Gott zu glauben, der unsichtbar ist, dann ist in meinen Augen das Zweifeln an einem vom Himmel gesandten Genie wie Bāla Sai Atheismus!"
„Wenn Sie auf ihn als eine göttliche Person eine Lobesrede halten, dann bedeutet das, dass auch Sie ein Opfer seiner Täuschung oder seines Betruges geworden sind."
Die Ironie in der Stimme Sāstrijis lässt Reddy gründlich nachdenken. Er findet, es ist nicht länger richtig für ihn, über die Größe Bāla Sais, die er erkannt hat, hinwegzusehen.
Er sagt:
„Ich würde gerne wissen, wer hier der Täuschung unterliegt – Sie oder ich?"
Sāstriji sieht beunruhigt aus.
Reddy sagt ernst:
„In genau einer Woche kommt Swāmī Dinanath aus der Provinz Bihar in unseren Distrikt, um den Grundstein für einen Tempel zu legen. Ich werde also mein Ansehen einsetzen und ihn in unsere Stadt holen. Wir werden Bāla Sai mit diesem Mann konfrontieren, der berühmt ist als der Hervorragende unter den religiösen Propheten des Landes. Ich werde ihn bitten, Bāla Sai zu prüfen. Wenn erwiesen ist, dass Bāla Sai nicht ein ehrwürdiger Mensch, sondern ein Laie ist, dann werde ich nie wieder vor Ihnen über Bāla Sai sprechen."
Sāstrijis Geist ist auf einmal frei von Sorgen. Er ist sogar außerordentlich erfreut, sich das Schicksal Bāla Sais vorzustellen, der sich aus dem Staub machen wird – nicht imstande, dem Angriff Dinanaths, der etwa zehn Sprachen beherrscht, zu widerstehen.
Während er voller Stolz davon geht, sagt Sāstriji:
„Ich bin einverstanden mit Ihrer Wette, Reddji."
Aber Viswanatha Sāstri kann nicht ahnen, dass schon in wenigen Tagen Bāla Sai noch einmal als Konkurrent zu ihm auftreten wird.

Om Namo Bhagavate Sri Bāla Sai Bābāya Namah

19

Es ist etwa acht Uhr abends. Die Natur bei Nacht ist wie ein Symbol für die Heiligkeit eines Weisen, der eine hingebungsvolle Haltung eingenommen hat. Die Sterne am Himmel machen einen schwachen Versuch, dem Boot des menschlichen Lebens, welches sich richtungslos auf dem Ozean der Dunkelheit bewegt, den Weg des Lichtes zu zeigen.
Nārāyana Reddy hat sein Wort gehalten und ist mit seiner Bemühung, Swāmī Dinanath in seine Stadt zu holen, erfolgreich gewesen.
Da ist jedoch auch eine Spur von Traurigkeit in ihm. Er ist starken Schwankungen ausgesetzt, denn er fühlt, dass er ein kleines Kind, das weder „fair play" noch „foul play" kennt, ohne nachzudenken in eine schwierige Situation gebracht hat.
Er weiß, dass dies nicht ein Kampf zwischen Theismus und Atheismus ist. Aber Reddy hat nicht den nötigen Mut zu glauben, dass Bāla Sai die benötigte hohe Intelligenz besitzt, vor den großen Männern, die Befreiung suchen, und vor den immerwährend leuchtenden Großen, die Weisheit schenken, zu bestehen.
Nachdem er die Gedanken Sāstrijis begriffen hat, möchte er diesem eine bedeutsame Lektion erteilen. Aber Reddy mag sich das Ausmaß an Schwierigkeiten für den Fall von Bāla Sais Niederlage gar nicht vorstellen. Hat er wissentlich Viswanatha Sāstri eine Gelegenheit angeboten, Bāla Sai aus der Stadt zu verbannen, damit dieser Rache an dem Kleinen nehmen kann?
Unruhig auf und ab gehend erinnert Reddy sich an alle Vorkommnisse. Bāla Sai ist allen in der Stadt bekannt als das Kind von Rāmānātha Sāstri. Reddy hat sich nie für ihn interessiert.

Doch er war erstaunt, als er aus Anlass seines Besuches im Tempel zusammen mit seiner Frau, um am Gottesdienst teilzunehmen, zum ersten Mal Bāla Sais Mut und seine Weisheit beobachtete, als Viswanatha Sāstri einen Jungen als einen Niedrig-Geborenen verunglimpfte. Obwohl er ein vaterloses Kind ist, sprach er mit einem Selbstvertrauen, als sei er der Vater aller Waisen – und Reddiji hatte nicht umhin gekonnt, ihm Beifall zu spenden.

Viswanatha Sāstriji, der durch die Last der Respektlosigkeit, des Nicht-Respektiert-Werdens, aufgebracht war, wollte gern eine mächtige Waffe – einem Donnerschlag gleich – gegen den einem Spatzen gleichenden Bāla Sai auffahren, dessen bloße Existenz seiner Meinung nach mit Sicherheit Unglück über die Stadt bringt.

In derselben Nacht, als seine Tochter in eine kritische Situation geriet, wollte Reddy tatsächlich Bāla Sai aus der Stadt ausschließen und verbannen. Aber da erschien überraschend Bāla Sai wie ein Gott und rettete seine Tochter.

Und in Reddys Augen wurde Bāla Sai ein Gott. Er selbst wurde ein Körnchen Staub in dem roten Dämmerlicht von Bāla Sais spirituellem Glanz und stand verwirrt vor dem Horizont der Ungewissheit, als er an ihn dachte.

In diesem Moment erscheint Bāla Sai erneut, um das Wunder zu vollbringen, den unschuldigen Satyam zu retten, der gerade zum Sündenbock gemacht werden soll. Mit seinem unerwarteten Redefluss bezaubert er alle. Mit seinem Blick allein löscht er Viswanatha Sāstri aus, der sich selbst für die Spitze einer Flamme hält. Bāla Sai verwandelt ihn in eine „zerbrochene Brücke". Die Menschen sind wie blinde Bettler: sie stecken fest in der Welt wie in einem Ozean von Sorgen, der sich in vielerlei Buchten verzweigt. Durchtränkt mit der Philosophie der Liebe will Bāla Sai diesen Menschen sein Leben widmen und hat gerade diese Pilgerreise angetreten...

Warum diese Opposition?

Viswanatha Sāstri, der einem Weisen gleicht und weiß, dass der Tod nur eine Transformation des verwesenden Körpers ist, tritt

nun an, gegen ein kleines Kind zu kämpfen. Warum versucht er, seinen Namen auf der Tafel des Kāla Purusha zu verewigen, die sich doch ständig verändert?
Reddiji denkt bei sich:
„Bāla Sai, ohne deine Einwilligung habe ich dich jetzt in Probleme gestoßen. Verzeih mir das..."
„Haben Sie mich gerufen, Uncle?" fragt Bāla Sai. Seine Stimme erklingt ganz nahe.
Erschrocken schaut Reddy zur Seite. Dieses unerwartete Geschehen lässt ihn erzittern. Er erreicht den Grünschnabel, der wie ein Banyanbaum nahe der Tür steht und sagt verwirrt:
„Ich...ich... Habe ich dich gerufen?"
Bāla Sai lächelt süß. Er tritt heran, verbreitet das Licht einer ganzen Galaxie und sagt klar und etwas niedergeschlagen:
„Die ganze Zeit machen Sie sich Sorgen um mich, Uncle!"
Reddy faltet unwillkürlich seine Hände und stammelt:
„Bāla Sai, träume ich? Oder bist du wirklich gekommen?"
„Sie sind mitten in einem Traum, Uncle, aber ich bin die Wahrheit, die vor Ihnen steht."
Bāla Sai erscheint wie Vaitarani, der Feuerfluss, der in der Hölle existieren soll und der ungerufen kommt, wenn er benötigt wird... oder vielleicht erscheint er auch, um zu fragen, welche Bedeutung der Kampf von Angesicht zu Angesicht mit einem Menschen hat, wenn er doch selbst der Tod ist.
Reddy streicht besänftigend über Bāla Sais Kopf und sagt voller Pein:
„Ich schäme mich, weil ich dich aus lauter Unwissenheit nicht verstehen konnte. Bāla Sai, du hast wirklich in deinem Leben eine Mission zu erfüllen!"
Bāla Sai lacht wie der Allmächtige in menschlicher Gestalt...
„Warum fühlen Sie sich denn von einem Problem bedrängt, Uncle, das die Zeit lösen wird? Der Stein sollte nicht stöhnen, wenn er geschnitzt wird: er kann keine Skulptur werden, ohne geschnitten zu werden. Warum sollte der Felsen es bedauern und Tränen vergießen, wenn er ausgehöhlt wird? Ohne zerteilt

zu werden, kann er nicht ein Tempel werden. Ich bin bereit für die Prüfung, die Sie anberaumt haben."
Mit dem Herzen eines Rishi lädt er das Problem fröhlich ein. Er kann sogar den Giftbecher trinken und verdauen. Reddiji sieht ihn mit Tränen in den Augen an.
„Uncle, ich bin nicht nur hierher gekommen, weil Sie gerade nach mir gerufen hatten. Ich kam, um Sie mit mir zu nehmen," sagt Bāla Sai.
Er nimmt die Hand Reddijis und geht mit ihm in die Dunkelheit.

Om Namo Bhagavate Sri Bāla Sai Bābāya Namah

20

Ohne zu fragen, wohin sie denn gehen, folgt Reddy Bāla Sai still zu dieser nächtlichen Stunde. Die Straßen sind leer – wie die Seele eines Weisen. Der Wind weht in Wellen – wie der größte Prophet selbstlose Liebe übermittelnd.
Vielleicht sind fünf Minuten vergangen, da hört man plötzlich am Anfang der Straße einen Schrei. Reddy wendet den Kopf und wird Zeuge einer Szene.
Mitten auf der Straße steht Viswanatha Sāstriji, und eine Frau fällt ihm mit herzzerreißendem Weinen zu Füßen und sagt: „Bitte, retten Sie mein Kind!"
Sāstri antwortet:
„Es ist mir nicht möglich, jemandem Barmherzigkeit zu erweisen, der das nicht verdient. Das Kind, das Ihnen und diesem Unberührbaren gehört, soll an seinem Herzproblem sterben."
Während er das sagt, stößt er sie mit seinem Fuß fort.
Bāla Sai hat das gewusst und Reddy hierher gebracht – während dieser hierher gekommen ist, um dies nun zu wissen.
Vor ein paar Tagen ist Satyam des Diebstahls angeklagt und vor allen als Krimineller hingestellt worden. Nun fallen er und seine Frau Nārāyanamma mit ihrem zweijährigen kranken Kind Viswanatha Sāstri zu Füßen, als ob er der einzige Gott wäre, der den Kleinen retten kann, welcher schwer krank ein Stadium erreicht hat, in dem sein Leben bedroht ist. Es gibt keine medizinische Spezial-Einrichtung in der Stadt, und Sāstriji tut ihre dringende Bitte ab, indem er sagt:
„Nein, machen Sie, dass Sie fort kommen!"
Satyam umfasst nochmals die Füße Sāstrijis und schluchzt:

„Bitte, gehen Sie nicht weg! Seien Sie so gut und retten Sie mein Kind!"
Menschen haben begonnen, sich vor den Häusern auf der Straße zu versammeln. Vor ihnen allen zeigt Sāstriji noch größere Überheblichkeit. Er sagt:
„Nur weil Sie mitten auf der Straße meine Füße berühren, zeige ich noch lange kein Mitleid mit Ihnen! Ihr Mann wurde von Bāla Sai gerettet. Gehen Sie und bitten Sie ihn!"
Er bewegt sich ein paar Schritte weiter.
„Grandfather..."
Sāstriji sieht Bāla Sai vor sich und wird sogleich äußerst wütend.
„Wer ist Grandfather für dich? - Für dich, dessen Ziel es ist, mich zu beleidigen, bin ich nicht mehr Grandfather! Ich bin dein erklärter Feind!"
Er brüllt wie ein Löwe.
Nārāyana Reddy, der bis jetzt in der Dunkelheit gestanden hat, tritt heran und sagt:
„Einen jungen Menschen mit solch einer Verachtung zu behandeln gehört sich nicht für einen Mann wie Sie!"
Für Sāstriji erscheint Nārāyana Reddy vielleicht wie ein Gegner, der mit seinem Widersacher gemeinsame Sache macht. So sagt er voller Wut:
„Gehen Sie zusammen mit Bāla Sai die Straßen besichtigen?"
„Nein, Grandfather, Ich habe ihn zu Rate gezogen. Ich schwöre es," sagt Bāla Sai.
„Warum?" fragt Sāstriji spöttisch.
„Ich wollte ihm dich zeigen, der du im Kontakt mit der physischen Welt nicht ein Leben wie ein Karma-Yogi und – obwohl du eine Beziehung zur intellektuellen Welt hast – auch nicht wie ein Jnāna-Yogi leben kannst."
„Bāla Sai!" schreit Sāstriji.
„Lass mich in Ruhe, Grandfather! Als erstes rette jetzt dieses Kleinkind!" sagt Bāla Sai und zeigt auf das zweijährige Kind, das wie ein Gecko an seinem Vater hängt.

„Diese armen Geschöpfe, die ihr Vertrauen in dich setzten – sie gingen zu deinem Haus, und da sie dich dort nicht vorfanden, durchstreiften sie alle Straßen und haben dich schließlich finden können. Grandfather, die Zeit wird knapp..."
„Der Bursche wird nicht leben!"
„Warum, Grandfather?"
„Weil er seinem Schicksal nicht entgehen kann."
„Ohne dass du es überhaupt versuchst, ist es ungerecht, wenn du so über seine Zukunft sprichst."
„Seinem Horoskop zufolge ist seine Zeit um."
„Du redest arrogant daher, weil du ein Experte in der Astrologie zu sein glaubst. Das Kind hat eine Lebenserwartung von fünfzig Jahren!"
„Welcher Gott hat dir denn das erzählt?"
Bāla Sai schaut sachlich drein:
„Der Gott, der geantwortet hat, als Gajendra in seiner Not zu Ihm schrie – der Gott, der Mitgefühl zeigte, als Markandeya darum betete, vom Tod verschont zu bleiben. Derselbe Gott sagt mir, dass dieser Junge nicht in Lebensgefahr ist!"
„Dann rufe diesen Gott an und bitte Ihn, die Lebensspanne zu verlängern!"
„Das ist nicht nötig, Grandfather. Die Bedeutung von Göttlichkeit ist die Philosophie der Liebe. Also werde ich Gott und rette dieses kleine Kind. Du bist entzückt von dem Gedanken ‚Ich bin Brahmā' – und ich stelle deine spirituelle Weisheit nicht in Frage. Aber ich werde dich einsehen lassen, dass eines Kindes Wort Gottes Wort ist. Segne mich!"
Bāla Sai neigt seinen Kopf in aller Bescheidenheit. In ihm sieht Nārāyana Reddy Göttlichkeit. Er sieht sie als die winzige Saat an, in der der künftige Banyan-Baum verborgen ist. Er fängt an, voller Interesse zu verfolgen, was nun geschehen wird.
„Was denkst du, Grandpa? Verdiene ich deinen Segen nicht?"
Sāstriji ist nicht fähig zu entscheiden, was er sagen soll. Ihm erscheint es, als ob Reddy, der direkt vor ihm steht, und die Leute, die sich in der Nähe versammelt haben, unentwegt Bāla Sai

anschauen – und dass all dieses eine Anstrengung Bāla Sais ist, ihn weiter zu demütigen.
Mit einem gekünstelten Lachen und heftigem Zorn sagt Sāstriji: „Ich kann nicht umhin, dir zu deinem Geschick zu gratulieren, mit dem du die Angelegenheiten handhabst, obwohl du ein Grünschnabel bist. Du sagst, du bist Gott – und bittest mich, dich zu segnen. Ist das nicht verrückt? Ist das nicht närrisch?"
„Ich sagte ‚Ich bin Gott' nur, um dich an die Göttlichkeit in dir zu erinnern. Das nur, um dir bewusst zu machen, dass das, was in uns beiden ist, dasselbe ist! Das ist alles. Ich habe nicht an dich als an etwas Getrenntes gedacht. Indem man arbeitet, ohne eine Belohnung zu erwarten, erreicht man die Erleuchtung der Seele, und das wiederum gibt uns die Weisheit, die uns befähigt, Göttlichkeit zu erlangen. Das individuelle Stadium zu verlassen und den universellen, allumfassenden Zustand zu erreichen – das ist Göttlichkeit, und damit werde ich diesen Jungen retten."
Es entsteht eine kleine Pause.
Augenblicklich nimmt Bāla Sai den Jungen von Satyams Arm und setzt sich mitten auf die Straße.
Bāla Sai legt seine Hand auf den Kopf des Kleinen, der schon tödliche Blässe zeigt und das letzte Stadium erreicht hat.
Kein Mensch ist sich sicher, was Bāla Sai da tut: ob er das unsichtbare, unhörbare Herannahen des Todes beobachtet oder ob er ein Wiegenlied für dessen Schritte singt, während er innerlich über die Melodien zu den Worten Kāla Purushas nachdenkt.
Mit den fünf Elementen als Zeugen bewegt er seine Hand über den Körper des Kindes, wobei er singt:
„Der Tod zerstört alles."
Ohne jegliches Interesse für die Menschen, die der Szene mit angehaltenem Atem zusehen, scheint Bāla Sai voller Konzentration die fünf Geistwesen anzurufen, indem er über die Stirn des Kindes streicht:
„Die Zukunft entsteht!"
Dann ein Gebet für etwa fünf Minuten.
Dann Anstrengung, Kampf...

Bāla Sai betet zu dem erhabenen Wind, der überall friedlich und ruhig weht und führt ein Opfer durch.
Der beweglichen, vergehenden Zeit wird bewusst gemacht, dass er der Tod ist, der alles absorbiert, und dass er selbst die Manifestation der künftigen Lebewesen ist.
Plötzlich öffnet das Kind die Augen.
„Babu!" ruft Nārāyanamma. Sie ist sehr verstört durch all die Sorgen und die vielen vergossenen Tränen. Sie stürzt vorwärts und nähert sich ihrem Sohn, der sie unverwandt anschaut. Das Kind ruft:
„Mutter!"
Als er das Kind mit der Mutter sprechen sieht, kann der Vater Satyam vor Freude laut und verständlich reden. Er erkennt, dass dies kein Traum ist, sondern die Wahrheit.
„Bāla Sai, du hast mein Kind gerettet. Wie kann ich meine Schulden bei dir begleichen?"
Er fällt Bāla Sai zu Füßen.
Bāla Sai öffnet seine Augen, kommt aus der Meditationshaltung heraus und übergibt Satyam das Kind. Wie wenn er sich nicht bewusst wäre und nicht wisse, warum er hierher gekommen ist, streicht Bāla Sai Satyam über den Kopf und sagt:
„Der Allerhöchste hat deinen Sohn gerettet, Satyam. Es gibt nichts mehr zu befürchten."
Nachdem er diese klare Versicherung ausgesprochen hat und in dem Gefühl, dass die Arbeit beendet ist, deretwegen er dorthin gekommen ist, macht Bāla Sai sich still auf den Heimweg - wie in einem Traum.
Nārāyana Reddy, der sich noch nicht von der Aufregung und dem Staunen erholt hat, steht dort und schaut Bāla Sai zu, macht aber keinen Versuch, ihn aufzuhalten.
Sāstriji, der versteht, dass Reddiji genau wie die versammelte Menge ganz aufgeregt ist, nähert sich ihm langsam:
„Wenn dieses Kind die Augen wieder geöffnet hat, so bedeutet das nicht, dass es sie nicht wieder schließt. Dies ist nicht mehr als ein Intervall, das sich zufällig ergab. Das heißt nicht, dass der Tod abgewendet ist!"

Es ist richtig, dass Reddiji bis vor wenigen Tagen den Sāstriji verehrt hat. Nachdem er nun aber so viele Dinge erlebt hat, ist er nicht bereit, das soeben Erlebte als Zufall abzutun. Er sagt voller Ungeduld:
„Versuchen Sie nicht, mich mit Ihrem Kommentar zu überreden, dass dies nur eine Unterbrechung, nicht aber das Aufhalten des Todes ist! Geben Sie mir bloß nicht einen neuen Kommentar über die Gegenwart der Natur! Ich weiß selbst, dass keiner auf dieser Welt dem Tod entgeht. Aber ein Kind, von dem Sie behauptet haben, es müsste sterben, ist jetzt auf dem Schoß seiner Mutter. Bāla Sai hat dazu verholfen, er war das Werkzeug dafür. Ich denke nicht darüber nach, daraus schon den Schluss zu ziehen, dass Bāla Sai der Grund dafür war – oder irgendetwas anderes. Aber ich wundere mich über Ihr seltsames Benehmen, der Sie doch so viel Weisheit erlangt haben."
Er schaut Sastrji nicht in die Augen.
„Was immer Bāla Sai bis jetzt getan hat, ist Ihrer Ansicht nach gleichgültig oder Zufall. Ich vertraue darauf, dass Sie wenigstens das Ergebnis unserer Prüfung Bāla Sais am morgigen Tag glauben werden."
Nārāyana Reddy geht in erregter Stimmung fort.
Sāstriji aber schaut in die ihn umgebende Dunkelheit und denkt, dass Bāla Sai ohne die Hilfe einer Waffe und ohne große Aufregung gehandelt hat, als ob er ihn enthauptet hätte.

Om Namo Bhagavate Sri Bāla Sai Bābāya Namah

21

Auf dem Tempelgelände ist eine schön geschmückte Bühne aufgestellt, und Swāmī Dinanath hat darauf Platz genommen. Mit ihm zusammen sitzen einige Gelehrte der Veden dort, die Gesichter ihm zugewandt. Swāmī Dinanath, der sich der Tatsache bewusst ist, dass er sich im Käfig der fünf Elemente befindet, ist schlichtweg die Personifizierung von Wissen und spiritueller Weisheit. Er ist ein Philosoph von unangefochtener Berühmtheit und hat das ganze Land bereist – von der Landesspitze bei Kanyākumāri im Süden bis zu den Höhen des Himalaya – und er hat alle heiligen Orte an Wasser führenden Flüssen und alle Einsiedeleien von Weisen besucht. Er ist siebzig Jahre alt und immer noch ganz rüstig und gesund.
In einem Augenblick ist er wie der Mond, der uns das Mondlicht schenkt, und im nächsten leuchtet er wie die Sonne, die die Dunkelheit vertreibt. Seine Rede ist wie die Veden, und sein Ton ähnelt dem kosmischen Laut OM. Auf der Suche nach der Wahrheit ist er ein Seher geworden, der wie die Verkörperung der Upanishaden erscheint.
Nārāyana Reddy, der auf dem Boden sitzt, verehrt die Philosophen mit all der Heiligkeit der Triaden, das heißt mit der Einheit von Gedanken, Wort und Tat – obwohl es ihm an Weisheit in Bezug auf die Veden mangelt.
Swāmī Dinanath, der durch Sāstriji vorher über ihn informiert worden ist, schaut zu Reddy hin und sagt sanft lächelnd:
„Ich habe Glück, dass ich in Ihren Tempel hier geholt wurde und so zu einem Heiligen werden kann!"

Swāmī Dinanath ist eine herausragende Persönlichkeit, die dem Schöpfer ebenbürtig ist, was religiösen Vortrag angeht. Er erkundigt sich ohne jeglichen Pomp, ohne jede Eitelkeit nach Reddy. Reddy fühlt sich so erfreut, dass er fast denkt, er sitze in der Gegenwart der Gottheit selbst.
Swāmī sagt:
„Sie haben mich in Ihr Haus eingeladen und mir ungewöhnliche Gastfreundschaft erwiesen und meinen Hunger gestillt. Sie gewähren mir Schutz in diesem Tempel. Ist es nicht angemessen, dass Sie nun wissen sollten, wer ICH ist?"
Viswanatha Sāstriji berührt die Füße des Swāmī, der auf die Existenz der Seele hingewiesen hat, indem er sinngemäß den Ausdruck benutzte: „Kenne dich selbst." Er sagt:
„Wir sind Leute niederen Standes und können Ihre überlegene Gelehrsamkeit nicht verstehen. Sie haben uns gefragt, auf wen das Wort ICH sich bezieht. Hier gibt es einen kleinen Burschen, der behauptet, alles zu wissen."
So stellt Sāstriji Bāla Sai vor, der ruhig und blitzsauber in einer Ecke sitzt, und alles beobachtet.
„Dieser Bursche ist Bāla Sai, sechs Jahre alt. Aber er benimmt sich, als wäre er außergewöhnlich, und behauptet, er sei jenseits von Beginn, Mitte und Ende des Zeitfaktors. Sie sollen uns nun sagen, ob er ein Gewinn oder ein Fluch für unsere Stadt ist."
Swāmī Dinanath schaut mit ungeteilter Aufmerksamkeit auf Bāla Sai. Er lenkt seine Blicke still von den Augen auf den Verstand und dann langsam vom Verstand auf den Intellekt – lacht und streckt seine Hände liebevoll Bāla Sai entgegen, der sich nicht nur langsam dem Swāmī nähert, sondern – erfüllt mit ungeheurer Freude – dem Dinanath zu Füßen fällt.
Sāstriji, der voller Freude sieht, dass Bāla Sai erzittert, sagt: „Erstaunlich... Swāmīji. Dieser Bursche, der nie seinen Kopf vor irgendjemandem beugte, dieser unverschämte Kerl, der seine Arroganz vor allen zeigt, indem er sagt, dass er selbst Gott ist, hat sich zu Ihren Füßen verneigt. Wunderbar. Höchst außergewöhnlich."
Bāla Sai hebt den Kopf:

„Ich begrüße ein anderes ICH, Grandfather. Ich bin nicht verschieden von diesem Swāmī. Das ICH in dir weiß das nicht. Aber ich kenne das ICH in mir."
Swāmī Dinanath hebt die Augenbrauen.
Sāstriji sagt:
„Haben Sie das gehört, Swāmīji? Diese Art leichtfertiger Aussagen ist ein Kinderspiel für ihn."
Nochmals äußert Sāstriji seinen Widerwillen gegen Bāla Sai, aber der Swāmī schenkt ihm keine Beachtung.
„Ich möchte mehr über dich wissen, Sai," sagt Swāmīji.
Bāla Sai antwortet:
„Ist es richtig für Jagannātha, das Ganze kennen lernen zu wollen, wenn das Ganze selbst Jagannātha ist?"
„Du bist klug, Sai. Ich möchte, dass du selbst mir etwas über dich erzählst," kontert Swāmīji.
Bāla Sai faltet die Hände voll Ehrerbietung und spricht:
„Swāmī, ich kenne die Sāstras nicht, sondern nur die Schöpfung. Ich kenne die Veden nicht, sondern nur die Kümmernisse der Menschen. Ich kann nur geben und nicht nehmen. Ich kenne keinen Hass. Ich kenne nur Liebe. Ich mag es lieber, andere zu füttern als selbst zu essen. Ich ziehe es vor, Menschen anzuleiten und mag nicht allein herumziehen. Ich betrachte jedermann als mein. Ich will alles für alle tun. Doch ich begehre keinerlei Gewinn."
„Bist du der sichtbar gewordene Gott, Sai?"
„Ich bin Gott, der erzeugt und auch brütet."
„Wer bist du wirklich?"
„Ich bin ein Standbild, jedoch noch nicht erkannt im Felsen. Ich bin Musik, die im Klang gehört werden könnte. Ich bin Tanz, der nicht nur bloß in den Füßen gesehen werden kann. Ich bin Literatur, die in den Buchstaben enthalten ist."
„Du hast dich also selbst erkannt?"
„Ja. Das ist der Grund, weshalb ich möchte, dass auch andere das verstehen. Ich möchte den Menschen sagen, dass es nicht richtig ist, das Gesehene und den Sehenden als unterschiedlich anzusehen."

„Dann hast du also deine Seele verstanden?"
„Wenn ich meine Seele verstehen muss, dann heißt das, dass ich zustimme, nicht die Seele zu sein. Tatsächlich aber bin ich die Seele. Worin also besteht für mich die Notwendigkeit, sie zu suchen?"
„Wenn das so ist, Bāla Sai, was bedeutet Selbst-Ausdruck oder Selbst-Bekundung?"
„Die Wahrheit zu erkennen, dass ich nur die Seele des Körpers bin, und auf diese Weise aus dem Gefühl herauszukommen, ich sei der Körper."
„Wenn es denn nur das ICH ist, das übrigbleibt – was hat es dann mit der Welt um dich herum auf sich?"
„Es ist nicht das ICH, das die Welt sieht, es ist der Verstand in mir. Deshalb erscheinen die weltlichen Vergnügen nur dem Verstand wie eine Widerspiegelung der Dinge in einem Spiegel und machen die Menschen rastlos."
„Du sagst also, es sei der Verstand, der die Welt erschafft?"
„Zweifellos, Swāmī. Die Welt wird vom Verstand ersonnen und fabriziert. Daher sehen wir den Traum, der vom Verstand herrührt, und halten ihn für wahr."
„Wie das?" fragt Swāmīji.
„Im Tiefschlaf gibt es keine Traumwelt, weil der Grund für den Traum der Verstand ist. Im gesunden Schlaf gibt es keinen Verstand und also auch keine Welt. Nur wenn wir von den Fesseln des Verstandes befreit sind, verstehen wir die Wahrheit. Wenn der Suchende das ICH ist und das Gesuchte das ICH ist, gibt es nur noch Glückseligkeit. Das ist die Vision der Wahrheit."
Swāmī Dinanath schaut Bāla Sai entzückt an, der ihm wie ein Regenbogen am schwarzen Himmel erscheint.
„Wenn jemand aus der Welt, die aus Wünschen geschaffen ist, herauskommen und die Kenntnis über die Seele erlangen will – was sollte der tun? Sollte er die Veden und die Upanishaden studieren?"

„Wenn man diese studiert, kann man möglicherweise die Wirklichkeit verstehen. Aber wenn das nicht praktiziert wird – kann man das dann Weisheit nennen, Swāmījī?"
Der Swāmī lacht:
„Was bedeuten aus deiner Sicht Gottesdienst und Huldigung?"
„Das sind nur Bemühungen, Gott zu erreichen, aber es ist nicht Ihn-Erreichen!"
„Wenn wir uns mit Ihm vereinigen wollen..."
„...sollten wir verstehen, wie herausragend das menschliche Leben ist, das von Gott mit großer Freude geschaffen wurde. In dem Bemühen, Gott die Schulden dafür zurückzuzahlen, dass Er uns dieses Leben gewährt, das ein Symbol für Seine Freude ist, sollten wir Göttlichkeit pflegen."
„Was ist Göttlichkeit?"
„Alles und jeden zu lieben!"
„Um so lieben zu können..."
„...muss man die sinnlichen Verlockungen überwinden, die vom Verstand verursacht werden, und erkennen, dass die wahre Bedeutung des menschlichen Lebens darin liegt, es wie eine Seele ohne Makel zu führen."
„Heißt das, dass man auf alles verzichten sollte, Sai?"
„Ist es nötig, Swāmījī, dass ich Ihnen erkläre, dass völliges Aufgeben noch nicht bedeutet, dass man alle Fesseln gelöst hat? Man sollte inmitten all der Bindungen leben, aber völlig frei davon. Dann macht keine Sorge dem Menschen etwas aus. Danach ist alles Wahrheit, Intellekt und Glückseligkeit – die Dreieinigkeit."
„Ich stimme zu, Bāla Sai, dass es ungewöhnlich ist, inmitten der Bindungen der Welt zu leben, sich ihrer zu erfreuen und dennoch Gott nahe zu sein. Aber ist es möglich?"
„Wenn wir die immer gegenwärtige Flöte in Krishnas Händen betrachten, können wir uns dann nicht vorstellen, dass es nicht schwierig ist, so zu leben? Was ist denn in der Flöte, die aus einem Bambusrohr gemacht ist? Eine Leere, ein Hohlraum. Darum kann sie Musik von sich geben, sobald die Lippen Gottes sie berühren. Wenn der Verstand des Menschen völlig frei von

Gedanken ist, dann leuchtet auch er. Dann ist das Leben wie ein Gedicht, erfüllt von wunderbaren Gefühlen. Der Mensch ist verwirrt durch Leiden und Sorgen. Der Bambusstab wird wohl auch geklagt haben, als seinem Körper die Löcher eingebrannt wurden. Jedoch in der Gegenwart Gottes vergaß er alles Leiden."

In dem Tempel, in dem eine ganze Menge Gelehrte und Philosophen sich eingefunden haben, stellt ein Wunderkind mit grenzenlosem Geschick eine metaphysische Ansicht vor, und alle hören ihm mit voller Konzentration ihres Denkens zu.
„Jedermanns Geist ist wie ein Ozean angefüllt mit großen Wellen von selbstsüchtigen Gedanken. Dieser Ozean muss mit einem Berg namens Verstand gequirlt werden. In diesem Vorgang des Quirlens bekommt man schließlich Nektar und fängt so an, der Seele ansichtig zu werden. Dann wird jeder Göttlichkeit erlangen wie Shiva, der zur Rettung anderer Gift schluckte. So wird er zu Gott."
Swāmīji fragt:
„Wer sind jene Geschöpfe in dieser Welt, die ganz friedvoll existieren?"
„Zum einen das unbefleckte Kind, wenn es die Muttermilch getrunken hat und im Schoß der Mutter schläft. Zum anderen derjenige, der die individuelle Seele und die Höchste Seele gründlich erforscht hat und ein wahrer Asket ist - wie Sie."
Swāmīji sieht ruhig und gelassen aus.
„Ja, Swāmī. Ein natürlicher Yogi steht über eitlem Imponiergehabe und Pomp. Er spricht nicht betont auffällig darüber, dass er ein Asket ist. Er schätzt die Leute nicht wegen ihrer auffälligen Kleidung. Er verbringt seine Zeit damit, anderen zur spirituellen Erleuchtung zu verhelfen. Er nimmt das Elend anderer auf sich. Er macht alle glücklich."
Swāmīji sagt bedeutsam:
„Ich habe eine ganze Menge von dir gelernt, Bāla Sai... Durch dieses Zusammentreffen mit dir bin ich frommer geworden. Ich habe begriffen, dass die ewige Wahrheit das Verstehen der

Essenz der Weisheit aus den Tiefen des Herzens und das Teilen mit anderen ist - im Unterschied zum Besuch von Tempeln und Kirchen."

Bāla Sai faltet in Ehrfurcht die Hände und sagt in etwas leidendem Ton:

„Swāmī, Sie sind wie der hohe Berg Meru, und vor Ihnen bin ich nur ein armer Wicht. Diese Wahrheit kennen alle. Aber Sie anerkennen meine Unwissenheit als Weisheit – und das meiner Meinung nach aufgrund Ihrer Vornehmheit und Feinheit - und nicht wegen meiner Größe. Obwohl wir verschiedene Körper haben, ist unsere religiöse Betrachtungsweise ähnlich.

Für diesen kleinen Großneffen also hat Grandfather Pūjārī so viele Umstände auf sich genommen, um Sie hierher zu holen. Ich sage Dank dafür!"

Nachdem er das gesagt hat, schaut er Viswanatha Sāstri an.

Obwohl Bāla Sai ihn gelobt hat, ist es doch wie das Brennen mit einem goldenen Stab! So murmelt Sāstriji nur irgendetwas.

Eigentlich ist der Swāmī hierher geholt worden, weil Sāstriji etwas von ihm erhoffte, aber nun ist der Swāmī selbst ein Opfer von Bāla Sais Betrügerei geworden.

Mit einem Blick auf Reddy sagt Swāmī Dinanath beruhigend:

„Reddiji, auf der Pilgerreise meines Lebens ist die Bekanntschaft mit Bāla Sai ein unschätzbarer Bestandteil. Deshalb kann ich nicht umhin, Sie zu beglückwünschen dafür, dass Sie mir eine Gelegenheit dazu verschafft haben!

Unabhängig vom Beginn meiner philosophischen Abschweifungen pflegte ich die Reaktionen der Mutter Erde zu beobachten, die junge grüne Pflanzen hervorbringt und die Qualen vergisst, die ihr durch die Stöße des Pfluges zugefügt wurden. Dadurch, dass ich dies beobachtete, lernte ich Nachsicht.

Der Wind, der durch Duft und Gestank weht, berührt alles, entwickelt aber keine Gemeinschaft mit irgendetwas. Davon habe ich gelernt, wie ein Einsiedler zu leben.

Ich erkannte die Wahrheit, dass Schwierigkeiten und Durcheinander im Leben des Menschen Existenz nicht zerstören können

– genauso wie der Ozean seinen Zustand beibehält, gleichgültig, wie viele Flüsse in ihn münden.
Nun, indem ich dieses Kind beobachte, erkenne ich eine neue Wahrheit: dass nämlich das Alter keine Rolle spielt, wenn es darum geht, Weisheit zu erlangen. Mutter Erde ist heilig geworden, als sie diesen Jungen hervorbrachte. Seine Eltern sind gesegnet, weil sie ihm das Leben geschenkt haben."
Der Swāmī nimmt Bāla Sai auf seinen Schoß und sagt:
„Ich möchte den Tempel besuchen, in dem du lebst!"
Bāla Sai faltet die Hände und steht zusammen mit dem Swāmī auf, um nach Hause zu gehen. Er sagt:
„Es ist auch mein Glück, dass mein Haus durch den Staub Ihrer Füße geheiligt wird."

Viswanatha Sāstri, dem jegliche Versöhnlichkeit abhanden gekommen ist, befindet sich in dem Dilemma, ob er sie begleiten soll oder nicht. Swāmī geht zu ihm und bemerkt:
„Sie scheinen ganz schön verärgert zu sein."
Diese Frage verschlägt ihm die Sprache.
„Das ist es nicht, Swāmī. Es wird zu spät für den Gottesdienst im Tempel..."
Über diese gemurmelte Antwort lacht Swāmīji gütig. Er sagt:
„Bevor wir gehen, möchte ich noch einen Augenblick mit Ihnen reden.
Einige Devotees auf Pilgerreise kamen einst zu dem großen Anhänger Gottes und Heiligen Tukārām und baten ihn, sie zu begleiten. Weil er kein Geld hatte, lehnte Tukārām ihre Bitte ab. Stattdessen gab er ihnen jedoch eine bittere Gurke. Er bat sie, wann immer sie in einem heiligen Fluss baden würden, auch diese Gurke einzutauchen und sie wieder mitzubringen. Sie stimmten zu und taten, worum er sie gebeten hatte. Sie tauchten das Gemüse in alle heiligen Flüsse, in denen sie badeten. Schließlich kehrten sie heim und gaben die Gurke Tukārām zurück."
Bāla Sais Lippen öffnen sich zu einem Lächeln, als er dieser Anekdote zuhört.

Der Swāmī fährt fort:
„Tukārām dehnte seine Gastfreundschaft auf alle diese Devotees aus. Außer vielen anderen köstlichen Gerichten servierte er ihnen auch die Suppe, die aus der bitteren Gurke zubereitet worden war. Da Bitterkeit die natürliche Eigenschaft dieser Gurke ist, sagten alle Devotees einmütig, dass die Suppe bitter schmeckte.
Tukārām faltete die Hände und gab seinem Erstaunen Ausdruck, indem er sagte: ‚Was! Obwohl sie alle Rituale an verschiedenen Plätzen durchgeführt hat und in alle diese Flüsse getaucht wurde, hat diese Gurke ihre Bitterkeit nicht verloren!'-"
Der Swāmī macht eine Pause.
„Durch diese Geschichte, Viswanatha Sāstriji, verstehen wir nur eine Sache. Nur durch das Studieren der Heiligen Schriften wird ein Mensch nicht zum Philosophen. Einige können trotz ihrer Gebete oder tiefer Meditation nicht Devotees genannt werden. Derjenige, der nicht sein Ego aufgegeben hat, ist genau wie jene Gurke. Trotz des Besuches heiliger Orte und des Badens in heiligen Flüssen wird ein Mensch rastlos, wenn er nicht imstande ist, den Schmutz zu beseitigen."
Swāmīji ist nicht ärgerlich mit Sāstriji, der mit angehaltenem Atem vor ihm steht. Seine Stimme ist voller Heiterkeit.
„Gehen Sie, Sāstriji. Verbringen Sie die Zeit inmitten dieser Götterbilder, bis Sie sich daran gewöhnt haben, die Mitmenschen zu lieben."
Sāstriji ist zwar nicht durch die Worte des Swāmīs verletzt, wohl aber bekümmert durch die Anwesenheit Reddijis zum Zeitpunkt von Swāmīs Vorschlag.
Auch hier ist Bāla Sai wieder erfolgreich gewesen!
Sāstriji kann mit dieser Wahrheit nicht fertig werden.

Om Namo Bhagavate Sri Bāla Sai Bābāya Namah

22

Es dämmert.
Wie die Personifizierung der in Kupfer gestochenen Vergebung am Kreuz sitzt Swāmī Dinanath voll Behagen in Bāla Sais Haus. Der Swāmī erfährt Mütterlichkeit in der Gastfreundschaft Jayalakshmammas. Er schaut sich die Umgebung an und freut sich über die Erfahrung des Besuchs in der Einsiedelei eines Propheten. Swāmīji sieht sie, die zögernd dasteht, an und sagt voller Zuneigung:
„Sie sind eine vielverheißende, glücksbringende Frau und haben einem Sohn das Leben geschenkt, der eine Mission im Leben hat. Bitte, fragen Sie mich, wenn Sie irgendwelche Fragen haben."
Als er sie so anspricht, hat sie das Gefühl, als hätte der Swāmī ihre Gedanken gelesen, und sie weint bitterlich. Sie sagt:
„Mein Junge, der selbst einen Asketen wie Sie faszinieren kann, ist tatsächlich jemand, der für eine Aufgabe geboren wurde. Aber ich bin eine hilflose Waise und habe niemanden außer diesem Jungen."
Der Swāmī lächelt sanft:
„Wenn Gott selbst Ihr Sohn ist, wie könnten Sie dann eine Waise sein?"
„Ich bin bloß eine gewöhnliche Mutter, Swāmī. Wie sehr andere ihn auch preisen mögen, ich finde an ihm nur Liebenswürdigkeit oder Schönheit und kann keine Göttlichkeit wahrnehmen. Solch eine durchschnittliche Frau bin ich! Deshalb möchte ich, dass mein Kind sich auf mich beschränkt. Genau wie andere Mütter wünsche auch ich mir, dass er studieren soll und im Leben er-

folgreich sein möge. Ich wünsche mir, dass er heiratet und mich mit seinen Kindern glücklich macht. Ist es ein Verbrechen, so etwas zu wünschen, Swāmī?"
Die Mütterlichkeit Jayalakshmammas wird zu den heiligen Flüssen Ganges und Yamuna während der Regenzeit und beginnt herabzufließen. Swāmīji sieht sie freundlich an und meint: „Jede Mutter wünscht sich, dass ihr Kind ein Genie wird. In diesem Bestreben erträumt sie eine Menge. Das leugne ich nicht. Aber Bāla Sai wurde Ihr Kind, um alle Lebewesen um sich herum als seine Kinder anzunehmen. Deshalb teilt er seine Philosophie der Liebe so großzügig an alle aus. Er ist bereits ihr Vater geworden. Ist das nicht ein Grund für Sie, stolz zu sein?
Außerdem – wo besteht für einen Gott, der mit der Natur koexistiert, die Notwendigkeit zu heiraten? Wenn Sie nur ein reiches Leben mit Kindern als wichtig ansehen, dann schenkt Ihnen jedes Lebewesen, das von Bāla Sai geliebt wird, Leben."
Jayalakshmamma hört dem Swāmī mit ungeteilter Aufmerksamkeit zu.
„Wenn in dieser Welt jedes Lebewesen sich nicht auf diese Weise begrenzt, sondern wie Bāla Sai sich die andere Welt – den Himmel – vorstellen kann, während es auf der Erde lebt und wenn auch Sie diese Wahrheit allmählich aufnehmen können, so können Sie sich zur Mutter Gottes verändern und verwandeln."
Ein bisschen ängstlich sagt sie:
„Ich kann die bloße Vorstellung nicht ertragen. Wenn ich diese Kraft nur hätte, dann wäre ich doch stolz, wenn alle ihm Beifall spenden. Warum ich derart brennen muss, das liegt jenseits meines Verständnisses."
Swāmīji sagt bestimmt:
„Es gibt nur einen Grund dafür. Wir, die wir auf diese Welt kommen, verwandeln uns in einen Teil davon und werden Gefangene der Vorurteile. Aber wir akzeptieren nicht, dass wir bei allem, was geschieht und was geschehen wird, lediglich Zuschauer sind. Also können wir uns nicht von den lang gehegten Fesseln befreien.

Oh, Sie Manifestation der Gnade! Sie sind durch die Verblendung des „Ich und Mein" beunruhigt.
Die Frau, die die Mutter eines Experten der Chirurgie ist, sollte wünschen, dass ihr Sohn allen das Leben rettet, und nicht seine Weisheit darauf beschränken, dass er nur sie heilt. In wie weit wäre es gerecht, das zu wünschen?"
Sie schaut ihn zitternd an.
„Des Menschen Leben ist in weit größerem Maße mit Vorurteilen verknüpft als mit Weisheit. Sich nach etwas zu verzehren, was man nicht hat, ist Verlangen. Uns wegen dessen traurig zu fühlen, was wir besitzen, ist Habgier und Geiz. Diese Voreingenommenheit ist der Hauptgrund für Rastlosigkeit. Wenn wir losgehen und Freude in der äußeren Welt suchen, werden wir müde und verstehen nicht, dass sie nur in uns ist. In der Bhagavadgītā wird gesagt, dass Menschen, die in Unwissenheit gehüllt sind, sich in einem Taumel der Vernarrtheit befinden und ihre spirituelle Gestalt verlieren. Sie übersehen das Licht der Seele im Tempel ihres Herzens, und von Vorurteilen geleitet bringen sie eine ziellose Reise hinter sich und sterben schließlich verletzt und beschädigt durch Rastlosigkeit."
Mit geschlossenen Augen, als wäre er in Meditation, fährt Swāmījī mit seiner Belehrung fort, als ob er durch eine göttliche Vision geheiligt wäre.
„Bis vor kurzem haben Sie als die Ehefrau eines großen Gelehrten gelebt. Nun sind Sie die Mutter von Bāla Sai, dem Inbegriff der Veden und Upanishaden. Wer bin schließlich ich, um Ihnen all dies zu erzählen? Dies ist nur ein Versuch, den ich gemacht habe, um Sie aus einer Illusion herauszuholen. Ich brauche Ihnen ja nicht speziell zu erläutern, dass der Hauptgrund für die Geburt aller Lebewesen das Ergebnis ihrer Tugenden und Laster aus ihren vorangegangenen Leben ist. Wenn sie in ihren früheren Leben keine frommen Handlungen getan haben, dann werden sie als wilde Tiere, Vögel und dergleichen geboren. Wenn ihre Taten gemischt waren, nehmen sie eine menschliche Gestalt an. Wenn das menschliche Leben das höchste ist – dann ist Ihres besonders ungewöhnlich. Ist es richtig, dass Sie sich

betrübt und unglücklich fühlen? Unsere Sāstras vergleichen Rechtschaffenheit und die Schöpfung mit der heiligen Kuh, und diese Milchkuh ist beschrieben als die Mutter, die uns alle füttert. Würden Sie es für angemessen halten, dass eine Milchkuh all ihre Milch selber trinkt?"
Swāmīji endet mit einem tiefen langgezogenen Atemzug.
„Daher – finden Sie Bāla Sai in allem, und beschränken Sie Ihre Liebe nicht auf ihn allein. Finden Sie ihn in jedermann. Machen Sie die Menschen um sich herum nicht zu Waisen, indem Sie ihn, der an alle denkt, mit Ihren mütterlichen Bindungen einschränken."
Ob sie sich einfach von dem heimlichen Vorschlag ihres Verstandes erholt hat oder ob sie das Wort „Ruhe" aus dem Lexikon entnommen und akzeptiert hat, dass Weisheit schließlich auch ihr dämmert – sie faltet jedenfalls ihre Hände respektvoll und sagt:
„Nun habe ich verstanden, was ich bin, Swāmī."
Swāmī Dinanath lacht leise.
„Ich freue mich. Sie haben verstanden, dass Probleme die Kinder eines gestörten Verstandes sind, und darüber bin ich glücklich. Weil Sie damit einverstanden sind, Ihr Kind als den Vater aller anzusehen, haben Sie sich von einer Einzelperson zu einer Institution entwickelt. Nun sind Sie noch weiter gewachsen und entwickeln sich zur universellen Mutter. Für welchen Zweck auch immer ich diesen entlegenen Ort besucht habe – ich bin ganz zufrieden, ein Partner in einer göttlichen Mission geworden zu sein, und nun verlasse ich Sie."
Mit Tränen in den Augen schaut sie ihn an und sagt:
„Swāmī, ich habe keine Einwände mehr dagegen, dass Bāla Sai, den ich betrachtete, als gehörte er mir, allen gehört. Aber ich habe Angst, dass dieses Kind sich früher oder später in Probleme verwickelt."
In diesem Moment fällt ihr nicht nur Viswanatha Sāstri ein, sondern noch etliche mehr wie dieser, die wahrscheinlich den Weg von Bāla Sais Entwicklung kreuzen werden. Wie eine hilflose Mutter steht sie da und spricht auch so zu ihm.

Der Swāmī lächelt sanft und sagt:
„Werden in dieser Welt alle Kinder, die den Eltern geboren werden, diese auch gleichermaßen lieben? Da gibt es welche, die für sie sorgen, und solche, die sie tadeln. Aber können Eltern sie nur deswegen hassen? Bāla Sai mag Ihnen wie ein Individuum erscheinen, aber er ist Vishweshwara und hat felsenfest vor, in der Zukunft allumfassendes Wohlergehen für die Menschen herbeizuführen. Er wird jegliche Gegnerschaft mit Liebe ertragen.
Wie Garalakhanta wird er giftige Probleme in seinem Hals aufbewahren. Er wird als ein angesehener ‚trikālagnya' gepriesen werden, als einer, der sich aller drei Zeiten, der Vergangenheit, der Gegenwart und der Zukunft, bewusst ist. Sie werden diese Wahrheit mit Ihren eigenen Augen sehen und Befreiung erlangen."
Swāmī Dinanath macht sich fertig zu gehen und gibt ihr ein orangefarbenes Gewand, wobei er sagt:
„Dies ist das Kleid, das Ihr Sohn Bāla Sai aus Ihrer Hand erhalten und als erstes tragen soll. Ich gebe es Ihnen und gehe fort. An irgendeinem Tag, den Sie wählen können, schmücken Sie Bāla Sai mit diesem Gewand und geben damit der Welt bekannt, dass er von diesem Augenblick an allen gehört."
Srimāti Jayalakshmamma sieht erstaunt aus.
Swāmīji sagt:
„Es gibt nur einen Grund für meine Bitte an Sie, Bāla Sai dieses Kleid nicht sofort tragen zu lassen. Ohne die Erlaubnis der Mutter kann selbst ein ‚Avatāra Purusha' nicht Mönch werden."
Sie zögert:
„Aber... ich habe doch schon meine Zustimmung gegeben."
Er lacht wie ein Weiser:
„Sie haben Ihre Erlaubnis gegeben – aber Sie haben noch nicht die geistige Entschlossenheit für diese Veränderung."
„Warum denken Sie das, Swāmī?"
„Hätten Sie dieses Stadium schon erreicht, dann wären Sie nicht mit der Frage herausgeplatzt, die Bāla Sais Konfrontation mit den Problemen betraf. Ihre Zuneigung und Zärtlichkeit für ihn

sind noch nicht zuende. Sie haften noch an den Wänden Ihres Verstandes wie eine Sünde oder ein Makel. Daher, übergeben Sie ihm das Gewand erst an dem Tag zum Tragen, an dem dieser Makel vollkommen beseitigt ist."

Nicht als einer mit nur Grundsätzen, sondern als einer mit frommer Praxis, der das Leben der Leute als einzigartiger einfacher Mensch erhellt, so empfängt Bāla Sai den Ruf des Swāmīji. Der ruft Bāla Sai herbei, der irgendwo spielt, tätschelt ihm liebevoll den Kopf und sagt schließlich:
„Darf ich dich nun verlassen, Sai, um später wiederzukommen?"
Bāla Sai erfreut das Herz des Swāmī mit einer philosophischen Antwort:
„Zurückkommen gibt es nur, wenn Sie fortgehen."
Zusammen mit seinen Freunden begleitet Bāla Sai den Swāmī bis an die Ortsgrenze und nimmt Abschied von ihm.

Om Namo Bhagavate Sri Bāla Sai Bābāya Namah

23

In dieser Nacht füttert Srimāti Jayalakshmamma Bāla Sai mit besorgtem Blick. Sie hat keine Schwierigkeiten mehr, ihr Kind als eine göttliche Gestalt anzusehen, die für andere sorgt – aber ihn das safranfarbene Gewand tragen zu lassen und damit öffentlich zu akzeptieren, dass er nun Asket geworden ist, das vermag ihr Verstand noch nicht zuzugestehen. Sie ist einem großen inneren Kampf ausgesetzt.
Bāla Sai fragt:
„Was ist los? Warum verhältst du dich so?"
Obwohl er alles weiß, wiederholt er die Frage, als wüsste er gar nichts, und sieht ganz unschuldig drein:
„Du bist es, die ich frage!"
„Nein, es ist nichts," sagt sie unruhig.
„Wenn da nichts ist, ist alles Glückseligkeit. Wir sind nur unruhig und besorgt, wenn wir denken, da wäre etwas, oder dass das, was wir besitzen, uns aus den Händen gleitet."
Sie sieht erschrocken aus. Sie wechselt das Thema, denn sie kennt Bāla Sais Schläue, jedem Wort eine ganz neue Bedeutung und neuartige Intention zu geben:
„Wie eine reife, wilde und bittere Melone redet mein närrischer Bursche dies und jenes!"
Sie zieht ihn an sich und küsst ihn auf die Stirn. Dann sagt sie: „Geh zu Bett!"
„Dann leidest du vielleicht gemächlich..."
„Warum sollte ich leiden?"
Bāla Sai lacht verschmitzt und sagt:

„Dann könntest du mich ja auch bitten, das orangefarbene Gewand zu tragen."
Sie ist verblüfft und fragt:
„Woher weißt du denn von dessen Existenz?"
„Vorhin hat Swāmī mir davon erzählt."
Tatsächlich hat der Swāmī ihm nichts darüber gesagt.
Sie schaut ihn an, als ob ihr Hals ausgetrocknet wäre:
„Was hat er noch gesagt? Hat er dir auch gesagt, dass es mich beunruhigt, dich zu verlassen? Dass ich nicht von dir getrennt sein kann? Hat er dir auch gesagt, dass ich dir das safranfarbene Kleid erst anziehen soll, wenn ich mich beruhigt habe?"
Sie kann es nicht länger aushalten. Ihre Augen werden feucht.
„Wie kann ich dich verlassen? Wie kann ich ohne dich leben?"
Bāla Sai sagt beruhigend:
„Du leidest Schmerzen wegen bloß eines Kindes, während jene fromme Frau Anasūya damit lebte, dass drei Kinder sie verlassen hatten."
Srīmātī Jayalakshmamma trocknet ihre Tränen und schaut ihn prüfend an:
„Hat Anasūya einfach auf drei Kinder verzichtet? Also hatte sie drei Kinder!"
„Mutter, das waren nicht gewöhnliche Kinder. Sie sind die Herrscher der drei Welten, die Dreier-Herrschaft. Die Dreieinigkeit Brahmā, Vishnu und Maheshwara."
Bāla Sai fährt fort wie ein gelehrter Mann, der alles über Mythologie und überlieferte Geschichte weiß.
„Als Versuch, seinen Hunger zu stillen, gab der Weise Narada Pārvatī, Lakshmī und Saraswatī, den Lebensgefährtinnen der drei Götter, Eisenkügelchen und bat sie, sie zu kochen."
Srīmātī Jayalakshmamma setzt eifrig die Geschichte fort, als wolle sie beweisen, dass ihr die Geschichte dieser keuschen Frau nicht unbekannt ist:
„Als die drei Damen sagten, es sei nicht möglich, die Kügelchen zu kochen, kam der Weise Narada auf diese Welt und äußerte Anasūya gegenüber seinen Wunsch. Daraufhin wusch sie die

Füße ihres Mannes, des Weisen Atri, besprühte die Kügelchen mit diesem Wasser und kochte sie.
Als dies später den drei himmlischen Ehefrauen erzählt wurde, waren sie neidisch auf Anasūya und schickten ihre Ehemänner auf die Erde, um sie zu prüfen. Diese baten sie um Almosen und um eine seltsame Wohltätigkeit: Sie wollten, dass sie sie stillte. Anasūya verwandelte sie alle drei in Kleinkinder und fütterte sie mit ihrer Milch.
Als dann später die drei himmlischen Göttinnen auf die Erde kamen, den Weisen Atri besuchten und um ihre Ehemänner weinten, gab der Heilige ihnen ihre Herren wieder."
Bāla Sai fragt seine Mutter:
„Warum wünschten sich die drei himmlischen Herren denn, von Anasūya Devi gefüttert zu werden?"
„Ich sage es dir. Lange Zeit davor hatte Anasūya sich Kinder gewünscht, die den drei Göttern ähneln sollten. Daher verwandelte sie sie in drei Kleinkinder und stillte sie mit ihrer Milch."
Bāla Sai sagt:
„Auch du wolltest ein Kind mit göttlicher Gestalt."
Srimāti Jayalakshmammas Augen erstrahlen seltsam:
„Ja. Die Göttin Bāla Tripura Sundari hat sich selbst in sichtbarer Gestalt manifestiert und deinem Vater und mir von deiner Geburt erzählt."
Sie kann kaum aus der Trance dieser endlosen Erinnerungen herauskommen, aber sie sagt:
„Das ist ja der Grund... Weil du solch ein großartiges Kind bist, kann ich dich auch nicht loslassen. Es bereitet mir Kummer."
„Mutter, Anasūya Devi gab die drei göttlichen Verkörperungen wieder her, die ihrem Wunsch entsprechend ihre Kinder geworden waren."
Srimāti Jayalakshmamma ist sich nicht bewusst, dass Bāla Sai sie an die Geschichte von Anasūya erinnert, um ihr genau diese Wahrheit zu verstehen zu geben.
Srimāti Jayalakshmamma wird ganz blass. Bāla Sai nimmt ihr Gesicht in seine Hände. Er sagt:

„Liebe Mutter, vor langer Zeit hat Anasūya Devi, die die drei Gottheiten in Kinder verwandelte, sie zum Wohl der Welt wieder losgelassen. Du weißt das. Ist es nun rechtens, dass du in meinem Fall Beharrlichkeit, ja Starrheit an den Tag legst? Du hast mir das Leben gegeben – wie kann ich ohne deine Erlaubnis und deinen Segen irgendetwas tun?"
Genau das.
Vor kurzem hat Swāmīji gesagt, kein von Gott gesandtes Genie kann ohne die Zustimmung seiner Mutter sein Ziel erreichen. Obwohl Bāla Sai die Worte des Swāmī nicht gehört hat, wiederholt er nun dasselbe ihr gegenüber – wie ein Allgegenwärtiger.
„Selbst dann werde ich nicht fern von dir sein. Ich bin immer bei dir, ganz gleich, was ich tue und wann ich irgendetwas tue."
„Es geht nicht darum, dass du bei mir sein willst – du solltest bei mir sein! Du bist meine Goldmine. Um deinem Vorschlag zuzustimmen, benötige ich etwas Zeit zum Nachdenken. Daher bin ich jetzt noch nicht imstande, dich mit dem Safran-Gewand zu schmücken. Ich weiß nicht, Bāla Sai..."
Ihre Augen scheinen in eigenartigem Aufruhr:
„Mein Geist befürchtet irgendeine Gefahr für dich. Die Mächte, die deine bloße Existenz nicht ertragen können, versuchen, dir eine Niederlage zuzufügen."
Für jedes von Gott gesandte Genie, das Rechtschaffenheit und Tugendhaftigkeit einführen will, ist dies ein unvermeidlicher Kampf. Aber das kann Bāla Sai nicht laut sagen. Er steht bewegungslos da und sieht seine Mutter an als der Eine, der ihr Denken versteht.
Was auch immer der Grund für Jayalakshmammas Standpunkt sein mag – während hier die Diskussion vonstatten geht, wird ungefähr zur gleichen Zeit anderenorts ein Komplott für ein neues Unglück ausgeheckt.

Es ist ungefähr acht Uhr abends. In einem Dorf nahe Kurnool sitzt Sambu Reddy, der Dorf-Älteste und geehrte Inhaber eines großen Hauses, auf einem Sofa und spricht mit Viswanatha Sāstri, der ihm gegenüber sitzt.

Sāstri ist in den umliegenden Dörfern ein wohl bekannter Priester. Er ist im Zusammenhang mit der Durchführung eines rituellen Gottesdienstes zu Besuch bei Sambu Reddy. Aber auch als diese Arbeit beendet ist, erlaubt Sambu Reddy ihm nicht zu gehen.
„Sie haben Nārāyana Reddy die ganze Zeit vertraut und sind dort geblieben. Aber was haben Sie nun damit erreicht?"
Das Essen ist vorbei, und er genießt das Kauen der Betel-Blätter. Er macht sich lustig über seinen langjährigen Rivalen Nārāyana Reddy und sagt:
„Wenn ich jemanden mit Ihrer außerordentlichen Gelehrsamkeit in meinem Dorf hätte, dann würde ich meine Dörfler veranlassen, ihn in einer Kutsche auszufahren, die von Brahmanen gezogen würde."
Seit den letzten zwei Generationen besteht die Feindschaft zwischen den beiden Reddy-Familien fort. Das ist Viswanatha Sāstri bekannt, und die Worte Sambu Reddys erscheinen ihm annehmbar. Er gibt jedoch keine Antwort.
Sambu Reddy erinnert ihn:
„Sie sagen gar nichts...?"
„Was soll ich sagen? Ich kenne die Rivalität zwischen Ihnen."
Viswanatha Sāstri will ausweichen.
Sambu Reddy lacht ironisch und sagt:
„Sind Sie nicht verärgert über ihn? Ich höre, dass es kürzlich Konflikte zwischen Ihnen gegeben hat."
Sāstri schreckt hoch und sieht überrascht aus.
„Seien Sie nicht erstaunt darüber, wie solche Einzelheiten mich erreichen. Sie müssen akzeptieren, dass es eine Routine meinerseits ist, Einzelheiten über jeden Augenblick meines Gegners Nārāyana Reddy zu sammeln."
„Aber zwischen Reddiji und mir gibt es keine Feindseligkeit. Es ist nur eine Meinungsverschiedenheit."
„Sāstriji, jede Rivalität beginnt nur mit Unterschieden von Vorstellungen."
„Aber ich bin bis über beide Ohren mit meinen priesterlichen Pflichten wie Gottesdienst und Ritualen ausgelastet."

„Mehr als das noch sind Sie Reddijis Sympathisant."
„So..."
„Sie wissen über seine Aktivitäten mehr als jeder andere."
Sāstriji hat sich nie in die Angelegenheiten der beiden einmischen wollen, die versuchen, sich gegenseitig das Leben schwer zu machen und dies in ihr Leben und ihren Lebensstil mit einbeziehen. Aber in einer Art von Unfähigkeit, seine Neugier zu unterdrücken, fragt er:
„Ich verstehe nicht, warum Sie so sprechen und welche Antwort Sie erwarten."
„Sie sind es, mein Herr, der über die günstigen Zeiten für Feste und Feierlichkeiten in seinem Haus entscheidet. Da das der Fall ist, könnten Sie auch die richtige Zeit für seinen Tod feststellen und mich wissen lassen."
Viswanatha Sāstriji sieht traurig aus.
„Verzeihen Sie mir, Reddiji. Ich bin Priester und damit beschäftigt, Gott zu dienen – und nicht ein Wachmann auf dem Friedhof, der sich den Tod der Menschen wünscht."
„Ich bitte Sie nicht zu morden. Ich bitte Sie nur um die nötige Hilfe für mich, ihn zu töten."
„Oh Gott!" Sāstriji verschließt seine Ohren.
„Sāstriji! Nārāyana Reddy muss getötet werden, und zwar möglichst bald. Wenn nicht, wird in den nächsten Wahlen mein Einfluss vermindert. Ich werde es Ihnen bezahlen. Bitte sprechen Sie deutlich! Kürzlich habe ich einen Mordversuch gestartet, aber der ging fehl. Nun, da ich ihn wirklich loswerden möchte, bitte ich Sie, mir zu sagen, wann er wahrscheinlich die Stadt verlassen wird. Das ist schon genug."
Viswanatha Sāstri schaut weiter nachdenklich in die Dunkelheit hinaus.
Wie ‚Sanjivani' – von Gott Hanuman herbeigebracht – hat Sri Sāstri sich sein Ansehen in der Wertschätzung des Nārāyana Reddy bewahrt. Wegen eines kleinen Kerls, wegen dieses Bāla Sai, rutscht er jedoch aus...
Wahrhaftig...

Es ist nicht möglich, jetzt anzunehmen, dass alles schon abgeklungen ist. Dies war erst der Beginn. Wenn man den Dingen ihren Lauf lässt, könnte Bāla Sai weiter wachsen und eine große Herausforderung für seine gesamte Existenz werden. Der Hauptgrund für all das ist nur Nārāyana Reddy Gāru.
Er schreckt zurück wie das Herz eines Weisen, dessen Brust mit Gift gefüllt wird, und denkt, dass es für ihn nicht nötig wäre, sich derart aufzuregen, wenn bloß Bāla Sai aus der Stadt verwiesen worden wäre, wie er es verlangt hatte.
Nārāyana Reddy ist verantwortlich dafür, wie die Dinge sich entwickelt haben. Reddiji hat sich in Bāla Sais Spinnennetz aus Täuschung verheddert. Wenn er nicht von dort entfernt wird, hat Sāstriji nur noch eine Vergangenheit, aber keine Zukunft mehr.
Sambu Reddy beobachtet Sasttriji und sagt:
„Sie sind bereit mitzumachen, und doch zögern Sie aus irgendeinem Grund."
Brennend wie eine Vogelscheuche in den Flammen der Eifersucht und in der Begierde der Abneigung feststeckend zeigt Viswanatha Sāstri seine Intelligenz. Er sagt jetzt Worte, die eine indirekte Bedeutung haben, achtet aber darauf, dass kein Makel an ihm hängen bleiben kann:
„Sambu Reddy, in dieser Welt ist es der Körper, der den Menschen verdächtig macht. Wir haben Hunger auf drei ordentliche Mahlzeiten am Tag, und der Körper, der mit dem tiefen Wunsch nach körperlichen Freuden heranwächst, begeht unzählige Schnitzer und Fehler vor Durst nach Namen und Ansehen. Nārāyana Reddy ist ein Mann, der so gerade im Untergang begriffen ist...Und doch..."
Nun gibt er sehr intelligent und seinen Ärger unterdrückend die aktuellen Einzelheiten bekannt:
„Warum sollte ich Öl in das Feuer der Abneigung gießen, das zwischen Ihnen und Nārāyana Reddy brennt?
Ich habe Vānaprasta erreicht, und so habe ich mit Ihren Streitereien nichts zu tun.
Es ist wahr, dass ich es bin, der die günstigen Zeiten für jegliche glücksbringende Zeremonie in Nārāyana Reddys Haus festsetzt.

Wie könnte ich ihm also Übel wollen, nachdem ich die Gastfreundschaft dieses Hauses genossen habe? Überdies plant er, demnächst seine Tochter Adilakshmi mit ihrem Kind in das Haus ihrer Schwiegereltern zurückzuschicken. Wenn Sie mich nach dem Datum für diese Reise fragen – das kann ich nicht genau angeben. Aber ich kann sagen, dass es innerhalb einer Woche sein wird. Wie könnte ich Nārāyana Reddy Unrecht tun, der mir immer vertraut hat?"

Das strahlende Lächeln auf den Lippen Sambu Reddys ist ein positiver Beweis für das Verstehen der Demonstration weltlicher Weisheit von Seiten Viswanatha Sāstris, der ein vorteilhaftes Ergebnis anstrebt.
Sambu Reddy fühlt sich glücklich, die gewünschte Information erhalten zu haben und sagt sich: „Diese Einzelheiten sind schon genug."
Zu Sāstriji, den er ansieht, sagt er:
„Ich schwöre Ihnen, Sie haben mir nichts verraten, Sie haben gar nichts herausgerückt."
In derselben Nacht noch schickt er nach seinen Leuten und weist sie heimlich an, was sie zu tun haben. Er hat sich einen wirksamen Plan zurechtgelegt, um Nārāyana Reddy anzugreifen.

Om Namo Bhagavate Sri Bāla Sai Bābāya Namah

24

Es ist zehn Uhr morgens.
Bāla Sai unterhält sich mit seinen Freunden aus der Stadt in dem Wäldchen. Der Himmel ist bewölkt. Die Windböen, die über den Tungabhadra wehen, lassen seltsame Geräusche entstehen und ziehen weiter, während sie Bāla Sai und seine Freunde trösten.
Alle sind guter Stimmung außer Karim, ein zehn Jahre alter Junge, der zu dem Kreis der Freunde Bāla Sais erst kürzlich dazugekommen ist. Er ist intelligent und fähig, klug über jedes Thema nachzudenken.
Bāla Sai legt seine Hand liebevoll auf Karims Schulter und sagt: „Ich beobachte dich die ganze Zeit. Du siehst heute so anders aus."
Bāla Sai kann sich mit Bäumen und mit Ameisenhügeln unterhalten, und sein Blick geht bis in die Tiefen von Karims Herz. Karim kann also nicht lügen, was die Wahrheit über sein Aussehen angeht. Er neigt seinen Kopf und murmelt:
„Mein Vater sagt, es sei nicht gut für mich, mit dir zusammen zu sein. Verabscheut ihr nicht alle die Moslems?"
Bāla Sai lacht leise und sagt:
„Wenn es wahr wäre, dass wir dich hassen – wie könnte ich dann Freundschaft mit dir pflegen?"
„Ich habe meinem Vater dasselbe gesagt. Aber er meinte, du magst nur die Hindus."
„Das ist nicht wahr, Karim. Ich bin ein Hindu, ein Moslem und ein Christ. Deshalb schloss ich Freundschaft mit Bālaji und mag dich gern. Ich habe auch Samuel als Freund ausgewählt."

Samuel, der etwas abseits sitzt, schaut aus, als ob er erst jetzt erfährt, dass er Christ ist:
„Mein Vater hat mir niemals so etwas erzählt, Karim. Ich schwöre es. Bāla Sai ist unser guter Freund. Er isst, was wir essen, und bietet uns an, was Er isst. Warum das alles? Neulich bekam er wegen Bālaji eine Menge Ärger mit Grandfather Pūjārī."
Ohne zu zögern sagt Karim:
„Aber Bālaji ist ein Hindu. Darum hat er ihn gerettet.
Bāla Sai sagt:
„Es ist nicht dein Vater, der in diesem zarten Alter deinen Geist mit solchen Gedanken voll stopft. Es sind die Bedingungen rund herum. Die sind es, die deinen Vater so denken lassen und dann auch veranlassen, auf diese Art zu sprechen."
Bāla Sai will im Einzelnen und auf angenehme und bedeutsame Weise die verderblichen Ideen erläutern, die sich in Karims Verstand festgesetzt haben. Wäre Karim bereits ein heranwachsender Jugendlicher, so hätte Bāla Sai die Diskussion an einem anderen Punkt begonnen.
„Warum hat mein Großonkel, der Pūjārī, Bālaji nicht erlaubt, den Tempel zu betreten, obwohl er doch ein Hindu ist? Warum war er nicht damit einverstanden, dass wir den Prasād gemeinsam aßen – obwohl wir beide Hindus sind?"
Bāla Sai benutzt die gleichen Worte, die Karim vorher gesagt hat, und verwandelt sie in eine Frage.
Karim sagt nachdenklich:
„Bālaji gehört zu einer niedrigeren Kaste."
„Aber – wie du schon gesagt hast – er ist ein Hindu. Was heißt das?" wiederholt Bāla Sai.
Karim steht schweigend da.
„Heißt das nicht, dass es auch in der Hindu-Religion Situationen gibt, in denen selbst ein Hindu einen anderen Hindu nicht lieben kann? Sollten wir dann die Religion hassen?"
Karim sieht aus, als habe er keine Antwort darauf. Also antwortet Bāla Sai selbst und räumt jeden Einwand aus dem Weg.

„Keine Religion hat jemals verkündet, dass man seine Landsleute hassen soll. Auch die Hindu-Religion hat niemals zu so etwas ermutigt. Es sind nur die Menschen, die im Namen der Religion aufhetzen und die Gesellschaft mit Verdorbenheit erfüllen. Ja. Für solch einen Niedergang und religiösen Aufruhr sind jene verantwortlich. Die Religion ist dazu da, zwischen Sünde und Verdienst zu unterscheiden und dadurch Glück und Frieden für die Menschheit zu bringen.
Jedoch hat die Religion, die der Mensch zum Wohl der Menschen erschaffen hat, im Lauf der Zeit den Menschen unterdrückt und eingeschränkt und wurde sogar die Ursache für Massenvernichtungen. Der Mensch hat damit noch nicht aufgehört.
Wegen der Berufe wurden die Kasten geschaffen. Im Lauf der Zeit entstand Rivalität zwischen den Kasten, und mit der Unterscheidung zwischen hohen Kasten und niederen Kasten begannen die Menschen derselben Kaste auf Mitmenschen herabzuschauen. Viswanatha Sāstriji erlaubte Bālaji den Eintritt in den Tempel nicht, weil Bālaji – obwohl ein Hindu – aus einer niederen Kaste kommt."
In Bāla Sais Stimme ist kein Ärger, keine Wut. Er spricht, als ob er in Nirvikalpa Samādhi wäre.
„Grandpa Pūjārī ist trotz seiner vollkommenen Kenntnisse der heiligen Schriften wegen der widerstreitenden Vorstellungen in seinem Verstand auf eine untermenschliche Stufe gesunken – weit entfernt von der Stufe der Göttlichkeit."
Wie kann es überraschen, wenn für Karim, der konzentriert zuhört, ohne die Augen auch nur einmal zu schließen, Gott in der Gestalt von Bāla Sai erschienen ist?
„Jeder Mensch, der solche Vorstellungen von Differenzen unter den Repräsentanten des Hinduismus bemerkt, wird seinen Sohn genauso davor bewahren wollen, wie dein Vater dich gewarnt hat. Das hat nichts mit Religion zu tun!"
Schon seit langem möchte Samuel eine Frage an Bāla Sai richten, und nun denkt er, dieser Augenblick sei die beste Gelegenheit dafür:

„Lebt Gott wirklich in einem Tempel, Bāla Sai? Deine Religion sagt, Er sei überall."

„Das ist wahr, Samuel. Gott ist nach Ansicht der Hindu-Religion allgegenwärtig. Das heißt, dass Er an allen Orten gegenwärtig ist. Aber die Menschen haben Tempel gebaut. Um des zeremoniellen Gottesdienstes willen haben sie den Gedanken in die Welt gesetzt, Er sei nur in den Tempeln. Der Grund dafür ist, dass sie die Menschen, deren Glauben schwankt, zu Glauben und Vertrauen führen wollen."

Sowohl Karim als auch Samuel sehen verwirrt aus.

„Seit undenklichen Zeiten hat der Mensch seine Mitmenschen über die Existenz Gottes, der unsichtbar ist, befragt. Der Grund dafür ist, dass der Mensch es trotz der Reife seines Verstandes nicht geschafft hat, sich an eine spirituelle Lebensweise zu gewöhnen. Wenn er nur das erreicht oder entwickelt hätte, würde er niemals die Existenz Gottes hinterfragt haben. Ein Mensch, der versteht, dass er selber Gott ist, könnte Gott in den anderen sehen und begreifen, dass alles ‚Sat Chid Ānandam' ist.

Also, um solche Leute zu beherrschen, sind die Tempel und Kirchtürme entstanden.

Ihr mögt mich fragen, ob das so notwendig ist. Ja, es ist wichtig. Leute, die glauben, dass Bildung nur durch den Besuch von Schulen erworben werden kann, oder jene, die sicher sind, dass Heilung von Krankheit nur im Krankenhaus erhältlich ist, die alle sollten durch die Tempel zu Gott hingewandt werden."

Bāla Sai unterbricht ein kleines Weilchen und fährt dann fort: „Die Errichtung von Tempeln ist nötig für die Konzentration auf Gott und um sich daran zu gewöhnen, über Gott nachzudenken, und für jene, die noch auf der Stufe des Schülers sind, die den köstlichen Trunk der Hingabe zu sich nehmen, die auf dem Weg der Frömmigkeit erst eingeweiht werden. Aber wenn man mit dem spirituellen Wissen vertraut ist und erkannt hat, dass alles eine Manifestation Gottes ist, dann sind die Tempel und Kirchen nicht mehr nötig. Freunde, das wirkliche Problem ist eins...."

Bāla Sai sieht alle seine Freunde an und fährt fort:

„Es ist falsch zu sagen, dass nur der Stein Gott ist. Aber zu sagen, dass Gott auch im Stein ist, das ist nicht falsch. Indem sie jedoch diese Wahrheit vergessen und nur ihre eigenen Deutungen zulassen, verspotten Leute wie mein Großonkel, der Pūjārī, die die heiligen Schriften studiert haben, die Göttlichkeit. Das ist der Fluch, der auf der gegenwärtigen Gesellschaft lastet."

Nun fragt Bālaji:
„Ist es also falsch, vor den Standbildern Gottesdienst abzuhalten?"

Bāla Sai sagt:
„Die Haltung, Gott zu verehren, ist wichtig – viel weniger die Art oder die Methode, es zu tun. Statuen oder Gottesbilder zu schaffen, ist ein Versuch, dem formlosen Gott eine Gestalt zu geben. In den Hindu-Tempeln gibt es Standbilder und in den christlichen Kirchen habt ihr ein Kreuz. Die Moslems stellen als Symbol für die Gottesverehrung in den Moscheen ‚Pīrs' auf.

In welcher Form auch immer – ob Gott gestaltlos oder in einer Gestalt gesehen wird – alle Religionen predigen dasselbe, nämlich: Liebe deinen Nächsten und besitze die Unvoreingenommenheit, Gott in jedermann zu finden. Das ist die ewige Verhaltensvorschrift, die die Religionen von heute lehren."

Obwohl sie alle noch kleine Kinder ohne geistige Reife sind, sehen sie ganz befriedigt aus, als ob sie alle die ganze Botschaft verstanden hätten. Bāla Sai meint schließlich:
„Seit undenklichen Zeiten haben einige Propheten Humanität gepredigt. Menschlichkeit. Die derzeitigen sogenannten Intellektuellen vergessen das, wecken religiösen Hass, und im Namen der Religionen errichten sie Barrieren zwischen uns. Obgleich es viele Religionen geben mag – können wir die Wahrheit leugnen, dass Gott nur EINER ist...?

Wenn sie die Macht haben, diese Wahrheit zu leugnen und dennoch leben, dann lasst sie die Luft, die wir atmen, religionsweise aufteilen. Lasst sie sagen, dass dieser bestimmte Wind den Hindus gehört, jener den Moslems und ein anderer den Christen.

Lasst sie die Existenz Gottes aufteilen und dann überlegen und beraten."
Bāla Sais Augen sind halb geschlossen:
„Wenn es regnet, werden alle gleichermaßen nass. Ohne Rücksicht auf die Religionen genießen alle den Sonnenschein auf die gleiche Weise. Alle sehen das Mondlicht auf ähnliche Weise. Deshalb, liebe Freunde, sage ich, dass Gott EINS ist. Verschwendet künftig keinen Gedanken mehr an irgendwelche Unterschiede!"

Bāla Sai ist noch nicht ganz fertig mit seiner Rede, da ertönt es wie ein Donnerschlag:
„Oh, du Bursche! Karim!"
Karim dreht seinen Kopf um und erschaudert. Sein Vater, der nahe herangekommen ist, bebt von Kopf bis Fuß.
„Nur weil ich für ein paar Tage außerhalb der Stadt war, hast du wieder alle Grenzen des Benehmens überschritten. Wenn du das Lernen vernachlässigst und wie ein junger Nichtsnutz herumstreunst, werden wir später nicht wohlhabend genug sein, um den Hunger zu stillen!!"
Mit diesen Worten nimmt er Karims Hand und will ihn mit sich fort ziehen.
Karims Kehle wird trocken. Er glaubt, seines Vaters Zorn hänge mit seinem Zusammensein mit Bāla Sai zusammen, und sagt:
„Vater, Bāla Sai ist ein guter Junge!"
„Wenn das so wäre, dann hätte er dich dazu angehalten, gut zu lernen. Wenn du deine Hausaufgaben vernachlässigst, würde er dich an sie erinnern..."
Karim erschrickt. Vor zwei Tagen hat er wegen eines Unwohlseins seine Hausaufgaben nicht beenden können. Lehrer Sitaramayya hat ihn gescholten und gesagt:
„Du wist unter dem berauschenden Einfluss von Bāla Sai völlig verdorben!"
Es ist klar, dass der Lehrer direkt mit dem Vater gesprochen haben muss. Karim weiß nichts zu sagen, und sein Vater Mastan bringt ihn zum Haus des Lehrers, den er bittet:

„Bitte zeigen Sie einmal das Hausaufgabenheft. Ich werde ihn noch in Ihrer Gegenwart in Stücke zerlegen."
Es ist nicht bekannt, wann es geschah, aber Bāla Sai zusammen mit seinen Freunden steht auf einmal neben Mastan. Diesen schaut er unverwandt an und sagt:
„Sie irren sich, Uncle. Karim hat seine Hausaufgaben vollständig gemacht."
Bāla Sai bleibt gelassen und wehrt Karim mit Blicken ab, als dieser etwas sagen will.
Bāla Sai wiederholt:
„Wenn Sie es wollen, schauen Sie in das Heft, Uncle. Karim hat seine Aufgaben komplett erledigt."
Sitaramayya schreit voller Wut:
„Was willst du damit sagen? Erzähle ich Lügen, du verflixter Bengel?"
„Ich weiß nicht – Grandfather. Wenn es wahr ist, was Sie sagen, dann zeigen Sie doch bitte das Heft einmal her!"
Mit einem Satz geht der Lehrer wütend hinein und kommt mit den Heft zurück. Während er es Mastan reicht, öffnet er das Heft – und ist sprachlos.
Erstaunlich!
Bis gestern waren die Seiten weiß, die jetzt voller Buchstaben sind. Nicht nur das – die Seiten zeigen auch deutlich die Unterschrift Sitaramayyas.
Mastan sagt voller Pein:
„Warum, mein Herr... Warum haben Sie die Unwahrheit gesagt, was meinen Sohn betrifft? Ich hätte ihn völlig unnötigerweise geschlagen. Warum fordern Sie mich so heraus?"
Er hält sich voller Schmerz den Kopf.
Der Lehrer hat sich inzwischen noch nicht erholt und murmelt:
„Da muss sich irgendwo ein Fehler eingeschlichen haben, Mastan. Tatsächlich hat Karim seine Aufgaben nicht gemacht."
„Nein, mein Herr! Er hat sie gemacht! Aber Ihnen ist es nicht so vorgekommen. Weil er kein Hindu ist wie Sie! Er ist ein Moslem, den Sie hassen!"

Mastan ist im Begriff, einen Wutanfall zu bekommen, als Bāla Sai, der vor ihm steht, mit einem sanften Lächeln sagt:
„Weil ich solche Unterscheidungen nicht mache, konnte ich Karim retten. Ist es unter diesen Umständen ein Vergehen, wenn Karim mit mir Freundschaft schließt?"
Er sagt es mit offenem festem Blick.
Mastan weiß nicht, ob er in Bāla Sais Blicken die Milde des Mondlichtes sieht oder ob er in dem Lächeln, das um seine Lippen spielt, den Duft von Jasmingirlanden wahrnimmt. Ohne eine Antwort zu geben lässt er Karim los und geht wie verzaubert davon.
Als alle Freunde später die Straße entlang gehen, sagt Karim:
„Ich habe die Hausaufgabe wirklich nicht gemacht, Sai. Aber in dem Heft erschien es so, als ob ich sie gemacht hätte. Wie ist das geschehen?"
Bāla Sai streichelt den Kopf Karims und entgegnet:
„Lieber Freund. Wie könntest du dafür verantwortlich sein, wenn eine Sache, die nicht da ist, so erscheint, als wäre sie da, oder wenn etwas, das gefunden wird, nicht wirklich vorhanden ist? Eigentlich hast du es nicht gesehen. Das Gesehene ist nicht das Heft. Warum denkst du dann darüber nach?"

Als er Beifall von hinten hört, dreht Bāla Sai sich um und sieht Nārāyana Reddy mit einem sanften, milden Lächeln neben einem Auto stehen.
„Hast du auf diese Weise dein Līlā demonstriert, Bāla Sai?" sagt Reddiji. Er hat die ganze Angelegenheit aus der Entfernung erraten und nähert sich nun Bāla Sai.
„Ich möchte auch mit dir Freundschaft schließen! Würdest du mir eine Chance geben oder mich zurückweisen, indem du sagst, dass zwischen uns ein Altersunterschied besteht?"
Er sagt das lachend.
„Uncle, unsere Freundschaft begann vor langer Zeit, und sie währt für immer."
Indem er das Thema wechselt, sieht Bāla Sai das Auto an und fragt:

„Haben Sie es neu gekauft?"
„Ja, Sai. Morgen bringe ich meine Tochter mit dem Enkelkind ins Haus ihrer Schwiegereltern. In dem Zusammenhang habe ich es aus übergroßer Freude gekauft."
Bāla Sai bleibt still. In einer Anstrengung, etwas Unsichtbares zu erblicken, kneift er seine Augen zusammen und spitzt die inneren Ohren – und wird von einer seltsamen inneren Erregung erfasst.
Eine Pause von ein paar Minuten.
„Nein, Uncle. Fahren Sie morgen nicht!"
„Aber ich habe schon den Schwiegervater meiner Tochter benachrichtigt, dass wir morgen gegen Mittag ankommen. Morgen Abend wird es dort ein großes Fest geben."
„Aber hören Sie auf mich, Uncle. Bitte ... fahren Sie ... nicht!"
Bāla Sais Stimme bebt.
„In Ordnung," sagt Reddy. Er kann Bāla Sai aber nicht sagen, dass er auf jeden Fall fahren muss.
Falls er sein Wort nicht hält, steht er vor dem Schwiegervater seiner Tochter als Übeltäter da.
Reddiji kann nicht ahnen, welch schweren Fehler er da begeht, indem er so die Wahrheit vor Bāla Sai verschweigt.

Om Namo Bhagavate Sri Bāla Sai Bābāya Namah

25

„Babu! Bāla Sai!"
Es ist sieben Uhr abends, und Bāla Sai sitzt auf dem Schoß seiner Mutter und isst gerade sein Abendessen, als jemand ihn ruft. Er kommt heraus und sieht Karim und dessen Vater Mastan dort warten.
Sanft lächelnd lädt er ihn respektvoll ein:
„Kommen Sie näher, Uncle!"
Ob Mastan in den Worten Bāla Sais – der so still erscheint wie der Mond, der über der Moschee seinen Schein verbreitet – den Weg findet, der das Leben lebenswert macht, oder ob er die Schönheit sieht, die im Zerbrechen der religiösen Bigotterie, der Rivalität und Boshaftigkeit in tausend Stücke liegt – jedenfalls versucht er, sich gegenüber von Bāla Sai auf den Boden zu setzen.
Bāla Sai ergreift plötzlich seine Hand und lässt ihn auf dem Pial sitzen. Er setzt sich direkt neben Mastan, in engem Kontakt mit ihm.
„Sagen Sie mir, Uncle," fragt er, „hat Ihr Ärger über mich sich gelegt?"
Die leichte Geste von Herzlichkeit muss irgendeine Ebene in dessen Herz berührt haben, denn unwillkürlich werden seine Augen feucht.
„Es ist meine Arroganz, die vergangen ist, und nicht mein Ärger über dich," sagt Mastan traurig. „Ich habe keine Ahnung, wie ein Kind wie du die Großzügigkeit besitzen kann, die Mitmenschen zu lieben. Du hast mich gründlich besiegt."

Mit einem kristallklaren Lachen sagt Bāla Sai:
„Nur wenn ich gewinne, können Sie denken, Sie seien besiegt worden. Tatsächlich bin ich es, der von Ihnen besiegt wurde."
„Wie das, Bāla Sai?" fragt Mastan verwirrt.
„Es ist so. Bis heute konnte ich Ihr Herz nicht gewinnen, obwohl ich die ganze Zeit mit Karim zusammen verbrachte."
Diese Worte bewirken noch mehr Scheu in Mastan:
„Meine Unwissenheit ist der Grund dafür, Bāla Sai. Bis jetzt habe ich nie versucht, die Güte in dir zu sehen. Ich dachte, du seiest einfach einer von ihnen."
„Sie sind also durch Worte meines Großonkels Pūjārī verletzt worden."
Mastan erschrickt. Wie kann Bāla Sai wissen, dass er vor etwa einem Monat von Viswanatha Sāstri beleidigt worden ist? Er hat es niemandem erzählt.
Während Mastan also überrascht aussieht, schildert Bāla Sai den Vorfall so klar, als wäre er Augenzeuge gewesen.
„Ich weiß es, Uncle. An einem Freitagmorgen gingen Sie zum Tungabhadra, um ein Bad zu nehmen. Sie ließen Ihr Hemd am Strand liegen. Grandpa Pūjārī, der zum Morgengebet dorthin kam, berührte es unachtsam mit seinen Füßen. Als Sie nach dem Bad zurückkamen, schrie er ärgerlich, einem Moslem sei es verboten, einen Platz zu betreten, den er als heilig beschütze. Als ob er sehr schwer verunreinigt wäre, machte er Sie und Ihre Religion nieder. Er warnte Sie, jemals wieder zu diesem Platz zu kommen, der ihm vorbehalten ist. – War es nicht so?"
„Ja, Bāla Sai... Hast du es gesehen?"
Ein paar Augenblicke lang verharrt Bāla Sai gedankenlos.
„Ich habe es gesehen, Uncle. Ich habe gesehen, dass Grandpa Pūjārī zum Fluss kam, um mit einem Geist voller Sumpf seinen Körper vom Schmutz zu reinigen. Ich habe bemerkt, dass er der Meinung ist, der Platz, an dem er badet, sei sein eigener, genauso wie sein Körper sein eigen ist!"
„Ich habe nicht ein Wort darüber gesagt, Bāla Sai. Ich beschloss, nie wieder einen Fuß auf diesen Bereich zu setzen. Ich habe ihn um Vergebung gebeten, weil ich den Platz verunreinigt hatte."

„Der Fluss hat die Pflicht übernommen, Verunreinigungen wegzutragen. Wie können sie dann an dem Fluss haften? Grandpa Pūjārī kennt diese Wahrheit, aber als er Sie sah, bewarf er Sie mit dem Dreck, der sich in seinem Geist angesammelt hat."
„Warum ist das so, Bāla Sai? Ist es, weil ich einer anderen Religion angehöre?"
Bāla Sai lächelt sanft und sagt:
„Es ist besser zu sagen, dass es eher seine Veranlagung ist als sein Hass auf eine andere Religion. Grandfather mag Hassen lieber als Lieben. Deshalb hätte er ganz ähnlich reagiert, wenn statt Ihrer irgendjemand aus der vierten Kaste diesen Badeplatz betreten hätte."
„Er ist ein mächtiger Führer für viele. Ist sein Verhalten gerecht, Bāla Sai?"
Bāla Sai antwortet nicht sofort. Später sagt er dann:
„Nur der, der den Weg kennt, kann ein Wegbereiter sein. Aber derjenige, der denkt, dass das, was er gesehen hat, allein der Weg ist, der bleibt auf halben Weg stecken. Das ist der Grund, warum Grandpa Pūjārī, der den Unterschied zwischen dem Führer und dem Geführten nicht kennt, lebt, indem er eher Ego als die ewige Wahrheit zeigt."
Mastan bleibt weiterhin gedankenvoll.
„Uncle, was ich sage, ist wahr. Jemandem, der sich im Zustand der Arroganz befindet, erscheint der andere als Rivale und geheimer Feind. Jeder erscheint ihm eher als eine Person, die bekämpft werden muss, als als jemand, der geliebt werden sollte. Ein Fluss muss sich mit dem Meer vereinigen, ungeachtet seines Fließens über weite Entfernungen. Grandfather Pūjārī ist wie der Fluss, der diese Wahrheit nicht kennt. Dennoch misst er seiner Existenz eine eigene Bedeutung bei. Wie könnten in Wirklichkeit der Fluss und das Meer getrennt sein?
Der Fluss entspricht der Quintessenz aller Religionen. Selbst wenn er sich hartnäckig weigert, sich mit dem Meer zu vereinigen – kann er bestehen, ohne durch die gleißende Hitze der Sonne zu verdunsten? Kann er bestehen, ohne in eine Wolke transformiert zu werden? Ist es dem Fluss möglich, seine Exis-

tenz fortzusetzen, ohne in Regen verwandelt zu werden und so das Meer zu erreichen? Dies ist das Gesetz der Natur, und so macht es keinen Sinn, Unterschiede und Disharmonie beizubehalten. Wenn Grandpa Pūjārī das nur wüsste, hätte er Sie dann beschimpft? Wie groß auch immer die Zahl der Lebewesen in dieser Welt sein mag – das LEBEN ist für sie alle nur eins. Wenn man versteht, dass alles aus einer einzigen Quelle hervorgegangen ist, dann gibt es keine Möglichkeit, einander zu hassen. Daher sollten Sie Grandfather verzeihen."

Mastan sitzt mit Tränen in den Augen da.

Wer ist dieser Kleine?

Wie kann er so tiefsinnig sprechen wie der größte Weise, der das ganze Universum in seinem Herzen verborgen hält, obgleich er doch deutlich in einem kindlichen Stadium zu sein scheint?

Mit welcher Eigenschaft ist dieses Kind geboren, das sich selbst als Koran offenbart?

Was wird er in der Zukunft werden?

Welche andere Ausbildung wird sein Sohn Karim noch benötigen?

„Genug, Bāla Sai! Für einen Unwissenden wie mich ist dieses Ausmaß an Erleuchtung genug. Ich bin stolz, dass mein Sohn Karim dich als Freund gewinnen konnte. Ich verabschiede mich von dir mit dem Versprechen, eure Freundschaft nie wieder in Frage zu stellen."

Tatsächlich ist Mastan, der nun seine Freude mit hingebungsvoller Ekstase zum Ausdruck bringt, gekommen, weil er gesehen hat, wie Bāla Sai vor kurzem seine Liebe auf Karim ausströmte, und nun hat er selbst genau das vernommen, was Karim ihm über Bāla Sai erzählt hat.

Plötzlich steht Bāla Sai auf und pflückt ein paar Margosa-Blätter von einem Baum auf dem Gelände.

„Es ist nicht in Ordnung, einen Gast gehen zu lassen, ohne ihn geehrt zu haben. Bitte, kauen Sie sie."

Mastan weiß, dass Bāla Sai Niemblätter gepflückt hat. Er weiß ebenfalls, dass Niemblätter ungenießbar bitter schmecken. Dennoch isst er sie.
Seltsam.
Die Niemblätter schmecken süß wie Zucker... Erschaudernd sagt Mastan:
„Diese Blätter sind sehr süß. Wie ist das möglich, Bāla Sai?"
Bāla Sai sagt mit halb geschlossenen Augen:
„Nur wenn man sich auf der menschlichen Ebene befindet, gibt es zweierlei Geschmacksempfindungen wie bitter und süß in dieser Welt. In der Gegenwart Gottes ist alles eins. Mein ganzes Bestreben ist, Sie dieses wissen zu lassen."
Unwillkürlich faltet Mastan seine Hände.
Geschmack wird durch Sinnesorgane bestimmt, aber die Ursache für die Erfahrung ist der Verstand. Ob Bāla Sai ihn diese Wahrheit gelehrt hat oder ob er die Philosophie der Liebe predigte, dass nämlich alles gut schmeckt, wenn es mit Liebe angeboten wird – Mastan kann es nicht verstehen.
Er denkt, dass er durch diese Begegnung mit einem außergewöhnlichen Menschen eine Erfahrung von seltenem Wert gemacht hat. Er sagt wie in einem Traum:
„Du bist kein gewöhnlicher Mensch, Bāla Sai. Fürs erste werde ich diese Erfahrung eine lange Zeit sorgsam geheim halten."

Om Namo Bhagavate Sri Bāla Sai Bābāya Namah

26

Es ist sechs Uhr morgens.
Nārāyanas Reddijis Haus ist voller Trubel. In etwa zehn Minuten wird Reddiji seine Tochter Adilakshmi ins Haus ihrer Schwiegereltern zurückbringen, die ungefähr einhundertundfünfzig Meilen entfernt leben. Er ist so voller Eifer, dass er die Arbeiter, die sich nicht in seiner Nähe aufzuhalten trauen, zu einem bestimmten Zweck herbeiruft und zur Verwunderung aller spricht.
Reddiji ruft einen alten Pächter zu sich und sagt:
„Oh Maraiah! Nachdem meine Tochter ihre erste Entbindung ganz erfolgreich hinter sich gebracht hat, verlasse ich jetzt zusammen mit ihr und dem Enkelsohn die Stadt. Dies ist nicht nur mein Festtag – es soll genauso eurer sein. Deshalb habe ich meine Frau gebeten, hundert Säcke Paddy an euch zu verteilen. Bei der Verteilung soll es keinerlei Schwierigkeiten geben! Außerdem gab ich ihr Geld, damit sie für euch alle Kleidungsstücke kaufen kann. Seid zufrieden mit dem, was euch gegeben wird, und ärgert sie nicht!"
Jeden Tag einige Menschen mit sorgfältigem Interesse zu speisen ist für Reddiji eine Routinesache.
Maraiah versteht nicht, warum er an diesem Tag auf eine Art und Weise spricht, als nähme er Abschied. Nicht nur Maraiah, auch all die anderen Pächter sehen das mit Verwunderung.
„Nicht nur das..."
Rajendra Reddy, Reddijis Schwager, unterbricht ihn mittendrin:
„Was soll das alles, Schwager? Als ob auf der ganzen Welt nur du eine Tochter hast und nur sie allein einem Kind das Leben

gab... Sollte das derart viel Freude bereiten? Inzwischen hast du meiner Schwester unzählige Male dasselbe erzählt. Sie sagte, sie wird sich um all deine Anordnungen kümmern. Können wir also starten?"
Rajendra Reddy sorgt dafür, dass seine Nichte Adilakshmi und das Kind im Auto Platz nehmen. Nārāyana Reddiji will nun auch losfahren.
Inzwischen fängt das Telefon an zu klingeln. Reddiji nimmt den Hörer auf:
„Schwager, wir fahren los. Ungefähr zu Mittag werden wir bei euch sein. Wir freuen uns auf die großartige Feier, die du heute Abend ausrichtest. Es ist Nārāyana Reddys Enkels Festtag – das ist kein Spaß."
Sekhara Reddy auf der anderen Seite äußerte gleichfalls außerordentlich große Freude, und Reddiji ist ganz glücklich.
Reddiji steigt in den Wagen und nimmt Abschied von allen, als ob es seine letzte Reise wäre. Reddijis Frau, die in einer Ecke steht, ahnt irgendetwas Schlimmes, aber sie kann sich ihm nicht nähern und ihm von dieser Beunruhigung berichten.
Als das Auto die Stadtgrenze passiert, sagt Rajendra Reddy: „Du scheinst heute mit lauter Stolz angefüllt zu sein."
Voller Stolz zwirbelt Reddiji seinen Schnurrbart.
Rajendra Reddy fährt fort:
„Ich habe bis heute nicht gewusst, dass es so ungewöhnlich ist, ein Großvater zu werden."
Nārāyana Reddy, der immer einen ernsten Eindruck vermittelt hat, hat plötzlich begonnen, sich zu benehmen, als sei er von einem Geist besessen. Rajendra Reddy sieht ihn erstaunt an und fragt sanft:
„Was ist los mit dir?"
Lange Zeit antwortet Reddiji nicht. Er fährt fort, von dem schnell fahrenden Wagen aus die Bäume und dergleichen zu betrachten, die nach hinten entschwinden. Schließlich sagt er:
„Du kennst das nicht, Rajendra.... Vielleicht bin ich von großer Freude erfüllt und weiß nicht, warum. Nur nach einer ganzen Menge Aufregung konnte ich ein Großvater werden. Aber wenn

Gott mich nicht gnädig begünstigt hätte, wäre meine Tochter mir nicht erhalten geblieben."
Reddiji erinnert sich an ein Ereignis nach dem anderen. Er ruft sich die stürmische Nacht in Erinnerung, Viswanatha Sāstris Feststellung, dass es für Adilakshmi keine Chance gäbe zu überleben, falls sie nicht sofort in die Großstadt gebracht würde, und dann, wie er bewegungslos dasaß und Tränen vergoss, während Bāla Sai erschien, das Kind entband und auf diese Weise Göttlichkeit zeigte...
„Ich weiß, es gibt Götter in Menschen – aber ich erkannte nicht, dass Gott sich in der Gestalt eines Menschen manifestieren kann, bis ich Bāla Sai sah. Es war der erste Augenblick, dass ich solch einen Glanz und solche Größe in Bāla Sai sah."
Rajendra Reddy hat diese Aussage schon einige Male gehört. Er ist jedoch nicht in der Lage zu glauben, dass so etwas möglich ist. Er ist gewöhnt, die Dinge wie ein Rationalist zu sehen, und nicht bereit, dies als göttlichen Willen anzusehen. Er glaubt fest, dass es für alles, was geschieht, eine Ursache gibt, und denkt dementsprechend, dass Bāla Sais Kommen ein reiner Zufall gewesen ist. Die Hilfe, die er geleistet hat, geschah ganz zufällig.
Ein Reisender, der den Weg nicht kennt, den er an einer Straßenkreuzung nehmen soll, trifft auf einen Wegweiser. Das ist einfach ein Zufall und nicht Gottes Wille.
Ein Glas Milch, das von einem Feind vergiftet wurde, wird unabsichtlich fallen gelassen, und das Gift wird Teil der Erde, und auf diese Weise ist ein Mensch gerettet. Das ist nur willkürlich, aber nicht Gottes Werk.
Reddiji sagt voller Zuversicht:
„Ich weiß, dass du es nicht glaubst. Aber es ist wahr. Ich verdanke es allein Bāla Sai, dass mein Kind und mein Enkel gerettet sind."
Rajendra erwidert lachend:
„Wie auch der Sachverhalt sein mag, dir wurde geholfen. Also lass uns darüber froh sein."
Reddiji fragt:

„Das heißt, dass du selbst jetzt noch nicht glauben kannst, dass Bāla Sai göttlicher Herkunft ist..."
Rajendra, ein Absolvent der Universität Tirupati im Fach Telugu, versucht vorsichtig, dem Gespräch eine Wendung zu geben. Er sagt:
„Lieber Schwager, verzeih mir! Bis ich nicht die Dinge in der Praxis sehe, glaube ich nicht irgendetwas."
Nārāyana Reddy lässt sich – wie gewöhnlich – auch jetzt nicht auf ein Streitgespräch ein:
„Wir können nicht alles in dieser Welt mit Beispielen beweisen. Viele Wunder gehören in diese Kategorie. Aber weil es keine Gelegenheit gibt, sie zu bestätigen, würden wir dennoch nicht zustimmen, wenn du sagst, sie fänden nicht statt. Der Mensch, der gewohnt ist, Kinder mit kleinen Bissen zu füttern, indem er ihnen den Mond zeigt, hat den Mond über lange Zeit als einen Schmuck auf dem Haupt Shivas angesehen. Bis die Wissenschaftler ihren Fuß auf den Mond setzten, konnte der Mensch ihn nicht als Erdtrabanten ansehen. Er wurde nicht erst ein Himmelskörper, nachdem der Mensch ihn erreichte – er war längst vorher einer. Aber erst nachdem der Mensch seinen Fuß auf den Mond gesetzt hat, wurde diese Wahrheit von allen verstanden."
Reddiji ist für einige Zeit in Gedanken versunken. Eine Art von Ermüdung überkommt ihn, und er wird schläfrig.
Aber kaum sind ein paar Minuten vergangen, reißt plötzlich ein schwerer Ruck das Auto hoch. Er sieht sich zitternd um.
Inmitten eines einsamen Wäldchens schleudert das Auto mit geplatzten Reifen und rollt geschwind auf den Abhang zu, bevor man noch begreift, was geschehen ist. Im nächsten Moment ist von hinten Adilakshmis Klagen zu hören, und der Wagen überschlägt sich. Dann kommt er zum Stehen.
Ein paar Minuten lang versteht niemand, was passiert ist. Nārāyana Reddy öffnet die beschädigte Vordertür und steigt aus. Zitternd vor Aufregung und Furcht schaut er in das Auto und schreit: „Adilakshmi!" Er kann weder seine Tochter noch seinen Enkel entdecken.

Inzwischen steigen Rajendra Reddy und der Fahrer aus. Da sehen sie Adilakshmi am Rand eines Busches mit blassem Gesicht und in einem Zustand des Nicht-Bewusstseins in Bezug auf das Geschehene sitzen. Nicht einen einzigen Kratzer hat die Mutter abbekommen und das Kind auch nicht..
Mit beruhigterem Gemüt schaut Reddiji sich um, aber immer noch zitternd. Der Fahrer ist inzwischen auf die Straße gegangen und sagt:
„Sir, die Reifen platzten, weil jemand absichtlich Eisenrammen auf die Fahrbahn geworfen hat. Die Spitzen der Rammen stachen in die Reifen des schnell fahrenden Wagens und verursachten die Gefahr."
Wer hat die Eisenrammen auf die Straße gebracht?
Nārāyana Reddy denkt verblüfft darüber nach.
Da sagt Adilakshmi unter Tränen:
„Ich fühlte, wie jemand mich bei der Hand nahm und mit dem Baby herauszog."
Rajendra steht nahe bei dem Wagen und sagt:
„Schau dir etwas anderes Seltsames an, lieber Schwager. Das Auto sieht aus, als habe jemand es angehalten und so davor bewahrt, in das Tal hinabzustürzen."
Der Anblick erfüllt alle mit gewaltiger Verwunderung. Die Vorderräder des Wagens sind haarscharf am Rand der Bankette zum stehen gekommen. Es ist offensichtlich, dass das Auto in das hundert Fuß tiefe Tal gestürzt wäre, wenn es auch nur noch zwei Zentimeter weiter vorwärts gefahren wäre.
Im Dunst seines Schweißes ist Reddiji gerade im Begriff zu sagen:
„Das alles ist ein Werk Gottes",
als ein Jeep auf der Straße vorbeischießt und die Männer darin im Nu fünf oder sechs Bomben herausschleudern.
Rajendra Reddy versteht dies alles als die Machenschaften des Rivalen Nārāyana Reddys und reißt ihn mit dem widerhallenden Ruf „Schwager" zur Seite.
Arbeiter auf den Feldern reagieren auf den lauten Schrei und kommen herbeigerannt.

Aber...
Gemeinsam mit den anderen ist auch Rajendra Reddy wegen einer Tatsache außerordentlich erstaunt. Nicht eine einzige der geworfenen Bomben ist explodiert! Wenn auch nur eine von ihnen explodiert wäre, wäre kein einziger Mensch mehr am Leben. Wie in einem Traum sagt Rajendra Reddy, all seinen wissenschaftlichen Glauben von Jahrzehnten beiseite lassend:
„Ich kann nicht umhin, dies als den Willen Gottes anzuerkennen, lieber Schwager..."
In diesem Augenblick ist es nicht sein langjähriger Feind Sambu Reddy, an den Reddiji sich erinnert.
Es ist Bāla Sai, an den er denkt, der ihn gestern vor dieser Reise gewarnt hat.

Om Namo Bhagavate Sri Bāla Sai Bābāya Namah

27

Die ganze Stadt hat sich vor dem Haus Nārāyana Reddys versammelt und nicht nur die Leute aus der Stadt, sondern auch all diejenigen aus anderen Orten, die zu ihm in Beziehung stehen. Der Schwiegervater seiner Tochter, Sekhar Reddy, und sein Schwiegersohn und etliche andere sind erschienen, um sich nach Nārāyana Reddy und seiner Familie zu erkundigen.
Bis vier Uhr nachmittags gab es einen regelrechten Ansturm. Da Nārāyana Reddy und seine Tochter zurückgekehrt sind, ist das abendliche Fest in Sekhar Reddys Haus aufgeschoben worden.
Reddijis Frau hat das Ritual zur Abwendung des bösen Blickes zelebriert, da ihre Tochter und ihr Enkel sicher der Gefahr entgangen sind, und sie sitzt nun inmitten der Frauen in einem Zimmer.
Rajendra Reddy gibt vor Nārāyana Reddiji seinem Zorn vollen Ausdruck. Er sagt:
„Wenn Sambu Reddy Rivalität empfindet, so kann er an uns Rache nehmen, aber er sollte nicht dazu übergehen, ein Auto anzugreifen, in dem sich ein Kleinkind befindet, und Leute schicken, die Bomben werfen. Wir müssen dem ein Ende setzen!"
Nārāyana Reddy sieht schweigend nach draußen. Es ist wahr, Rajendra Reddys Vorschlag sollte überdacht werden. Er strengt sich nicht an, den Grund für die Rivalität ausfindig zu machen. Er ist bis jetzt nicht bereit gewesen, Sambu Reddy anzugreifen, was auch immer der Grund für diese Anschläge sein mag. Bis jetzt hat er immer nur Maßnahmen zum Selbstschutz unter-

nommen, aber noch nie Blutvergießen angestrebt. Warum hat dann Sambu Reddy dieses Abenteuer unternommen?"
Rajendra Reddy kocht vor Zorn und sagt:
„Ich werde Leute anheuern, um heute Nacht Sambu Reddy anzugreifen. Sonst sind wir in seinen Augen unfähige Leute."
Reddiji nickt ungeduldig mit dem Kopf und sagt:
„Wir sind keine Feiglinge... Es ist Sambu Reddy, der uns heimlich attackieren wollte."
Rajendra versucht, ihn zu überreden:
„Wir wählen bei Konflikten in unserer Kaste nur diese Methode. Dies ist nichts Neues für uns!"
„Vor langer Zeit entstanden die Schwierigkeiten aufgrund von Eisenbahn-Verträgen zwischen unserem Vater und Sambu Reddys Vater. Sie führten bis zu Mordplänen der anderen Seite. Aber ich gab einige Male Kompromissen den Vorzug. Er dagegen unternahm vier oder fünf Versuche, mich zu ermorden."
„Trotz alledem – als Sambu Reddys Bruder in unsere Hände geriet, hast du ihn laufen lassen, nachdem du ihn eine Weile verprügelt hattest."
„Der Grund dafür ist, dass ich mit Blutvergießen nicht einverstanden bin," sagt Reddiji.
„Aber der andere sollte ebenfalls so denken! Wenn jetzt nicht ein paar seiner Handlanger entfernt werden, wird er nicht mehr zu kontrollieren sein!"
Rajendra muss dies sagen, denn er ist nicht zufrieden damit, dass sein Schwager lediglich die Heiligen Schriften zitiert.
Reddiji antwortet ruhig:
„Was ist mir denn schließlich passiert? Der Wagen ist ein bisschen beschädigt. Das ist alles."
„Lieber Schwager, dies ist eine Sache unseres Prestiges!"
Reddiji sagt sanft:
„Also sollte ich auch so erregt sein wie Sambu Reddy? Nein, Rajendra, ich kann nicht großzügig Sünden anhäufen, während ich und meine Kinder in jedem Augenblick beschützt sind – entweder durch die Früchte meines tugendhaften Verhaltens in früheren Leben oder durch die Götter, zu denen ich in diesem

Leben Vertrauen habe. Lass die Sache einfach auf sich beruhen."
Plötzlich erinnert er sich an Bāla Sai, und so verlässt Nārāyana Reddy sein Haus. Rajendra Reddy fragt ihn nicht, wohin und warum er fort geht.
Bis heute hat Rajendra Reddy an überhaupt nichts geglaubt außer an die Bedeutung von Ursache und Wirkung. Nach dem Ereignis am Vormittag ist er ein wenig milder gestimmt. Daher hat er nicht länger mit seinem Schwager diskutieren können, als dieser fortfuhr, voller Hingabe von „Gott" und von den „Früchten seiner Tugenden" zu sprechen.

Als er das Haus Bāla Sais erreicht, ist Nārāyana Reddy beim Anblick der Szene dort von Besorgnis erfüllt.

Om Namo Bhagavate Sri Bāla Sai Bābāya Namah

28

Bāla Sai sitzt mit zwei bandagierten Händen auf dem Schoß seiner Mutter. Srimāti Jayalakshmi vergießt Tränen, wie sie so die verletzten Hände ihres Sohnes betrachtet. Sie sagt:
„Ich habe dir von Anfang an gesagt, du sollst nicht Dinge tun, die über deine Fähigkeiten hinaus gehen. Nie hörst du auf mich..."
Bāla Sai lächelt liebenswürdig und sagt:
„Was passiert ist, ist nur zu unserem Besten."
„Du sagst bloß: es ist zu unserem Besten. Aber du sagst mir nicht, wodurch du dich so verletzt hast," wiederholt sie ihre Feststellung. „Wie wurden beide Hände verwundet? Hast du Steine getragen oder versucht zu spielen, indem du dornige Büsche festgehalten hast?"
„Was immer ich getan habe, es hat sich als gut herausgestellt."
Bāla Sais Gesicht zeigt dieselbe Zufriedenheit.
Wie sehr seine Mutter ihn auch ausschimpft, seine Worte beziehen sich auf die Philosophie der Liebe. Er sagt noch einmal dieselben Worte:
„Alles ist nur für einen guten Ausgang geschehen."
Nārāyana Reddy denkt: „War es also die Anstrengung, das Auto daran zu hindern, in die Tiefe zu rollen, dass Bāla Sai seine Hände verletzte?"
Srimāti Jayalakshmi ist verwundert, Nārāyana Reddy zu sehen, der der größte Grundbesitzer und der Bürgermeister der Stadt ist und zu ihr ins Haus kommt. Sie begegnet ihm aufgeregt, als sie ihn sieht:

„Wie lange ist es her, dass Sie hier waren, lieber Bruder? Ich wäre selbst zu Ihnen gekommen, wenn Sie eine entsprechende Botschaft geschickt hätten. Was ist der Grund für Ihr Kommen?"
Nārāyana Reddy erfährt, dass im ruhigen Betrachten Bāla Sais Tausende von Segnungen und Millionen von Wohltaten sich in Sauerstoff verwandeln und seinen Körper umfassen. Er sagt sanft:
„Ich habe erfahren, dass unser Bāla Sai Verletzungen an den Händen hat."
„Also hat die Angelegenheit auch Sie erreicht. Lehren Sie diesen Burschen eine Lektion! Er erzählt mir nicht, wobei er sich verletzt hat. Wenn ich frage, was passiert ist, wechselt er das Thema und versucht, mich zu beschwatzen. Finden wenigstens Sie die Ursache heraus!"
So äußert sie ihren Ärger ihrem Sohn gegenüber.
„Ihr Sohn wird nicht völlig umsonst verletzt sein. Dafür muss es einen triftigen Grund gegeben haben. Sprich, Bāla Sai. Du bist das Erscheinen Gottes in einer Gestalt und in der Lage, Wunden zu heilen. Wie konntest du dann selbst verwundet werden?"
In den Augen Bāla Sais, der wie ein stiller Laut erscheint und wie eine unsichtbare Manifestation, nimmt plötzlich der Liebreiz zu. Wie nicht rezitierte Poesie wird er zu überzeugender und majestätischer Heiterkeit, die ihn mit langen Atemzügen und Seufzern sanft werden lässt. Er spricht wie in tiefer Meditation:
„Uncle, wenn Sie sagen, ich müsse es aussprechen, dann erzähle ich es Ihnen."
„Ich möchte es um jeden Preis wissen. Sag mir, wie wurden deine Hände verwundet?"
„Wenn jemand tut, was nicht zu tun er gebeten wurde, dann wird das so enden wie dieses."
Nārāyana Reddy erschrickt. Er fühlt, dass diese Worte in Anspielung auf ihn selbst gesprochen werden. Er sagt voller Eifer:
„Hast du etwas getan, was nicht zu tun jemand dich gebeten hatte oder hat irgendjemand auf eine Art gehandelt, die du verboten hattest?"

„Uncle, jemand tat, was nicht zu tun ich ihn gebeten hatte."
„Wie konnten dann eine Hände verletzt werden?"
„Wenn ich nur wegen dieser kleinen Wunden gezögert hätte, dann wären einige Personen gestorben, Uncle."
Bāla Sai schließt die Augen wie in Meditation:
„Das Fahrzeug, das die Spur verloren hat, rollt abwärts. Es wendet sich dem Abhang zu und seinem Untergang... Ich habe die Mutter und das Kind mit großer Kraft herausgezogen. Bevor ich noch neue Energie gesammelt habe, halte ich auch das Auto. Da ist ein Ruck. Ich kann es halten, so dass es nicht weiter in den Abgrund fährt. Jedoch den Verletzungen an den Fingern kann ich nicht entgehen."
Srimāti Jayalakshmi kann dem, was Bāla Sai erzählt, nicht folgen. Aber Nārāyana Reddy, der an Gott glaubt, erscheint Gott einmal mehr in Bāla Sai, und er hört die göttliche Stimme in seinen Worten. Seine Augen werden leicht ein wenig feucht. Seine Vermutung geht nicht fehl.
Er ist trotz Bāla Sais Warnung auf diese Reise gegangen. Sie konnten aus der irrsinnigen Gefahr auf unvorstellbare Weise gerettet werden, aber Bāla Sais Finger sind um ihretwillen gebrochen. Trotz allem, was geschehen ist, gibt er seinem Leiden keinen Ausdruck. Stattdessen erklärt er voller Zufriedenheit, dass alles gut verlaufen ist
Nārāyana Reddy hat von Lord Vishnu gehört, der vor langer Zeit den Elefantenkönig vor dem Krokodil gerettet hat. Nun ist er in der Lage, den Gott mit eigenen Augen zu sehen. Ihm kommt der Gedanke, dass seine Hingabe sich nicht allein im Falten seiner Hände voller Hochachtung ausdrücken kann. So sitzt er ganz hingerissen nahe bei Bāla Sai. Er berührt die Hände Bāla Sais, der ein Idol eines beweglichen Gottes zu sein scheint.

„Warum hast du solch eine Unannehmlichkeit auf dich genommen, um einen zu retten, der deinen Rat, diese Reise nicht zu unternehmen, einfach abgetan hat?"
„Ich konnte es nicht als eine Mühe ansehen," setzt Bāla Sai sich lachend darüber hinweg.

„Sie können es nicht vermeiden, Uncle. Wenn ein Felsbrocken nicht ein bloßer Klotz aus Stein bleiben, sondern ein Standbild werden möchte, das von vielen verehrt wird, dann sollte er auch einige Schläge mit dem Meißel erhalten."
Nārāyana Reddy schaut ihn an mit Augen, die von Liebe erfüllt sind.
„Sollte man, um ein Gott zu werden, Verletzungen in Verse umwandeln?"
„Lieber Uncle, Verletzungen und Idylle existieren nicht getrennt von einander. Gleichermaßen sind Ikone und Meißel nicht verschieden. Dies zu verstehen ist spirituelle Weisheit. Im spirituellen Leben ist alles voller Freude. Im spirituellen Leben gibt es nichts dergleichen wie Plage und Schmerz."
„Trotz all dem, was passiert ist, zu denken, dass nichts geschehen ist – das ist nur dir möglich, aber es ist unmöglich für jemanden wie mich."
„Lieber Uncle, ich habe Sie nicht als getrennt von mir empfunden. Deshalb warnte ich Sie davor, die Reise anzutreten. Nachdem Sie abgefahren waren, wurde es unvermeidlich für mich, meine Aufregung zu unterdrücken und die Verantwortung für Ihre Rettung zu übernehmen. Wenn ich das nicht getan hätte, hätten Sie nicht vor Ihrem Untergang bewahrt werden können, und Sie würden es mir nicht verziehen haben."
Nārāyana Reddy versteht dies nicht.
„Es ist so, Uncle," äußert Bāla Sai, als verkünde er eine unangefochtene Wahrheit. „Während viele Leute ihr Leben in ein Gewerbe oder einen Handel verwandelt und ihr ganzes Leben nur fürs Geld-Verdienen eingesetzt haben, gaben Sie vieles von dem, was Sie verdienten, zum Wohl vieler anderer aus.
Sie haben Tempel gebaut, die für vermehrten Gottesdienst der Menschen der gegenwärtigen Gesellschaft nötig sind, in der der Atheismus zunimmt. Durch ständige Gottesverehrung und Meditation leiten Sie die Menschen auf dem Weg der Tugend an. Wenn kein Gott Sie retten könnte, dann wäre für Sie die Existenz Gottes selbst fragwürdig geworden. Da dies so ist, ent-

spricht Ihre Rettung der Rettung Hunderter und Tausender Devotees. Daher traf ich in Ihrem Fall Vorsichtsmaßnahmen." Nārāyana Reddy schließt seine Augen in Ekstase, als Bāla Sai sinnbildlich zum Ausdruck bringt, es sei nicht möglich, einen Fluss zu überqueren, ohne nasse Füße zu bekommen:
„Ohne Kummer ist es unmöglich, erfolgreich aus dem Kampf des Lebens hervorzugehen, und Göttlichkeit, die nicht ihren Segen über ihn ausgießt, ist für den Menschen nicht annehmbar."
„Ohne die Notwendigkeit Jahrtausende währender tiefer religiöser Meditation in den Wäldern und ohne das Studium der Weisheit der Veden und ohne dass wir metaphysische Visionen erlangt haben, hast du uns in die Lage versetzt, sehr leicht und einfach Zeuge von Göttlichkeit zu sein – und davon, dass du für Leute um dich herum wie mich Leiden auf dich nimmst. Oh, Bāla Sai! Sprich! Beauftragst du mich wenigstens jetzt, bereit zu sein für den Bau eines Āshrams?"
„Wenn die richtige Zeit kommt, werde ich selbst um Ihre Hilfe bitten, Uncle... Es gibt noch ein paar Dinge, die nicht herangereift sind. Erlauben Sie mir, diese erst zu erledigen."
Bāla Sai denkt an einige unvorstellbare künftige Ereignisse.

Während diese Unterhaltung hier stattfindet, kommen in einem anderen Ort ein paar Leute zu Sambu Reddy gelaufen.
Sie sagen:
„Vira Reddy ist in der Hand von Rajendra Reddy."
Sambu Reddy erschrickt. Er ist bereits über den Fehlschlag seines Komplotts beunruhigt. Wenn nun einer seiner Komplizen wie Vira Reddy die Wahrheit sagt, dann ergibt sich ein großer Schaden für ihn. Der Grund dafür ist, dass in vielen der zahlreichen Anschläge auf Nārāyana Reddy dieser Vira Reddy eine bedeutsame Rolle gespielt hat.

Om Namo Bhagavate Sri Bāla Sai Bābāya Namah

29

Rajendra Reddy bindet Vira Reddy an einen Baum mitten in der Stadt. Vor etwa einer halben Stunde haben seine Leute ihn aus seinem Haus herausgeholt und ihm übergeben. Rajendra erinnert sich, Vira Reddy bei den Personen gesehen zu haben, die nach dem Auto-Unfall die Bomben geworfen haben, und fragt ihn: „Wer hat Sie veranlasst, die Bomben zu werfen? Ist es Sambu Reddy?"
Er ist bereit für den Beginn einer Massenvernichtung...
„Weiß nicht."
Rajendra Reddy schlägt ihn mit voller Wucht auf die Wange.
„Ich schone Sie nicht, wenn Sie sagen, Sie wüssten es nicht. Ich will die Wahrheit wissen: Sie müssen sie vor der Polizei ausspucken! Sambu Reddy muss verhaftet werden. Mach schon, Kerl, sprich!"
Rajendra, der alle Nachsicht verloren hat und sich für jegliche Zurückhaltung außerstande fühlt, nimmt eine Fahrradkette und schlägt ihn grün und blau. Die Menschen, die sich darum herum versammelt haben, sehen gespannt zu.
Rajendra fängt an, auch seine Füße einzusetzen, und mit der Fahrradkette in den Händen foltert er ihn fürchterlich. Wenn dies nur noch zehn Minuten so weiter ginge, würde Vira Reddy sein Leben einbüßen. Genau in diesem Augenblick kommt Bāla Sai zusammen mit Nārāyana Reddy zu der Stelle.
Bāla Sai sagt überhaupt nichts. Aber Nārāyana Reddy tritt plötzlich hervor und ergreift Rajendra. In einem Anfall von Zorn zieht er ihn beiseite und sagt:
„Bist du verrückt?"

„Lass mich, Schwager. Ich finde keinen Seelenfrieden, bevor nicht dieser Kerl, der die Bomben warf, um uns zu töten, und Sambu Reddy, der einen entscheidenden beherrschenden Einfluss auf ihn hat, hinter Gitter gebracht sind."
Rajendra Reddy zittert vor unkontrollierter Wut.
Vielleicht schmilzt Bāla Sais Herz beim Anblick der schwierigen Lage Vira Reddys, der mit seinem letzten Atem um sein Leben kämpft. Er sagt:
„Warum tun Sie all das, Vira Reddy? Sie sind in ein Leben geraten, das seine Spur verloren hat, und Sie haben Ihren Bruder verloren. Ihr Vater ist im Gefängnis gelandet. Nun wollen Sie auch noch einen rechtschaffenen Menschen wie Nārāyana Reddy angreifen. Wollen Sie genügend Sünden für ein weiteres Leben ansammeln?"
Rajendra Reddy, der sich bis dahin auf eine starrsinnige, eigenwillige Weise verhalten hat, schaut Bāla Sai voller Verwunderung an. Ein kleiner Bursche wie Bāla Sai fährt fort, über die Familie Vira Reddys in allen Einzelheiten zu sprechen, die niemandem der dort Versammelten bekannt sind. Rajendra, der still dabei steht und die Szene beobachtet, ist sich nicht sicher, ob das, was Bāla Sai sagt, wahr ist oder nicht.
Selbst Vira Reddy, der Bāla Sai voller Aufregung und Verwunderung ansieht, schwankt, als ob ein Gott sich plötzlich manifestiert hat und aus dem Buch seines Lebens vorliest.
„Na, Vira Reddy? Ist das, was ich sage, nicht wahr?" wiederholt Bāla Sai sanft.
„Ihre ganze Familie ist durch Ihren Eifer ruiniert. Jetzt wird auch noch Ihre unverheiratete Schwester durch Pradyumna Reddy Mutter..."
Vira Reddy schüttelt seine Schwäche ab und ruft:
„Nein, Babu! Erzähl nichts mehr!"
Tränen fließen aus seinen Augen, und er faltet seine Hände in Hochachtung und sagt:
„Ich weiß nicht, wer du bist oder wie du dazu kommst, all dies zu wissen. Aber du hast genug gesagt!"

Die Umstehenden scheinen eingeschüchtert oder verängstigt zu sein und beobachten die Szene. Vira Reddy sagt, brennend vor Reue:
„Was mir die ganze Zeit passiert, ist das Ergebnis meiner Sünden. Ich habe mich nie um andere gekümmert. Nun möchte ich mich unter dem Einfluss deiner Worte gern ändern. Ich möchte eine neue Seite im Buch meines Lebens aufschlagen. Es ist wahr, dass ich ein Bösewicht bin. Für Geld kam ich mit Bomben, um Nārāyana Reddy zu töten. Ich werde dir nicht erzählen, wer mich dazu anstiftete, denn wenn ich das täte, geriete ich in Schwierigkeiten. Aber ich stimme zu, dass ich der Grund für all die Gewalt bin."
„Dann vernichten Sie alle Bomben, die Sie hergestellt und in der Hütte hinter dem Tempel in Ihrem Dorf gelagert haben!"
Auf diese Weise enthüllt Bāla Sai öffentlich eine weitere Tatsache.
Vira Reddy sieht aus, als sei das Blut in seinem Körper gefroren. Er kommt zu dem Schluss, dass der, der da vor ihm steht und spricht, sicherlich ein Gott ist.
Der Platz, an denen die Bomben gefertigt werden wie von Bāla Sai erwähnt, ist weder den Leuten im Dorf bekannt noch der Polizei. Als Bāla Sai den Ort nennt, der heimlich bewacht wird, sagt Vira Reddy zitternd:
„Ich werde sie zerstören, Babu. Ich verspreche dir, dass ich in meinem ganzen Leben niemals mehr Bomben herstellen werde."
„Wenn Sie Ihr Wort brechen und doch wieder welche anfertigen, werden Ihre Bomben nicht mehr zu gebrauchen sein, da meine Augen mit ihnen in Kontakt gekommen sind. Sie werden sich in Girlanden verwandeln und Ruhe bewahren wie jene, die Sie dieser Tage verwendeten."
Vira Reddy erschrickt, als ob die Erde unter seinen Füßen bebt. Seine Kehle ist ausgetrocknet, als er bedenkt, dass dies das erste Mal war, dass so etwas geschah. Nie vorher ist das passiert. Nicht nur er, sondern auch Nārāyana Reddy und Rajendra sind sprachlos.

„Vira Reddy, denken Sie nicht darüber nach, warum der Fehlschlag eintrat. Erkennen Sie die Wahrheit, dass die Dinge sich nur so abspielen werden, wenn Sie Göttlichkeit vernichten wollen, der Sie die Schlechtigkeit in sich selbst nicht zerstören konnten. Sie hätten mit derselben Entschlusskraft Gott werden können, aber Sie haben sich diesen Zustand entgehen lassen. Sie sind ein Handlanger von irgendjemandem und benutzen tödliche Waffen. Verstehen Sie doch die Wahrheit, dass dies nicht ein Verlangen ist, das in Ihnen selbst entstand! Ist es nicht so?"
Bāla Sai kommt noch ein paar Fuß näher und schaut Vira Reddy in die Augen.
„Was Sie getan haben, war für Sie selbst nicht nötig, sondern nur, um jemand anderen zufrieden zu stellen und um sich mit dem so Verdienten zu vergnügen. Nicht wahr? Aber was sichern Sie sich damit? Nur um sich Sinnenfreuden zu sichern, haben Sie das soziale System zerbrochen und so Ihren Körper verwundet. Genau wie ein Fisch, der Sklave seiner Wünsche wird und den Köder am Angelhaken zu schlucken versucht, so sind Sie nun in Probleme verstrickt. Leben Sie wenigstens von nun an mit Urteilsfähigkeit und Unterscheidungskraft! Wie auch immer Sie bisher gelebt haben, nehmen Sie wenigstens diese kürzliche Erfahrung in sich auf! Sehen Sie dies als die Predigt des Lehrers an! Bis jetzt haben Sie in dem Denken gelebt, dass Ihr Hunger gestillt wird, wenn jemand anders Nahrung zu sich nimmt. Verstehen Sie nun die Wahrheit, dass Sie zugunsten Ihrer Gesundheit die Medizin selber nehmen müssen! Gehen Sie!"
Als ob dies der letzte Moment sei, die Bindungen abzubrechen, fallen plötzlich rings um Vira Reddy die Fesseln.
Bis vor wenigen Augenblicken hat Vira Reddy Angst gehabt, er würde keine Chance erhalten zu überleben und umherzulaufen. Nun empfindet er vielleicht, dass der Tod seinem vergangenen Leben vorzuziehen sei. Oder vielleicht ist er auch als Mensch verwandelt, transformiert durch die Philosophie der Liebe eines Gottes...
Gut, wie dem auch sei – er geht direkt auf Nārāyana Reddy zu und berührt dessen Füße. Als Tränen von seinen Augen tropfen,

steht er still auf und geht fort aus der Mitte der Leute aus dem Dorf.
Rajendra Reddy, der bis soeben die Erfahrung der Glückseligkeit einer anderen Welt gemacht hat, indem er die Vision der Vielfältigkeit Bāla Sais – sein Existieren in allen Formen – gemacht hat, wurde auch Zeuge davon, dass Vira Reddys Fesseln herabfielen. Dies ist jenseits aller Logik, und so fragt er Bāla Sai zögernd:
„Wie konnten die Fesseln geöffnet werden, ohne dass irgendjemand sie losgebunden hat?"
Bāla Sai sagt gütig:
"Ich habe keinerlei Zauber angewandt, Rajendraji. Ich habe auch kein unorthodoxes Wissen demonstriert. Ich habe nur gewünscht, dass die Fesseln zerbrechen mögen, die durch die Schlechtigkeit einer fehlerhaften Mentalität entstanden waren. So konnte ich Vira Reddy von den Fesseln befreien."
„Aber wie konnte das geschehen?"
„Rajendra, genauso wie es möglich war, Ihr Auto vor dem Absturz in das Tal zu bewahren und die Bomben am Explodieren zu hindern, so wurde dies hier auf ähnliche Weise möglich.
Rajendra mag zum Rationalismus tendieren, aber er ist kein Atheist. Dennoch kann er es nicht ertragen, dass vor seinen eigenen Augen so viele seltsame Dinge passieren.
Schließlich sagt Bāla Sai zu Nārāyana Reddiji:
„Uncle, ich habe Vira Reddy befreit in einer Anstrengung zu beweisen, dass sogar Hass allein durch Liebe besiegt werden kann. Habe ich einen Fehler begangen?"
Nārāyana Reddy antwortet wie ein Devotee:
„Kann ich deine Ideen in Frage stellen, Bāla Sai? Ich möchte die Befreiung erlangen, indem ich die ‚Līlās' Gottes betrachte, der aus dem Heiligtum herauskommt, um mich in jedem Augenblick zu retten. Was auch immer du tust, ist annehmbar für mich."
Bāla Sai äußert besänftigend einen Seitenhieb Rajendra gegenüber, der ihn voll Verwunderung beobachtet:
„Armer Rajendra. Er leidet, weil er die Gelegenheit versäumt hat, einen Feind zu töten, dessen er habhaft geworden war."

Selbst jetzt noch kann Rajendra die Situation nicht verstehen, und er scheint erschrocken zu sein.

„Deshalb leide ich nicht, Bāla Sai. Ich bedaure, nicht in der Lage zu sein, die Dinge logisch zu verstehen, die du tust, obwohl du wie ein gewöhnlicher Sterblicher erscheinst."

„Wenn Sie sie verstehen wollen, müssen Sie erst geistig dazu bereit sein, Rajendra."

„Wie kannst du sagen, dass ich nicht bereit bin?" fragt Rajendra verblüfft. „Ich kann dich doch nur fragen, weil ich bereit bin!"

„Wenn ein Mensch bereit ist, wird er eine Antwort suchen und nicht selbst zur Frage werden."

„Habe ich mich in eine Frage verwandelt?"

„Das genau ist es, Rajendra. Sie haben sich mit Ihrer Weisheit des Rationalismus über mich lustig gemacht, seit Ihre Schwester und Ihr Schwager Ihnen von mir erzählt haben."

Rajendra erschrickt, als wenn eine Bombe an seiner Seite eingeschlagen wäre. Wenn jedes Wort, das er gesagt hat, Bāla Sai bekannt ist, so heißt das...

Ob er Bāla Sai fragen möchte, wie sogar das möglich ist oder ob er ihm sagen will, dass er sich entschlossen hat, ihm keine weiteren Fragen zu stellen...

... jedenfalls ist Bāla Sai nicht mehr da, als Rajendra nach ihm ausschaut.

Mit einer Stimme, die einem Murmeln gleicht, sagt Rajendra: „Ich gebe es zu, Schwager. Wahrheiten, die wir erfahren haben, können nicht einfach Unwahrheiten sein, nur weil die Wissenschaft sie nicht verstehen kann... Bāla Sai gehört in diese Kategorie. Nach all diesem hier möchte ich wohl Bāla Sai als Gott bezeichnen."

Rajendra schließt seine Augen wie in Meditation.

Om Namo Bhagavate Sri Bāla Sai Bābāya Namah

30

Sambu Reddy lacht wie die schwarze Kobra, die ihre Augen geöffnet hat. Traurig steht er von seinem Stuhl auf. Er sagt: „Also wird Vira Reddy von nun an nicht mehr als mein Mann leben. Indem er die Vergangenheit vergisst, wird er den Rest seines Lebens in Meditation verbringen wie ein Heiliger."
Die Zigarre in seinem Mund glimmt und verglimmt wie ein Glühwürmchen.
Er geht zusammen mit seinem Bruder Pradyumna Reddy in die Dunkelheit der Umgebung hinaus.
Es ist unerträglich. Es ist beleidigend.
Im geeigneten Augenblick hat er Nārāyana Reddy töten wollen und hat eine fehlerlose Verschwörung angezettelt, aber er zog schmerzlich den Kürzeren. Außer den geplatzten Reifen hat niemand auch nur die Spur einer Wunde.
Sambu Reddy schaut seinen Bruder an und bemerkt:
„Ich verstehe nicht, wie all das passiert ist. Vor allen Dingen: Vira Reddy wurde gefangen. Um Einzelheiten über mich zu erfahren, hat dieser Kerl Rajendra Reddy ihm tödliche Schläge verabreicht. Wenn es stimmt, dass Nārāyana Reddy Großmut gezeigt hat, um sich einen guten Namen zu machen und Ruhm zu erlangen, dann ist das ein Verlust für mich, der ich doch meine Position in der künftigen Politik stärken will."
Sambu Reddy führt einen unvorstellbaren Kampf und ungeachtet der Tatsache, dass er des längeren weiter reden möchte, unterbricht Pradyumna Reddy ihn und sagt:
„Vishwanatha Sāstriji sagte mir, es sei nicht Nārāyana Reddys Intelligenz gewesen!"

Sambu Reddy sieht überrascht aus. Er meint:
„Du hast also Sāstriji getroffen?"
„Ja, Bruder, ich habe eine Menge Einzelheiten erfahren. Neuerdings gibt Nārāyana Reddy nicht mehr Acht auf den Rat Sāstrijis. Er läuft einem kleinen Jungen hinterher, der Bāla Sai heißt."
„Armer Kerl. Ist er so tief gesunken?"
Sambu Reddy lacht verächtlich.
„Bruder, Vishwanatha Sāstri hat auch mal so gedacht. Aber ich habe noch etwas mehr in dieser Stadt erfahren."
Sambu Reddys Augebrauen ziehen sich zusammen.
Pradyumna Reddy sagt:
„Alle in der Stadt sagen, dass Bāla Sai kein gewöhnlicher Sterblicher ist, sondern sogar eine Manifestation Gottes. Daher kann er in jedem Augenblick die Leute aus der Stadt beschützen und auch den Bürgermeister von Kurnool, Nārāyana Reddy."
Sambu Reddy sieht nachdenklich in die Dunkelheit hinaus. Wie der Wind so sanft wie das Seufzen des Todes weht, die Schichten der Dunkelheit durchdringend, beobachtet Sambu Reddy die Natur unwirsch mit den Augen eines wilden Tieres und analysiert die Worte seines Bruders. Er sagt:
„Glaubst du an Märchen oder Legenden, Pradyumna?"
„Ja, das tue ich, Bruder."
„Also glaubst du an Tugend und Sünde?"
Pradyumna ist sich nicht dessen bewusst, warum sein Bruder solche Fragen stellt. Er antwortet jedoch:
„Ich glaube an sie, Bruder."
„Warum hast du dann Girija betrogen, die Schwester von Vira Reddy?"
Pradyumna Reddy erschrickt. Er mag nicht, dass die Unterhaltung sich plötzlich Girija zuwendet.
„Warum hat Vira Reddy dich dann nicht zur Rede gestellt, als seiner Schwester so viel Unrecht geschah? Sag es mir, Pradyumna!"
„Aus Furcht vor dir."
„Aber derselbe Vira Reddy fürchtet sich jetzt nicht mehr vor mir und hat mir sagen lassen, dass er an meinen Aktivitäten nicht

mehr teilnimmt. Er hat es nicht einmal nötig, mit mir zu sprechen. Was heißt das dann? Er hat die Partei von Nārāyana Reddy ergriffen. Er wartet auf eine Gelegenheit und wird versuchen, mir Schaden zuzufügen. Nicht wahr?"
Pradyumna vergisst all seine Gedanken. Er sagt:
„Es erscheint mir merkwürdig, dass du plötzlich so redest."
„Lieber Bruder, der Kerl, der sterben sollte, lebt und läuft herum. Das ist genauso merkwürdig für mich. Vira Reddys Absage an seine alten Tätigkeiten erscheint mir wie ein Plan. Du weißt, dass im ganzen Rayala Seema nur Vira Reddy außergewöhnliche Erfahrung in der Herstellung von Bomben hat. Ein Viertel Jahrhundert lang war er für mich eine einzigartige Hilfe."
Sambu Reddy macht eine Weile Pause und fährt dann fort:
„Solch einen Mann müssen wir uns nun greifen. Das heißt, du solltest ihm versprechen, dass du sie nun heiraten willst."
Als er seinen Bruder verblüfft ausschauen sieht, fügt er hinzu:
„Nur ein Versprechen. Du musst sie nicht heiraten."
Pradyumna hat das Gefühl, dass sein Bruder wegen der Sache unnötig aufregt. So überredet er ihn zunächst einmal.
„Wenn Vira Reddy von Nārāyana Reddy begnadigt worden wäre, würde ich zustimmen, dass dein Verdacht wahr ist. Aber Vira Reddy wurde von Bāla Sai gerettet. Vishwanatha Sāstri hat mir das erzählt."
Gedankenvoll sagt Sambu Reddy:
„Glaubt Sāstriji nun also, dass Bāla Sai die Manifestation Gottes ist?"
„Nein, Bruder. Astrologisch betrachtet ist Bāla Sai als besonders hochstehend und hervorragend anzusehen. Das ist der Grund, weshalb Nārāyana Reddy, der ihm verbunden ist, gerettet wurde. Wenn Nārāyana Reddy in Zukunft die Unterstützung Bāla Sais genießt, kann niemand ihm Schaden zufügen."
Sambu Reddy seufzt:
„Bāla Sai bewahrt also Nārāyana Reddy davor, schwach zu werden."
„Sollen wir ihn entführen?" schlägt Pradyumna nun vor.

Sambu Reddy antwortet nicht. Er zündet sich noch eine Zigarre an. Er schickt Hass in sein Blut, als ob er einen äußerst wirksamen Plan aussheckt, um menschliche Werte zu beschneiden, d.h. sie zu zerstören. Er geht auf und ab und bleibt plötzlich stehen.

„Nein, Pradyumna. Ich denke, es ist nicht in unserem Interesse, Bāla Sai weiter wachsen und eine göttliche Hilfe für Nārāyana Reddy darstellen zu lassen, da Bāla Sai bereits in diesem kindlichen Stadium unseren Plan indirekt zunichte gemacht hat. Ich will ein Experiment in Bezug auf seine Langlebigkeit durchführen, um herauszufinden, ob er wirklich ein Mensch von so edler Herkunft ist."

„Wie?" fragt Pradyumna.

„Durch den Gebrauch von Gift," antwortet Sambu Reddy.

„Wir können die Stadt nicht betreten!"

„Aber Vira Reddy kann gehen. Er kann Reisbrei hinbringen und Bāla Sai liebevoll auffordern, ihn zu essen. Wenn das nicht machbar ist, könnte Vira Reddys Schwester Girija auf dein Betreiben hin Bāla Sai treffen und ihn im Auftrag ihres Bruders irgendetwas essen lassen."

Pradyumna hält den letzteren Plan für den besseren und trifft Girija heimlich noch in derselben Nacht. Er erzählt ihr, Bāla Sai sei ihm im Traum erschienen und habe ihn an sein falsches Handeln erinnert. Er gibt vro, sehr besorgt zu sein, und versichert ihr, dass er sie heiraten wird.

Am nächsten Tag gibt er ihr „Prasādam vom Gottesdienst im Tempel". Er bittet sie, dafür zu sorgen, dass Bāla Sai ihn isst, und dann zurückzukehren.

Ein Komplott, einer göttlichen Manifestation Gift zu übergeben, nimmt Gestalt an, als Girija einverstanden ist und aufbricht.

Om Namo Bhagavate Sri Bāla Sai Bābāya Namah

31

Es ist früh am Morgen.
Die Tautropfen auf Blumen und zarten Zweigen funkeln, als ob die Allumfassende Mutter von einem Tränen-Regen durchtränkt ist.
Die Strahlen der Morgensonne berühren abgeschrägt die Erde und sind erfüllt von Mattigkeit, wie wenn sie nicht imstande seien zu reflektieren, und so werden sie blass auf den grünen Wiesen, als ob die Fundamente für das Grab Kāla Purushas gegraben würden.
Die Schwingungen des Windes sind müde geworden vom wiederholten Umherschweifen in der Anstrengung, die Existenz der Zungen des Todes zu suchen, die inmitten von Geburt und Tod anhalten und sich weiter bewegen, wobei sie die Botschaft weitertragen, dass das Leben jedes menschlichen Wesens, dem die Vision des Höchsten Geistes versagt ist, eine Einladung an den Tod darstellt.
Wie eine Illustration für den baldigen Beginn einer harten, schlechten Behandlung beginnt die Natur sich für die Hauptszene vorzubereiten.
Bāla Sais Freunde, die unter den Bäumen des Haines Mangos sammeln, suchen die reifen Früchte. Wenn sie bloß eine finden würden, dann würden sie sehr gern Bāla Sai zu essen geben.
Karim, der noch vor den anderen ein paar Mangos gefunden hat, nähert sich Bāla Sai, der zurückhaltend etwas abseits sitzt, und schaut in sein Gesicht, das heute irgendwie anders aussieht als sonst.
Er fragt leise:

„Magst du sie essen, Bāla Sai?"
Aus den Gedanken auftauchend sieht Bāla Sai Karim an und lächelt sanft. Er nimmt die Mango von Karim in Empfang und ist im Begriff, sie gedankenverloren zu Munde zu führen, gänzlich des Umstandes unbewusst, ob sie unreif oder reif ist. Karim will ihn davon abhalten, hineinzubeißen und sagt:
„Das ist keine reife Frucht, sie wird sauer sein!"
Bāla Sai schaut ihn ruhig an und sagt:
„Wenn sie sauer ist, warum gabst du sie mir dann? Du wolltest, dass ich sie esse."
„Nein, Sai! Um dich von deinen Gedanken abzulenken, gab ich dir die unreife..."
„Ich muss sie essen, weil du sie mir aus Liebe gegeben hast."
Karim kann nicht antworten.
Bāla Sai sagt:
„Karim, ich mache keine Unterschiede zwischen den beiden Arten. Beides ist dasselbe. Ich weise nichts zurück, wenn es mir nur aus Liebe gegeben wird."
„Nein, Sai. Die unreife und die reife Frucht sind nicht dasselbe."
Bāla Sai entgegnet:
„Ich widerspreche dir, Freund. Selbst wenn du mir voller Liebe eine unreife Mango gegeben hättest, wäre sie für mich eine reife Frucht geworden in dem Moment, in dem du daran dachtest, sie mir zu geben."
„Ich verstehe dich nicht," sagt Karim.
„Was ich dir erzähle, hat mit deiner Haltung der Liebe zu tun, Karim. Bis vor kurzem bist du wohl unreif gewesen und hattest kein Vertauen zu mir. Aber als du anfingst, mich zu lieben, wurdest du mit der Reifung deiner Gedanken eine reife Frucht. Auch du bist gereift mit dem Wachstum deiner Philosophie der Liebe. Ich, der ich solch ein Vertrauen habe, schaue auf den Geist des Gebenden und kümmere mich nicht um die Dinge, die gegeben werden."
Karim versteht ein wenig.
„Diese Mango wuchs auf einem Baum, der Schöpfung heißt. Wenn sie den Höchsten Geist kennen würde, würde sie eine

reife Frucht, und sie würde andere sättigen. Später fällt dann der innere Kern zu Boden und wird so zur Ursache für die Geburt eines weiteren Baumes. Stimmt das nicht auch für das Leben der Menschen?"
Karim weiß nicht, warum Bāla Sai in diesem Moment sagt, er würde alles annehmen, das ihm mit Liebe angeboten wird, da die Philosophie der Liebe eben derart ist. Er schaut Bāla Sai unverwandt an, der fähig ist, jedem Wort eine gefällige Bedeutung zu geben, und fragt:
„Wirst du für immer bei uns bleiben, Bāla Sai?"
„Wenn ihr es mir erlaubt, warum sollte ich dann nicht bei euch bleiben?"
Das ist schon wieder eine seltsame Antwort.
„So meine ich das nicht. Wir sind arme unbedeutende Freunde und haben nicht deine außergewöhnliche Intelligenz... Ich frage dich, ob du – sobald du ein berühmter Mann geworden bist – immer noch zustimmen würdest, uns als Freunde zu haben."
„Sicher werde ich euch als meine Freunde akzeptieren. Aber ihr alle müsst euch ... erwerben und aneignen..."
Bāla Sai sieht Karim an, der sprachlos ist, und lacht:
„Nein, nicht Geld.... Weisheit.... Weisheit, die viele zu Besitzenden macht. Weisheit, die euch auch dann noch bleibt, wenn ihr außerordentlich viel davon verbraucht, um euch selbst zu reformieren. Wenn ihr das zu eurem Reichtum macht, werde ich bei euch bleiben – als euer Gefangener."
„Selbst jetzt schon könnten wir nicht fortbestehen, ohne dich zu sehen. Um dich bei uns zu behalten, werden wir gewiss Weisheit erwerben, wie viel auch immer..."
„Liebe Freunde, Selbst-Verwirklichung ist nichts anderes als euer Unvermögen, leben zu wollen, ohne mich zu sehen. Ihr seid aber bis jetzt noch nicht zu diesem Stadium herangereift."
Inzwischen ist die ganze Gruppe von Bāla Sais Freunden herangekommen. Er spricht sie alle an und sagt:
„Ihr wisst ein wenig von dem, was ich bin. Und ihr bietet mir voller Liebe Früchte an und lasst mich sie essen. In Zukunft jedoch werde ich euren Geist genauso wie euren Magen füllen.

Ich werde essen, was ihr mir anbietet. Ich werde euer Diener sein und leben, um euch zu beschützen."
Alle sitzen wie in einem Traum um ihn herum. Bāla Sai, der ihnen genau wie eine Form Gottes erscheint, stellt sich selbst als ihren Diener dar. Er versteht, dass dies sie verletzt haben muss, und so streichelt er besänftigend Bāla jis Kopf. Dann sagt er:
„Jemand, der liebevoll denkt, wird sich wie ein Diener verhalten, selbst wenn er unser Vater ist und es sich um seine Kinder handelt. Ist nicht der Vater ein Diener, der seinem Kind bei seinen ersten schwankenden Schritten seine Hand als Hilfe reicht? Ist es nicht Dienst, den die Mutter leistet, wenn sie das Kind mit winzigen Bissen füttert? Warum geschieht all das? Diese Erde ist weit und breit eine Dienerin, die unser Gewicht trägt. Wie sehr wir sie auch treten und verunreinigen – ohne ärgerlich zu werden stillt sie unseren Hunger und versorgt uns mit Ernten. Sie ist die wahre Verkörperung von Geduld. Und ist sie nicht diejenige, die uns Inspiration schenkt?
Deshalb nenne auch ich mich selbst euren Diener."

Die Worte Bāla Sais sind so präzise und so durchdacht, dass sie das unendliche Universum in eine Amöbe – ein Geschöpf, das aus einer Zelle besteht - verwandeln könnten. Er verzaubert sie alle. Alle seine Freunde fassen den Entschluss, für einen guten Freund wie ihn nicht nur ihre Zeit, sondern sogar ihr Leben zu opfern, falls das nötig würde.
Genau in diesem Augenblick ist eine unbekannte Stimme zu hören:
„Babu, Bāla Sai!"
Girija steht vor ihnen und hält ein Gefäß mit Reisbrei in den Händen.
„Ich ging zu deinem Haus, Babu. Deine verehrte Mutter sagte mir, wo ich dich finde. So kam ich hierher."
Bāla Sai schaut sie unverwandt an.
Genau wie Pūtanā, der nicht bewusst war, eine Riesin zu sein, sagt Girija, die wie eine Schachfigur kommt, um das Komplott eines Dämons auszuführen:

„Ich komme aus dem Dorf Gantyada. Ich bin die Schwester von Vira Reddy, den du gerettet hast."
Bāla Sai zeigt sich nicht verwundert. Er sieht sie gelassen an.
„Nur durch deine Gnade konnte mein Bruder nicht nur überleben, sondern wurde überdies in einen rechtschaffenen Menschen transformiert. Das ist eine große Freude für mich, seine Schwester. Wir haben deshalb im Tempel einen Gottesdienst abgehalten, und ich bringe dir diesen Reisbrei."
Bāla Sais Freunde freuen sich noch eher als er.
„Du musst ihn an alle verteilen!" Samuel drängt sie zur Eile.
Bāla ji äußert seine Begeisterung, indem er sagt:
„Ja, wir sind alle Bāla Sais Freunde. Also gib auch uns etwas davon, zusammen mit ihm!"
Girija, der völlig unbekannt ist, dass der Reisbrei, den sie bringt, vergiftet ist, würde ihn gern voller Freude an alle verteilen, aber Bāla Sai hält sie davon ab. Er sagt:
„Nein, da du ihn für mich gebracht hast, lass mich ihn allein essen!"
Er wendet sich an Bāla ji und bemerkt:
„Ja, Bālaji. Ich bin euer Freund und bin besorgt um euren Hunger. Aber ich kann nicht euch allen etwas abgeben..."
Es ist nicht bekannt, warum Bāla Sais Stimme etwas zittert.
„Welche Sünde haben wir denn begangen?"
„Keine Sünde, Freunde. Ihr habt Tugend erlangt dadurch, dass ihr mit mir zusammen seid. Das ist der Grund, weshalb ich euch alle bitte, mir allein die Gelegenheit zu geben, dies hier zu verspeisen."
Bāla Sai hat noch nie die Angewohnheit gehabt, Interesse daran zu zeigen, alles selbst zu essen. Lieber füttert er die anderen. Aber heute verhält er sich seltsam. Keiner von ihnen kann es verstehen. Aber sie neigen schweigend ihre Köpfe, denn sie wollen nicht weiter mit ihm streiten.
„Komm her, Schwester! Ich kann nichts zurückweisen, was mir angeboten wird. Du hast es auf dich genommen, dies von weit herzubringen. Also bin ich begierig, von deiner Hand mit dem Reisbrei gefüttert zu werden."

Girija füttert ihn eifrig mit einigen Bissen. Während er das Essen schluckt, hustet Bāla Sai, da es in seine Luftröhre geraten ist. Er sagt:
„Füttere mich mit all dem Brei, wie du es vorhattest!"
Nicht mit ein oder zwei Happen – mit einem ganzen Dutzend Bissen füttert sie ihn. Zum Schluss sammelt sie die Reste, formt sie zu einem winzigen Häppchen und gibt ihm auch dieses.

Ganz plötzlich erhebt sich ein Wind, als sei er ein Hinweis auf einen kommenden Sturm.
Der bedeckte Himmel vergießt ganz unerwartet ein paar Regentropfen, als ob er mit Blumen aus Tränen Ehrerbietung zeigen will.
Diese plötzliche Veränderung erfüllt Girija wie auch die anderen mit Ängstlichkeit. Girija weiß nicht, was mit der Sonne geschehen ist, die bis dahin geschienen hat, und sie schaut zum Himmel empor.
Inzwischen ist Bāla Sai blau angelaufen. Schwach und keuchend sagt er:
„Geh fort, Mutter... Lauf zurück in dein Dorf, ohne von irgend jemandem gesehen zu werden!"
Es ist entweder eine Anstrengung Bāla Sais, den Körper mit den Gliedmaßen zu verbinden, oder wie eine Bemühung, aus einem Unterstand für Reisende herauszukommen, der durch einen Gottesdienst mit flammenden Blumen Feuer gefangen hat. Er flüstert ihr ins Ohr:
„Mein kleines Mädchen, du hast mir genug Gift gegeben. Geh schnell zurück in dein Dorf, bevor anderen deine Existenz bekannt wird!"
Girijas Augen füllen sich mit Tränen. Hat sie diesem liebreizenden Herrn, der die wahre Verkörperung Gottes ist, Gift verabreicht? Zusätzlich zu den Worten Bāla Sais ist auch die Veränderung an ihm deutlich sichtbar.
„Babu... Ich... hatte nicht vor..."

Wir wissen nicht, welcher mütterliche Instinkt erwacht ist oder welche Geistesebene reagiert – jedenfalls schluchzt Girija heftig.
Bāla Sai unterbricht sie:
„Ich weiß. Der Mann, dem du vertraust, hat dich geschickt, und so kamst du zu mir. Verlass jetzt diesen Ort sofort!"
In diesem Augenblick versucht Bāla Sai, sie zu retten, die solch ein schwerwiegendes Verbrechen begangen hat. Sie möchte nicht fortgehen. Aber Todesangst lässt sie den Platz verlassen.

Alle Freunde sind für ein paar Sekunden verwirrt, nachdem Girija gegangen ist. Dann entsteht Aufruhr und Aktivität in der Gruppe der Freunde Bāla Sais.
Karim fragt mit Tränen in den Augen:
„Was ist dir passiert, Bāla Sai? War es wirklich der Reisbrei, den du gegessen hast?"
Mit dem Tod im Hintergrund wird allen die Kehle trocken.
Bālaji fragt:
„Du färbst dich blau! Was ist mir dir geschehen?"
Bāla Sai möchte vieles sagen, aber er kann Seine Stimme nicht erheben. Er möchte freundlich sprechen und die aufgeregten Freunde trösten. Aber seine Energie reicht nicht aus.
Karim hat als erster die Veränderung bemerkt:
„Hat sie dich nicht mit Gift gefüttert? Du hast das schon zuvor gewusst! Deshalb hast du uns davon abgehalten, den Brei zu essen und hast ihn allein verspeist."
Als Bāla Sais Augen ebenfalls blau werden, schreien alle auf, so dass es widerhallt. Sie wollen sofort weglaufen und Srimāti Jayalakshmi und auch die Leute in der Stadt darüber informieren.
Bāla Sai keucht:
"Nein... lasst meine Mutter nichts wissen... von meinem gegenwärtigen Zustand! Macht euch keine Sorgen!"
Bālaji aber ist äußerst besorgt:
„Wie könnten wir es ertagen, wenn dir etwas passiert?"
Samuel schluchzt:

„Wenn du stirbst..."
Bāla Sai sagt:
„Ich werde wieder geboren!"
„Wir sollten bis dahin weiter leben!"
„Wir können uns an einem anderen Ort in anderer Form wieder treffen."
„Nein, Bāla Sai! Du sollst leben... um unseretwillen... zum Wohl für uns alle!"
Bāla Sai sammelt alle Kraft und macht erschöpft ein Zeichen:
„Bālaji, ich will dir eine Verantwortung übertragen. Kannst du sie übernehmen?"
Zitternd und seine Augen trocknend schaut Bālaji Bāla Sai an, als bitte er ihn zu befehlen:
„Sprich, Bāla Sai! Soll ich irgendwen hierher holen?"
„Nicht um mich zu retten, Bālaji. Du musst den Grandfather retten, der die Ursache für die Verletzung ist, die mir angetan wurde."
Bālaji sieht verwirrt aus. Bāla Sai zieht ihn näher zu sich und sagt ihm heimlich etwas ins Ohr. Daraufhin läuft Bālaji sehr schnell davon.
Bāla Sai erlaubt keinem anderen sonst fortzugehen. Alle stehen sie vor ihm wie Übeltäter. Er wirkt wie eine verblassende rauchfarbene Blüte, die sich über den Himmel ausgebreitet hat.
Bāla Sai hebt seine schweren und kraftlosen Lider und sieht sie alle an.
Er findet Wort um Wort und sagt tröstend:
„Wir sind erst seit Tagen und Wochen zusammen und doch seid ihr aufgeregt und voller Kummer, als wären wir schon seit Äonen verbunden. Ich werde bei euch bleiben. Was mir auch geschieht, ich bleibe an eurer Seite. Gebt die Täuschung auf und wachst zu einem gigantischen Stadium heran. Für Menschen, die Glauben und Vertrauen haben, gibt es keine Vernichtung. Dies allein ist die Wahrheit. Diese Wahrheit ist die Weisheit des Selbst."

Nachdem Bāla Sai in dieser Weise gesprochen hat, verstummt er. Seine Augen, die unentwegt das Universum beobachten, zeigen keinerlei Aktivität mehr.
Die Natur hallt wider von den lauten Schreien der Freunde Bāla Sais.

Om Namo Bhagavate Sri Bāla Sai Bābāya Namah

32

Bālaji, der schnell zum Ufer des Tungabhadra gerannt ist, hält nach Luft schnappend an. Er wollte eigentlich nicht aus der Gegenwart Bāla Sais weggehen. Aber da sein Freund ihn geschickt hat, ist er wie ein Pfeil angeschossen gekommen. Außerdem – obwohl eine Anzahl anderer Freunde verfügbar war, hat Bāla Sai nur ihn mit einer Aufgabe betraut und hierher gesandt. Wie geht es wohl Bāla Sai dort?
Furcht und Aufregung haben Bālajis Herz in ein Sieb verwandelt. Er bewegt sich auf den einsamen sandigen Anhöhen wie ein junger Mann und denkt nur an Bāla Sai. Seine Besorgnis, die sich in Tränen verwandelt, hat ihn in ein hilfloses Stadium versetzt. Er betrachtet die Frauen, die am Ufer des Flusses Wäsche waschen.
Bāla Sai hat ihm gesagt, dass der Enkel von Vishwanatha Sāstri sich in Gefahr befindet, und ihn deshalb hierher geschickt. Aber nicht einmal die Tochter von Grandfather Pūjārī ist hier.
Wenn er nur Sumati sehen könnte, würde er sie warnen mit Worten wie:
„Pass auf deinen Sohn auf, Schwester!" und er könnte umkehren. Aber sie ist nirgendwo zu sehen.
Jeder Augenblick, der vorbeigeht, unterwirft Bālaji einem Angstgefühl, wie es auch ein Henker täte. Er schaut in alle Richtungen, um Bāla Sais Auftrag auszuführen. Er weiß nicht, welche Art von Gefahr wahrscheinlich droht. Aber um Bāla Sais Anordnung zu befolgen, geht er noch etwas weiter am Ufer entlang – wie eine Panzertruppe, die einen Treueschwur wahrt.

Nachdem er ein paar hundert Meter weitergegangen ist, sieht er Sumati am Ufer Wäsche auswringen und würde sie gern ansprechen aus lauter Freude, dass er sie endlich gefunden hat. Aber sie dreht sich plötzlich um, als erinnere sie sich an etwas. Genau das!
Der vierjährige Junge, der noch mit dem Ball spielt, rutscht in den Fluss, während er den Ball fangen will, und die Mutter sieht das. Sie schreit laut und widerhallend in alle Richtungen und weint dann bitterlich um ihren Sohn, der fortgespült wird.
Die Szenerie ist zuerst wie ein paar Worte und im nächsten Moment wie ein stiller Schrei. Bālaji kann nicht darüber nachdenken, wie aufgeregt all die Leute dort sind...
Bāla Sai hat dieses Ereignis vorausgesehen und ihn hierher geschickt wie ein Gott, der sogar die liebt, die ihn hassen. Er erinnert sich an seine Pflicht und springt ins Wasser, um der Mutter zu helfen wie ein Gott, während sie weint wie ein Schmetterling, der seiner Flügel beraubt ist.
Alle Menschen am Flussufer schauen zu, wie Bālaji einen hohen Grad an Mut unter Beweis stellt, um Sumatis Sohn zu retten, der im Fluss davontreibt wie ein irdenes Ölschälchen. Seine Erregung gilt nicht dem Beeindrucken der anderen Leute. Ein Kind, das wie der zunehmende Mond auf der Stirn seiner Mutter erscheint, ist dabei, wie eine flackernde Flamme zu verlöschen. Bālaji setzt sein Leben ein. Wenn er das Kind nicht retten kann – so denkt er – dann wäre es besser für ihn zu sterben.
Er kämpft hartnäckig mit der Strömung und ergreift den Jungen. Die Leute halten den Atem an. Bālaji setzt seine Lebenserwartung von hundert Jahren ein und kämpft gegen den Tod. Und innerhalb von vielleicht fünf Minuten erreicht er zusammen mit Sumatis Kind das Ufer.
Das Herz einer Mutter wird wieder ruhig. Nach einer halben Minute mit Wiederbelebungsmaßnahmen erkennt das Kind seine Mutter, die aus Sorge aufschreit und es an ihr Herz drückt.
Unter Tränen sieht sie Bālaji an und sagt dankbar:

„Wer auch immer deine Mutter ist – du hast wie ein Gott mein Kind gerettet und eine Mutter vor dem Verlust ihres Kindes bewahrt."

Da erst erkennt Bālaji, dass die Tat, die er vollbracht hat, solch einen Wert besitzt. Erst vor kurzem hat Grandfather Pūjārī ihn einen Unberührbaren genannt, und hier preist seine Tochter ihn als einen Gott. Ein bedeutender Mann hat ihn geringschätzig wie ein faulendes Gerippe behandelt – und hier schreibt eine Mutter ihm außerordentliche Größe zu.

Er will fortgehen. Da berührt Sumatis Hand Bālajis Füße. Die unerwartete Situation verwirrt Bālaji. Er tritt zurück und sagt: „Nein, Mutter... Das gehört sich nicht."

Sumati sagt klagend:

„Wie kann ich meine Schuld bei dir begleichen, dafür dass du dein Leben eingesetzt hast, um mein Kind zu retten?"

Om Namo Bhagavate Sri Bāla Sai Bābāya Namah

33

Zur gleichen Zeit...
Bāla Sai, von dem man glaubt, dass er das Bewusstsein nicht wieder erlangen wird, öffnet plötzlich seine Augen. Den erstaunten Freunden erscheint Bāla Sai, der sanft lächelt, wie ein Lichtschein, der die Dunkelheit vertreibt.

Als die ganze Stadt von dem Unfall von Sumatis Kind erfährt, versammeln sich alle Leute innerhalb einer halben Stunde im Shiva-Tempel Shivalayam.
Vishwanatha Sāstri, der glaubt, dass seine Gebete und seine religiöse Meditation für die Rückkehr seines Enkels als eines Überwinders des Todes verantwortlich sind, hat seine Tochter und den Enkel unverzüglich zum Shivalayam gebracht und zelebriert in Gegenwart all der Leute einen Gottesdienst.
Ob er Bāla Sai als den Grund für das Unglück ansieht und als eine der Misshelligkeiten, die dem Ort seinetwegen drohen – oder ob er fest entschlossen ist, dass in Zukunft keinerlei Unglück seine Familie betreffen soll – jedenfalls ruft er in tiefer Konzentration etwa eine Stunde lang alle Götter nacheinander an und führt den Gottesdienst im Namen aller durch.
Nārāyana Reddy, der in einer Ecke gestanden hat, bis die Rituale vorüber sind, nähert sich Sāstriji und sagt:
„Ihre Tochter hätte nicht mit dem kleinen Kind zum Fluss gehen sollen."
Normalerweise würde Sāstriji wohl Reddijis Feststellung zustimmen. Aber er ist inzwischen wegen der Unterstützung, die

Reddiji Bāla Sai gewährt, von Eifersucht und Hass erfüllt, und so bringt er auch hier seinen Zorn zum Ausdruck:
„Reddiji, meine Tochter ist nicht zum ersten Mal mit dem Kind zum Fluss gegangen. Sie hat das früher schon etliche Male getan. Aber die Gefahr bestand nur heute..."
Nārāyana Reddy sagt mit Überzeugung:
„Sāstriji, die Gefahr ergibt sich zu unerwarteten Zeiten. Nur solche Ereignisse nennt man Gefahr."
„Aber es geschah erwartetermaßen!"
Nārāyana Reddy versteht nicht.
„Es ist nur so. Ich habe schon früher gesagt, diese Stadt würde durch die Taten eines kleinen Kerls geschädigt. Sie jedoch blieben ruhig. Die Stadt wird weiterhin im Schatten des Unheils Schaden nehmen!"
„Nein, Sāstriji, diese Stadt ist nicht durch Unglück geschädigt worden. Jedes Ereignis endete positiv. Alles, was geschah, war nur zu unserem Besten – angefangen bei der Entbindung meiner Tochter, dem verhinderten Tod von Satyams Kind und als neuestes im Fall der Rettung Ihres Enkels."
„Das ist Ihre Täuschung," sagt Sāstriji.
„Nein, Sāstriji, das ist wahr," meint Reddiji sanft.
„Sie fahren fort, der Illusion unterworfen zu sein, und unterstützen weiterhin Bāla Sai. Früher oder später wird diese Stadt in einen Friedhof verwandelt sein."
„Grandfather!"
Als jemand nach ihm ruft, dreht Sāstriji sich besorgt um. Nahe der Dhwajastambha des Tempels steht Bāla Sai mit all seinen Freunden.
„Hat sich dein Ärger über mich noch nicht gelegt?"
„Nein. Zur Zeit hat er keine Chance zu verschwinden!" sagt Sāstriji. Er ist erzürnt, denn er schätzt die Ankunft Bāla Sais in diesem Augenblick überhaupt nicht. „Vielleicht wird er nicht vergehen, so lange ich lebe!"
Zusammen mit den dort versammelten Menschen folgt auch Nārāyana Reddy mit Verwunderung dem Streit.
Bāla Sai lächelt mild und sagt:

„Du hast großes Selbstvertrauen, Grandfather. Darum hältst du auch dein Ego die ganze Zeit über lebendig. Du hast Angst vor der Vision der Wahrheit."

„Du kleiner verachtenswerter Kerl! Was bist du im Vergleich zu meiner Erfahrung?"

„Ich gebe zu, dass das gerade eben einem Atom entspricht, Grandfather. Aber du bist es, der nicht bereit ist, einige Wahrheiten zu akzeptieren."

Bāla Sai weiß, dass sein Bemühen, die angestaute Wut in dem alten Mann zu mindern und zu entfernen, nicht dazu geeignet ist, dass dieser seine Existenz billigt. Aber er gibt diese Mühe nicht auf:

„Sagst du nun, dass es nur wegen deiner Fähigkeiten geschah, dass dein Enkel am Leben geblieben ist?"

„Ich wiederhole dreimal, dass es nur wegen meiner Handhabung des Geschehens passiert ist! Ich bin ein Weiser mit Qualitäten wie der ständigen Ausübung Vedischer Rituale. Daher fürchtete sogar der Tod, sich meinem Enkelsohn zu nähern. Die Götter, die meinen Kummer als den ihren ansehen, retteten meinen Enkel."

Bāla Sai lacht laut heraus:

„Armer Grandpa! Hast du so viele Gottesdienste in solch einer Annahme oder Vermutung zelebriert? In Wirklichkeit jedoch war es unser Bālaji, der in dem Moment sein Leben riskierte und gegen den Tod kämpfte."

Sāstriji sieht beunruhigt aus. Sumati senkt voller Furcht ihren Kopf. Bis jetzt hat sie ihrem Vater nur erzählt, dass jemand ihr Kind gerettet hat, aber sie konnte ihm nicht sagen, dass es allein Bālaji war, der diese mutige Tat vollbracht hat. Sie wusste, wie schrecklich ihr Vater darauf reagieren würde. Also hat sie ihm die Wahrheit verheimlicht.

„Was ist los, dass du so sprachlos bist, Grandfather? Wenn du willst, nimm Sumati zur Seite und frage sie unter vier Augen!"

Einige Leute in der Menge greifen die Angelegenheit auf.

„Warum diese Frau, Babu? Wir haben es mit eigenen Augen gesehen. Es war Bālaji, der das Kind rettete, das vom Fluss davongetragen wurde!"
Bālaji fügt sofort hinzu:
„Ja, Grandfather. Bāla Sai kannte die Gefahr im Voraus und hat mich gedrängt, dorthin zu gehen."
Sāstriji sieht äußerst erstaunt aus.
Bāla Sai sagt:
„Selbst wenn du es nicht glauben willst – es ist genau so geschehen.. Deiner angehäuften Sünden wegen wurde dein Enkel Seshu zum Sündenbock. Das kam mir in den Sinn, noch bevor die Situation eintrat. Deshalb bat ich Bālaji, zum Flussufer zu laufen, obwohl ich mich gerade selbst in einer Gefahr befand, da er unter all meinen Freunden als einziger schwimmen kann. Tatsächlich habe ich in dem Augenblick nicht daran gedacht, dass er ein Unberührbarer ist..."
Nārāyana Reddy, der versteht, dass dies wieder eine Ruhmestat Bāla Sais ist, steht in hingebungsvoller Verzückung da.
„Lieber Grandfather! Bitte überdenke alles, was geschehen ist. Vor einiger Zeit wurde Bālaji verboten, den Tempel zu betreten, weil er ein Unberührbarer ist, und nun hat derselbe Bālaji den Spross deiner Dynastie gerettet.
Du hast mir verboten, mit Bālaji Prasādam zu essen, und nun hat dieser Bālaji mit einer makellosen Einstellung verhindert, dass eine Mutter ein Jahrhundert lang Trauer trägt.
Bālaji, den du verabscheust, kennt die Veden nicht. Er versteht auch nichts von den Heiligen Schriften. Er kennt das Ritual des ewigen heiligen Feuers nicht, das obligatorisch zu deiner täglichen Routine gehört. Er weiß nichts über die Bedeutung des Ausdrucks ‚Einhaltung irgendwelcher religiöser Zeremonien'. Aber er sah es als seine Pflicht an, ein lebendes Mitgeschöpf zu retten. Er hat schweigend deine Arroganz in Frage gestellt, die Hass als eine Pflicht ansieht."
Vishwanatha Sāstri neigt nicht den Kopf. Er schließt seine Augen voller Überdruss.
Bāla Sai sagt:

„Lieber Grandfather, ich habe nichts dagegen, vor deiner unendlichen Weisheit wie ein Kind dazustehen. Aber es macht mir Kummer, dass ich nicht verstehe, warum du – der du mit so vielen Kenntnissen für viele ein Ideal geworden bist – deine Gelehrsamkeit nicht verbreitet hast. Muss ich dir sagen, dass etwas über Göttlichkeit zu wissen ganz verschieden ist von der Kenntnis der ersten Gottheit der Hindu-Dreifaltigkeit? Sollte ich dir den Unterschied erklären zwischen Gelehrsamkeit, die man durch das Studium von Büchern erwirbt, und dem spirituellen Verstehen, das aus dem Verhalten entsteht? Wurde Krishna ein Gott, weil er als göttliches Wesen in menschlicher Gestalt herab kam? Ist das der Grund, weshalb wir ihn verehren sollten? Nein, Grandfather. Wir sollten ihn anbeten, weil er uns die Gītā gab, die unser Leben auf den richtigen Weg führen kann. Sollten wir Rāmā einen Gott nennen, weil er nur eine Ehe führte und die Rākshasas tötete? Nein, Grandfather. Wir sollten seine Göttlichkeit verehren, weil er mit klarem Denken und nicht irgendeiner Versuchung erlegen Rāvana tötete, der ein Sklave fleischlichen Verlangens und weltlicher Wünsche war..."

Zum ersten Mal in seinem Leben ist Vishwanatha Sāstri einem inneren Aufruhr ausgesetzt, als Bāla Sai in Ebenen des Denkens eindringt wie Lord Krishna, der uns auf dem Kurukshetra unseres Lebens begegnet.

Es ist nicht Scheu.

Es ist Abscheu vor sich selbst und vor den dummen Fehlern, die er die ganze Zeit über begangen hat.

Bāla Sai sagt:

„Alles, was ich dir hier sage, ist dir bekannt, Grandfather. Aber ich spreche über deine Verstandeskraft, die dich wissentlich und doch Unwissenheit vortäuschend vorwärts stößt. Ich versuche, die Fesseln der Verblendung, die du in diesem Stadium des Lebens nicht zu lösen vermagst, eine nach der anderen durch meine Worte zu zerreißen."

Vishwanatha Sāstri muss nach einer langen Odyssee des Lebens äußerst erschüttert sein, sich selbst eingestehen zu müssen, dass er ein Sünder gewesen ist. Er kann nicht länger dort bleiben und geht langsam und schweigend davon wie ein besiegter Asket.

Nārāyana Reddy preist in Gedanken Bāla Sai dafür, ihm eine Gelegenheit gegeben zu haben, eine unvorstellbare Vision zu erleben.

Er schließt seine Augen anbetend, als Bāla Sai still weiter geht, nachdem er einen starken Gegner mit Liebe besiegt hat.

Aber...

Gegen Abend erfährt Reddiji die Nachricht, dass es einen Versuch gegeben hat, Bāla Sai zu vergiften und dass er in einen lebensbedrohlichen Zustand geraten ist. Er geht noch am selben Abend zu Bāla Sais Haus.

Selbst sein Kommen ist für Bāla Sai nicht unvorhergesehen...

Om Namo Bhagavate Sri Bāla Sai Bābāya Namah

34

Nārāyana Reddy fragt voller Erstaunen:
„Du bist jemand, der große Macht besitzt... Wie kam es, dass dir Gift verabreicht wurde, Bāla Sai? Warum hast du es gegessen, obwohl du doch die Fähigkeit besitzt, im Voraus davon zu wissen?"
„Uncle, ich liebe es, durch Liebe gebunden zu werden. Daher nahm ich wissentlich das vergiftete Zeug zu mir. Ich schluckte die Eifersucht eines Mannes und arbeitete hart daran, sie zu verdauen."
„Stattdessen hättest du die vergiftete Nahrung zurückweisen können!"
„Wenn ich abgelehnt hätte, sie anzunehmen, hätte ich die Gelegenheit verpasst, die Herzen meiner Freunde zu gewinnen. Erst verärgerte ich sie, indem ich all das ‚Payasam' selbst aß, obwohl es für alle gedacht war. Später sagte ich ihnen, dass ich es allein aß, weil es vergiftet war, und so rettete ich in ihren Augen meine Würde als ‚Garalakhanta', der das Gift aller in seiner Kehle verbarg."
Bāla Sai schaut Nārāyana Reddy an, der aufgeregt zu sein scheint, und erläutert weitere Einzelheiten:
„Als der Milch-Ozean gequirlt wurde, kamen Mengen von Gift zutage, und Shiva hielt es ständig in seiner Kehle verwahrt, nur um allen seine Göttlichkeit zu verkünden und nicht, weil er nicht gewusst hätte, wie er es wieder loswürde. Das ist der Grund, warum ich bei einigen Ereignissen ebenfalls ähnlich reagiere."
Reddijis Augen füllen sich mit Tränen, als er Bāla Sai betrachtet, der ihm wie Shiva erscheint, der zum Wohle der Welt im-

stande ist, jede Menge von Schmerz und Leid in seinem Herzen zu bewahren.
Er glaubt fest daran, dass Bāla Sai die göttliche Manifestation schlechthin ist, die - ein Spross an Jahren – schon ein Diener ist für diejenigen, die an ihn glauben, und jemand, der bewirkt, dass man an sich selbst glaubt.
Reddy fragt nicht nach dem Namen der Person, die ihm das Gift verabreicht hat. Der Grund dafür ist, dass er das zu gegebener Zeit von Bāla Sai selbst erfahren möchte.
Sein Glaube geht nicht fehl. In einem anderen Dorf entsteht inzwischen ein Plan, der dafür benötigt wird.

Vira Reddy zittert vor Furcht, als er Girija zuhört:
„Was hast du getan? Du hast mit deinen eigenen Händen dem Gott, der deines Bruders Leben gerettet hat, Gift gegeben? Wie konntest du nur zu so etwas zustimmen?"
Wie ein Verrückter reißt er seine Schwester am Haar. Girija entgegnet nichts. Sie steht schweigend da, vergießt Tränen und glaubt, dass alles durch sie geschah, obgleich sie keine direkte Rolle bei diesem schrecklichen Ereignis gespielt hat.
Vira Reddy stößt seine Schwester voller Zorn von sich.
„Wer, glaubst du, ist Bāla Sai?"
Er würde sie am liebsten in Stücke zerhacken. Aber vor kurzem hat er sein gewalttätiges Verhalten aufgegeben, das er über Jahrzehnte an den Tag legte. Selbst wenn er es nicht schafft, ein Heiliger zu werden, so hat er doch beschlossen, sein Leben nicht als Dämon zu beenden. Auch dies verdankt er Bāla Sai.
„Er ist nicht bloß derjenige, der mein Leben gerettet hat. Er hat mich über mein Leben aufgeklärt. Meine Eltern, meine Frau, selbst die Polizei, die mich ins Gefängnis brachte, konnten mich nicht ändern – während Bāla Sai mich innerhalb von zehn Minuten mit Liebe zu einem Menschen machte. Diesem Bāla Sai hast du solch ein Unrecht getan..."
Er schreit es voller Ungeduld.
Girija sagt:
„Ich war es nicht, Bruder. Es war Pradyumna."

Sie fügt hinzu, dass sie abermals von ihm betrogen wurde.

Als seine Schwester vor einiger Zeit von Pradyumna verführt wurde, konnte Vira Reddy ihm aus Loyalität zu seinem Arbeitgeber noch vergeben. Aber nun beschließt er, dieses Mal nichts zu unterlassen...

In diesen Tagen, da ein Mensch leicht einen anderen zum Unhold machen kann, sollten Dämonen wie Pradyumna vernichtet werden, wenn jene wie Bāla Sai, die selten auf der Erde erscheinen, als Götter erhalten bleiben sollen.

Vira Reddy, der durch Bāla Sai transformiert wurde, hat sich in diesem Augenblick dazu entschlossen, um Bāla Sais willen wieder in der Welt des Verbrechens zu landen.

Om Namo Bhagavate Sri Bāla Sai Bābāya Namah

35

Sambu Reddy ist gründlich erschüttert und fragt seinen Bruder Pradyumna Reddy, der ihm gegenüber steht:
„Wie... wie konnte Bāla Sai überleben, nachdem er das vergiftete Essen zu sich genommen hatte? Hat Girija ihn auch wirklich gefüttert?"
„Lieber Bruder, wie könnte Girija mir Lügen erzählen, nachdem sie mir vertraut und das Zeug dorthin gebracht hat? Es ist wahr, sie hat ihn gefüttert."
Eine lange Zeit schlendert Sambu Reddy nachdenklich umher und schaut in die Dunkelheit, die sich dicht über die Welt ausbreitet.
Tatsächlich ist Bāla Sai nicht sein wahrer Feind. Aber dadurch, dass er seinen Gegner Nārāyana Reddy unterstützt, und wegen der Bedenken, dass sein Anschlag sich wieder als unwirksam erweisen würde, ist Bāla Sai ein Feind geworden. Durch Vishwanatha Sāstri hat er von der Tatsache erfahren, dass Bāla Sai mit seiner astrologisch hervorragenden Planetenkonstellation mit überlegener Kraft ausgestattet ist, um Nārāyana Reddy zu beschützen. Deshalb hat er gedacht, sich des Hindernisses Bāla Sai zu entledigen. Aber er hat wieder einen Fehlschlag erlitten. Das heißt, Bāla Sai ist mächtig.
Jemand, der es liebt, in der Dunkelheit zu leben, wünscht sich eher nicht ein lichtvolles Leben. Sambu Reddy ist ein Beweis für diese Wahrheit. Darum hat er nichts untersucht und nicht über jede Einzelheit nachgedacht, die er über Bāla Sai gehört hat. Wenn er das doch nur getan hätte, dann würde er Bāla Sais Göttlichkeit verstehen.

„Das ist nicht gut, Pradyumna. Ich kann die Niederlage in Bāla Sais Fall nicht ertragen, nachdem ich schon in Nārāyana Reddys Angelegenheit gescheitert bin. Bāla Sai hat meinen Weg gekreuzt und das sogar auf indirekte Weise und mir Vira Reddy entfremdet. Welche Garantie gibt es, dass er, der all das getan hat, nicht die Dinge so lenkt, bis mein Kapitel in den Händen Nārāyana Reddys beendet ist? Außerdem wird Nārāyana Reddy herausfinden, dass die Übergabe des Giftes von dir veranlasst wurde. Dann wird er noch machtvoller werden."
Inzwischen denkt Pradyumna Reddy ernstlich nach.
Vielleicht denkt er, es wäre angebracht, den Beweis in Form der Frau namens Girija völlig zu vernichten. Vielleicht könnte Girija, die von ihm geschwängert wurde, sich in Zukunft gegen ihn wenden und Nārāyana Reddy Gefolgschaft leisten...
Noch am selben Abend schickt er eine Botschaft zu Girija. Sie soll ihn im Gästehaus treffen, das an der Ortsgrenze gelegen ist.

Girija, die um zehn Uhr abends aufbricht, um Pradyumna zu treffen, will ihn für sein Verhalten zur Rede stellen. Aber sie weiß nicht...
Vira Reddy, der das Leben Pradyumnas noch in dieser Nacht beenden will, liegt auf seinem Bett und gibt vor zu schlafen, als Girija das Haus verlässt.

Der ganze Ort ist still. Es hat den Anschein, als sei Mitternacht schon vorüber. In der Dunkelheit der Nacht sehen die Häuser des Dorfes wie verfallene Gräber aus. Das Zirpen der Zikaden in der Nähe des Gästehauses klingt wie die Hintergrundmusik für das Inferno, das hier stattfinden soll.
Vira Reddy geht rasch durch das Gebüsch. Er sieht nicht wie ein Mensch aus...
Mit einer Axt in der Hand und mit Hass im Herzen eilt er voller Konzentration voran. Er gleicht dem berühmten „Pāsupata", der Waffe Shivas, der diesen Pfeil Arjuna schenkte. Er ist wie ein besessener Dämon, in der Lage, Menschen ungeachtet ihrer Anzahl zu töten und ein Menschenopfer zu bringen.

Noch eine Minute vergeht.
In Schweiß gebadet erreicht Vira Reddy das Gästehaus. Er lehnt sich gegen die Wand und hört mit gespitzten Ohren auf die Geräusche von drinnen.
In dem Raum schluchzt Girija und spricht gelegentlich. Vira Reddy stößt die Fensterscheibe vorsichtig auf. Pradyumna liegt auf dem Bett und hört ihr nicht zu. Er ist schon in tiefen Schlaf gesunken, als ob er es nicht nötig hätte zuzuhören.
Vira Reddys Kiefermuskeln spannen sich an. Seine Nerven schwellen an vor brennender Rache und treiben ihn zur Eile an, seinen Feind sofort zu töten und eine alte Rechnung mit ihm zu begleichen.
Seit ein paar Tagen ist er, der für diese Familie zahlreiche Verbrechen begangen hat, umgewandelt. Girija, die Pradyumna vertraute, hat erkannt, dass sie hintergangen worden ist. Dennoch ist sie bereit, damit zu leben und die Vergangenheit in der Gegenwart umzuwandeln. Aber Pradyumna will nicht ihre Gemeinschaft fürs Leben, er will sie nur als Frau und auch als Dienerin.
Vira Reddy, der seine Kräfte sammelt, ächzt eine Weile. Dann springt er ins Zimmer und zerhackt mit der Axt Pradyumnas Kehle, bevor Girija verstehen kann, was da passiert...

„Pra...dyu...mna!"
Es ist nicht Girija, die schreit. Es ist Sambu Reddy, der aus seinem Traum erwacht. Er steht sehr besorgt von seinem Bett auf und geht in das Zimmer seines Bruders. Pradyumna ist noch nicht zurückgekommen.
Er ist drauf und dran, die Diener zu wecken und hält ein. Er fühlt, wie sein Herz schnell schlägt, als ob es seine Spur verloren hätte. Er trinkt ein Glas Wasser und geht zurück zu seinem Pandiri Mancham.
Nie zuvor hat er solch einen Traum gehabt. In einem Dorf, in dem er die Vorherrschaft besitzt, wird solch eine Verletzung Pradyumna niemals widerfahren. Und noch dazu durch Vira Reddy...

„Es wird geschehen, Sambu Reddy!"
Mitten in der Nacht ist plötzlich die Stimme eines kleinen Jungen zu hören. Sambu Reddy erschrickt und geht ans Fenster. Auf dem offenen Anwesen steht ein sechsjähriges Kind – wie der Mond, der die dichte Dunkelheit durchdringt und auf die Erde herabsteigt.
Um diese Zeit in der Nacht... wer ist dieser Junge? Außerdem - er warnt ihn, als hätte er seine Gedanken gelesen. Er redet ihn sogar mit seinem Namen an.
„Du..." fragt Sambu Reddy zitternd.
„Sambu Reddy, ich bin Bāla Sai, von dem Sie glauben, er sei ein Gegner. Ich sollte durch das Komplott ihres Bruders mein Leben schon verloren haben..."
Sambu Reddy steht da und denkt, er befände sich in einem weiteren Traum.
Bāla Sai sagt:
„Dies ist kein Traum, Sambu Reddy! Ich bin wirklich. Meine Existenz ist wirklich. Was ich sagte, ist wahr. Sie lieben ihren Bruder über alles. Gehen Sie und retten Sie ihn! Wenn Sie es nicht tun, werden Sie in fünf Minuten von seinem Tod erfahren. Was Sie gerade eben in einem Traum gesehen haben, wird wahr werden."
Sambu Reddy zittert.
Bāla Sai sagt:
„Gehen Sie, Sambu Reddy! Hindern Sie Vira Reddy, der vor Rache lodert und vorwärts schießt wie eine verzauberte Waffe. Hindern Sie ihn nicht durch einen Kampf, sondern durch Liebe!"
Sambu Reddy weiß nicht, warum er von Bāla Sai besonders gebeten wird, Vira Reddy nur mit Liebe zurückzuhalten. Aber ohne zu bemerken, dass Bāla Sai verschwunden ist, rennt Sambu Reddy bebend los.
Wie auch immer seine Vergangenheit aussieht, Sambu Reddy lebt wie ein ungekrönter Monarch in diesem Dorf.

Dass sein Bruder sich jetzt in einer Notlage befindet, kann er nicht ertragen und eilt in sagenhaftem Tempo zu dem Gästehaus.
Vira Reddy tritt gerade mit der Axt in der Hand durch die offene Tür. Im nächsten Moment hätte er Pradyumna Reddy den Kopf abgehackt.
Genau da...
Sambu Reddy fällt augenblicklich Vira Reddy zu Füßen.
„Nein! Töte meinen Bruder nicht!" schreit er.
Girija, die etwas abseits steht, zittert vor Angst.
Pradyumna schaut in Schweiß gebadet auf Vira Reddy, der aussieht wie der Tod, und das Leben scheint zu verebben.
Vira Reddy hält inne für einen Augenblick und erholt sich.
Nach allem, was geschehen ist, wird Sambu Reddy ihn nie mehr gehen lassen, wenn er es so recht bedenkt. Er wird seine Gefolgsleute auf ihn hetzen und ihn gewiss töten. In dem Moment, in dem er das denkt, stößt Vira Reddy Sambu Reddy voller Kraft von sich. Er springt kraftvoll auf Pradyumna zu und greift ihm an die Kehle.
„All die Zeit bin ich Ihnen willig gefolgt und habe etliche scheußliche Sünden begangen. Nun werde ich Sie töten und dafür ins Gefängnis gehen, Pradyumna!"
Sambu Reddy springt hinzu und hält ihn fest. Er sagt:
„Nein, Vira Reddy! Wenn du willst, werde ich dir eine Übertragungsurkunde für all meinen Besitz ausstellen. Aber füge meinem Bruder kein Leid zu!"
Es ist das erste Mal, dass Vira Reddy ihn in diesem Zustand sieht, denn Sambu Reddy hat bisher wie die Manifestation des Ego gelebt. Vira Reddy lacht böse. Er sieht wie ein rauher Kerl aus, der aus Menschenfleisch eine Brücke zwischen Leben und Tod bauen will.
Vira Reddy lacht erbarmungslos – als ob er seine Ruhe darin sucht, dass er mit dem Blut Pradyumna Reddys die ethischen Werte der vergangenen Jahre, die schmutzbedeckt und voller Staub sind, wegwaschen und aus den jämmerlichen Kleidern

Lumpen machen will, die auf den Dornen des Mondlichtes ausgebreitet werden sollen..."
„Wenn es sich um Ihren Bruder handelt, sind Sie schrecklich aufgeregt. Wie viel mehr sollte ich meiner Schwester wegen entbrennen, deren Jungfräulichkeit von Ihrem Bruder geraubt wurde und die immer noch unverheiratet ist!?"
Sambu Reddy sagt:
„Wenn du es willst, nehme ich deine Schwester als Schwägerin in unsere Familie auf."
Vira Reddy schießt zurück:
„Später würden Sie sie dann mit Benzin übergießen und verbrennen!"
„Nein, nein! Glaub mir!"
Vira Reddy schüttelt bekümmert den Kopf und sagt:
„Wie könnte ich? Ihr Bruder hat es geschafft, das Vertrauen meiner Schwester zu gewinnen – und dann beschlossen, Bāla Sai zu vergiften. Wie könnte ich nun glauben, Sie seien ein veränderter Mensch?"
Sambu Reddy sagt:
„Ich schwöre es bei Bāla Sai, an den du glaubst."
Plötzlich lässt Vira Reddy Pradyumna los.
Die bloße Erwähnung des Namens von Bāla Sai in diesem Augenblick durch Sambu Reddy hat Vira Reddy vollkommen beruhigt.
Vira Reddy fühlt, dass Bāla Sai die Visionen von Erinnerungen an Gedanken in die Tiefen seines Herzens gedrängt und seinen Geist in einen mondhellen Himmel verwandelt hat und jetzt in seinem Inneren vor ihm steht und ihn von seinem Handeln abhält.
Nur das...
Nachdem er vergessen hat, in welcher Mission er hierher gekommen ist, und indem er die Strafe, die er den Brüdern erteilt hat, für ausreichend erachtet, nimmt Vira Reddy Girijas Hand und geht schnell fort.

Sambu Reddy tadelt Pradyumna Reddy jetzt nicht, der kreidebleich ist. Er erinnert sich auch nicht an seine eigene degradierte Stellung, als er die Füße von Vira Reddy berührt hat.
Indem er den Kopf voller Scheu beugt, sagt Sambu Reddy zu seinem Bruder:
„Komm jetzt."
Pradyumna Reddys Kehle ist trocken. Er sagt:
„Wenn du soeben nicht gerade rechtzeitig aufgetaucht wärest... dann wäre ich jetzt tot. Ich weiß nicht, welcher Gott mir diese Gnade erwiesen hat..."
Sambu Reddy sagt bedeutsam:
„Nicht irgendein Gott. Der dich gerettet hat, ist der gleiche Bāla Sai, dem du das Gift angeboten hast."
Pradyumna Reddy ist sprachlos.
„Ja, Bruder. Bāla Sai warnte mich durch einen Traum vor der Gefahr, die dir drohte. Er erschien vor mir, als ich zuhause saß. Er trieb mich zur Eile an und sagte, ich solle sofort losgehen. Er wollte, dass ich nicht durch Kampf, sondern durch Liebe Vira Reddys Zorn besänftige."
Sambu Reddy weiß nicht, ob man das Berühren der Füße Vira Reddys Liebe nennen kann oder Hingabe, die vor Angst Schutz sucht. Er hat jedoch seinen Bruder, der ihm der liebste Mensch auf Erden ist, aus Liebe zu ihm retten können.
Obwohl er in dieser Nacht nach Hause geht, kann er lange Zeit nicht schlafen. Er ist nicht sicher, ob er in Bāla Sai Gott sieht oder ob er glaubt, dass Gott sich selbst in der Gestalt Bāla Sais gezeigt hat.
Sambu Reddy will gleich am nächsten Tag nach Kurnool aufbrechen und ihn besuchen. Er bedenkt in diesem Augenblick nicht, dass er in die Stadt von Nārāyana Reddy, seinem langjährigen Rivalen, gehen will.

Om Namo Bhagavate Sri Bāla Sai Bābāya Namah

36

„Bāla Sai!"
Bāla Sai hört einen schrillen Schrei und steht auf vom Schoß seiner Mutter. Sumati kommt ins Haus gestürzt.
„Ich weiß nicht, was mit Vater passiert ist! Er ist nicht imstande, vom Bett aufzustehen, als ob er von einer Lähmung niedergestreckt ist. Ich weinte und fragte ihn nach seinem Befinden. Er glühte und stellte fest, dass er die Strafe für seine Sünde erleidet, dir Schwierigkeiten gemacht zu haben. Komm mit, Sai! Rette meinen Vater!"
Sie schluchzt und bebt, ihre Stimme ist leiderfüllt und hoffnungslos.
Die Strahlen der Morgensonne berühren den Boden und reflektieren gelbes Licht, und Sumati – wie ein zartes Blatt, das im Sturm verdreht wird – vergießt Tränen.
Bāla Sai sieht seine Mutter Jayalakshmi an, als suche er ihre Einwilligung.
„Geh, mein Junge," sagt sie, die Personifikation der Vergebung genau wie die Mutter Erde.
Bāla Sai bricht sofort auf, als wolle er vermitteln, dass die Anordnungen, die er von der Mutter erhält, die Grundlage sind für die Wahl seines ständigen Lebens-Musters.
Nach zehn Minuten erreicht Bāla Sai Vishwanatha Sāstrijis Haus..
Inzwischen ist auch Nārāyana Reddy dort.
„Du bist also gekommen, Bāla Sai," murmelt Sāstriji, als er Bāla Sai sieht. Er ist müde wie einer, der seinen Schwung und seine Energie verloren hat. Bāla Sai bemerkt Tränen in den Augen

von Grandfather Pūjārī, der wie Bhīsma auf einem Sofa aus Pfeilen ruht, und sein Denken wird sanft.
„Weine nicht, Grandpa," sagt er betrübt. „Deine Augen, die das Vedische Licht verbreiten, sollten keine Tränen vergießen."
Entweder lassen die Worte Bāla Sais sein Gemüt erschaudern wie die Berührung mit Schnee oder das Totenbett, auf dem er ruht, verwandelt sich durch seinen Trost in ein Bett aus Blumen – darüber ist Sāstriji sich nicht sicher.
Sāstri lässt seine unbewegliche Linke liegen, wo sie liegt, und streichelt Bāla Sais Kopf mir der anderen Hand. Er sagt: „Du mutwilliger Schelm! Wie viel Geduld du doch hast!"
Die Gegenwart Nārāyana Reddys in seiner Nähe macht ihm nichts aus, denn er ist nicht mehr der frühere Sāstriji. Er sagt: „Ich dachte, ich sei ein Banyan-Baum an Weisheit. Ich lebte in der Einbildung, dass mein Intellekt – gefüllt mit gründlichen Kenntnissen – sich in Äste und Verzweigungen ausdehnte. Die ganze Zeit war ich in dem Gefühl aufgeblasen, als trüge ich die Last der gesamten Schöpfung auf meinen Schultern."
Er pausiert ein Weilchen und fährt dann fort:
„Nun habe ich erkannt, dass ich ein Insekt wie eine Ameise bin. Selbst diese Erkenntnis geschah nur durch dich, Bāla Sai."
Bāla Sai will ihn zurückhalten:
„Nein, Grandfather. So solltest du nicht reden!"
„Nein, Bāla Sai," Sāstrijis Stimme bebt. „Ich kann es nicht unterlassen zu sprechen. Vielleicht werde ich keine Gelegenheit mehr haben, mit dir mit wachem Verstand zu reden. Also, lass mich sprechen."
Tränen strömen aus den Augen Sāstrijis. Er fährt fort:
„Es ist ja nicht so, dass ich nicht wüsste, dass die Bhagavad Gītā erwähnt, Leute voller Unwissenheit seien in der Täuschung gefangen. Dennoch habe ich all die Zeit in dieser Faszination gelebt. Das Lebewesen, das in Unwissenheit verstrickt ist, vergisst seinen wahren Zustand und seine wahre Form. Der Mensch verlässt die Vision des Selbst, die im Tempel des Herzens glimmt. Er reist in einer Kutsche – genannt Sorge – die von Pferden – genannt Vorurteilen – gezogen wird, und tritt in den

Dschungel ein, der mit Dornen gefüllt ist und Leben genannt wird. Das Beispiel für diese Wahrheit ist das Leben, das ich die ganze Zeit geführt habe. Ich vergaß, in mich selbst hineinzuschauen. Für all das Übel, das ich getan habe, erfahre ich jetzt die angemessene Strafe. Deshalb mache ich mir keine Sorgen wegen dieses Schlaganfalls, nachdem ich früher wie ein Partisan gehandelt habe."
Bāla Sai berührt sanft Sāstrijis linke Hand.
„Ich bin hier für dich, Grandfather. Du, der du nach langer Zeit erkannt hast, wer ich bin und welchen Platz ich in dieser Schöpfung einnehme, bist trotz deiner ausgedehnten Gelehrsamkeit aufgrund deines Handelns in früheren Leben Vorurteilen erlegen. Du hast dich geändert und deshalb kannst du ohne Sorge sein. Steh auf!"
Bāla Sai streicht sanft über die Glieder, die sich bisher geweigert haben sich zu bewegen.
Nur das...
Eine seltsame Bewegung erfasst Sāstriji und sie erfasst auch alle Organe seines Körpers. Er steht auf und setzt sich hin – wie er es gewohnt ist. Sāstrijis Augen füllen sich als Folge dieses unerwarteten Ereignisses mit Tränen.
Bāla Sai sagt sanft:
„Lieber Grandfather. Ich habe nur eine Bitte an dich. Von jetzt an solltest du nicht mehr nur Priester sein, der Gott im Tempel dient, sondern du solltest jemand sein, der in der Lage ist, Gott in jedem Lebewesen im universalen Tempel zu finden. Du musst fähig sein, in allem Gottes Glanz und Ruhm zu sehen und auf diese Weise ein Asket zu werden. Du solltest den Himmel erreichen und anderen helfen, sich die Befreiung zu sichern. Du solltest erkennen, dass dies der ewige Grundsatz ist."
Sāstriji schaut unverwandt auf Bāla Sai, wie von einem Fluch befreit. Sumati, die etwas abseits steht, faltet unwillkürlich ihre Hände, die Augen voller Tränen.
Bāla Sai geht hinaus, ohne Vishwanatha Sāstri eine Gelegenheit zu geben, seine Reue für die Sünden zu zeigen, die er all die Zeit begangen hat.

Bāla Sai, der das Herz Sāstrijis mit allumfassender Liebe erfreut hat, wird noch am selben Tag die Ursache für ein anderes außergewöhnliches Ereignis.

Om Namo Bhagvate Sri Bāla Sai Bābāya Namah

37

Sāstrijis Krankheit ist ohne die Hilfe irgendeiner Medizin durch Bāla Sai geheilt worden. Verwirrt diskutieren die Leute aus der Stadt darüber.
Zur gleichen Zeit, an diesem Abend, kommt Sambu Reddy zusammen mit seinem Bruder Pradyumna zu Bāla Sais Haus. Sambu Reddy weiß, dass er den Ort seines Gegners betreten hat, aber er kümmert sich nicht darum. Er stößt Pradyumna Reddy Bāla Sai zu Füßen. Pradyumna umfasst seine Füße und unter Tränen sagt er:
„Verzeih mir, Bāla Sai!"
Srimāti Jayalakshmi sagt zitternd:
„Tun Sie das nicht, Sir! Wenn Sie die Füße eines Kindes oder Jugendlichen berühren, wird das seine Lebenserwartung verkürzen."
Sambu Reddy sagt eifrig:
„Nein, Mother. Bāla Sai, der meinem Bruder ein langes Leben schenkte, unterliegt solch einer Gefahr nicht – denn Ihr Kind ist der Gott, der meine Familie rettete."
Bāla Sai streicht sanft über den Kopf von Pradyumna und sagt entgegenkommend:
„Stehen Sie auf und setzen Sie ich dort hin."
Er sieht die beiden Brüder an, die ihn verwundert anschauen, und sagt:
„Sambu Reddy, wer immer Sie sind und wo auch immer Sie herkommen, ich verstehe, weshalb Sie jetzt gekommen sind. Wenn Ihnen eine Wohltat zuteil wurde, dann nehmen Sie zur Kenntnis, dass ich nichts über die Sache weiß und dass es nur

Gottes Gnade ist. Dies ist keine Übertreibung, Sambu Reddy. Wenn Vira Reddy Ihrer Bitte nicht entsprochen hätte – wäre dann Ihr Bruder verschont worden? Also ist es Vira Reddy, der Sie gerettet hat. Dann sollten Sie auch in ihm Göttlichkeit finden und sehen."

Bāla Sai macht eine kleine Pause und fährt dann fort:

„Sambu Reddy, erzählen Sie mir nicht, dass Sie in Vira Reddy Göttlichkeit gefunden hätten und deshalb ihm zu Füßen gefallen sind. Das geschah nicht Ihrer Besserung wegen! Es war eine Notwendigkeit."

Während Bāla Sai so das Ereignis beschreibt, als sähe er es vor Augen, ist Pradyumna Reddy tief bewegt.

„Sambu Reddy, Sie wissen auch, dass das menschliche Leben im Vergleich zu dem der anderen Lebewesen in der Schöpfung das hervorragendste ist. Wenn Gott einem einen ansprechenden Geist gegeben hat, eine nachdenkliche Intelligenz und den Intellekt, um das Universum zu prüfen – dann sollte man mit ihnen das Leben sinnvoll gestalten. Was haben Sie davon, wenn Sie einen Mitmenschen quälen?

Es ist Leben in dem Spross, den wir pflanzen. Er wächst allmählich zu einem Baum heran und gibt uns Früchte. Außer den Blüten, die wir für den Gottesdienst benötigen, schenkt er uns Schatten. Selbst wenn eine Blüte herunterfällt, blüht er wieder neu. Wenn ein Blatt gepflückt wird, sprießt ein neues nach. Dennoch hat er weder Gedanken noch Wünsche. Daher wurde der Baum zu einem nützlichen Werkzeug für die Welt – über Jahre hinweg.

Wie sollte es also für einen Menschen richtig sein, geringer als der Baum zu sein, bereit für Gewalt und bereit dazu, einen Mitmenschen umzubringen?"

Unverwandt schaut Sambu Reddy Bāla Sai an.

„Der Hauptgrund dafür ist der Verstand. Gott hat uns den Intellekt gegeben, aber wir stellen uns ihm gegenüber taub, weil der Verstand uns aufhetzt, vergängliche Dinge als fortdauernd anzusehen. Der Schmutz, der den Verstand überdeckt, treibt Sie

zum Blutvergießen an. Ihrer beider Leben sind in Sündenpfuhle verwandelt.
Sambu Reddy, in dieser Welt sind alle Dinge geboren, um zu sterben. Niemand ist eine Ausnahme davon. Warum verderben Sie dann Ihr Leben mit Sorgen und Kämpfen und damit, anderen den Tod zu wünschen? Warum füllen Sie Ihre Gestalt, die Gott Ihnen mit Liebe gegeben hat, mit dämonischen Färbungen?"
„Ich schäme mich, Bāla Sai," sagt Sambu Reddy voller Reue.
„Sambu Reddy, ich möchte nicht, dass Sie Ihren Kopf in Schüchternheit neigen. Aber warum übernehmen Sie die Verantwortung für den Tod eines anderen, da der Tod doch für jedermann unvermeidlich ist?
Der Schöpfer hat Sie mit dem Wunsch auf die Erde gesandt, dass Sie glücklich im Kontakt mit anderen leben sollen. Ich bin ganz besorgt, weil Sie Ihr Leben elend gemacht haben, indem Sie Waffen gegeneinander erhoben haben."
Bāla Sai bewegt sich ein paar Fuß vorwärts und schaut gerade in die Augen von Sambu Reddy. Er sagt:
„Sagen Sie mir, Sambu Reddy, hat Ihnen die Entscheidung, Ihre Gegner zu erledigen, dauerhafte Befriedigung gegeben? Denken Sie gründlich nach, Sambu Reddy! Erkennen Sie die Wahrheit, dass mit dem ewigen Hass auf jemanden zu leben, genauso ist, als würden Sie Gift in Ihr eigenes Essen mischen. Es bedeutet, Gott mit Verachtung zu behandeln, wenn jemand, der nicht die Macht hat, Leben zu geben, ein Leben auslöscht, nur weil er um ein Recht kämpfen will."
„Genug ist genug, Bāla Sai!"
Sambu Reddy ist von Ungeduld erfüllt: „Alles, was du mir bis jetzt erzählt hast, ist mir nicht unbekannt. Von diesem Augenblick an möchte ich so leben wie der Mensch, der ich nach deinem Wunsch sein soll. Wenn schon nicht als ein Gott, so doch als ein Mensch wünsche ich fortan zu leben."
Sambu Reddy fährt fort, darüber zu reflektieren, dass er all die Jahre so viele Tempel besucht hat, um sich von den Sünden zu reinigen, die er begangen hat – aber kein Gott habe den Mund aufgetan und mit ihm über die begangenen Untaten gesprochen.

Er spricht Bāla Sai gegenüber Lobpreisungen aus, der ihm den Kompass für den Lebensweg gegeben hat, und sie brechen zusammen auf.
Sambu Reddy geht nicht geradeswegs in sein Dorf zurück. Zusammen mit seinem Bruder Pradyumna und begleitet von Bāla Sai geht er zum Haus Nārāyana Reddys.
Es ist ein unvorstellbares historisches Ereignis für die Leute aus der Stadt und für Nārāyana Reddy.
Unfähig auszumachen, ob dies ein Traum oder die Wirklichkeit ist, und zitternd sieht Nārāyana Reddy verwirrt aus, als Sambu Reddy seine Hände erfasst.
„Verzeihen Sie mir, Reddy. Von jetzt an will ich als Ihr Freund leben. Ich schäme mich für alles, was ich bis jetzt getan habe," sagt Sambu Reddy mit gesenktem Kopf.
Nārāyana Reddy denkt, dass Bāla Sai, der dabeisteht und zufrieden zuschaut, die Ursache für den beigelegten Hass von Jahrzehnten ist.
Er ist so bewegt von dieser unerwarteten Situation, dass er voller Zuneigung Sambu Reddy umarmt.
Bāla Sai, dessen geistige Schau den Raum zwischen Planeten berühren und die Verderbnis aus den erregten Herzen der Menschen wegwaschen kann, zeigt Freude in seinen Augen. Die beiden Gegner sind äußerst erfreut. Voller unkontrollierbarem Entzücken halten sie beide Bāla Sai in die Höhe.
Das ist der Moment, in dem der Kampf zwischen den beiden Feinden endet. Nārāyana Reddy und Sambu Reddy, die bislang wie feindliche Regenten waren, die zwei verschiedene Königreiche beherrschten, sind nun zu liebevollen Freunden geworden.

Srimāti Jayalakshmamma verbringt diese ganze Nacht damit, den schlafenden Bāla Sai zu betrachten, da ihr Kind die Ursache für solch ein großartiges Ereignis gewesen ist.
Am nächsten Morgen salbt sie ihren Sohn Bāla Sai und sagt: „Von nun an sollst du dies hier tragen."

Sie übergibt ihm das orangefarbene Gewand, das Swāmī Dinanath ihr vor einiger Zeit gegeben hat.

Am gleichen Tag noch fällt die Entscheidung, dass Bāla Sai von jetzt an allen gehört. In dieser Hinsicht ist sie wie Devakī, die Krishna entfremdet wurde, den sie geboren hatte. Sie ist auch wie Yashoda, die ihn aufzog und dann aufgab. Wie jene beiden schluckt sie ihr Leid hinunter.

In den nächsten Jahren entsteht unter der Schirmherrschaft Nārāyana Reddys am Ufer des Tungabhadra der Āshram Sri Nilayam.

Om Namo Bhagavate Sri Bāla Sai Bābāya Namah

38

An den geheiligten Ufern des Tungabhadra, östlich des Shirdi Sai Bābā Tempels, wird Sri Nilayam gegründet. Innerhalb eines Jahrzehntes erlangt der Āshram unvorstellbare Bedeutung und zieht allmählich Landsleute und Ausländer an.
In seinem neunten Lebensjahr wird Bāla Sai mit der heiligen Schnur ausgestattet. Danach ist er voller wunderbarer Hingabe und Ergebenheit bereit für das Wohl der Welt und wird bekannt als derjenige, der mit den Wesenszügen Lord Shivas geboren ist. Er ist ein immerwährender Beweis für die Wahrheit, dass nur der, der Gott sehen kann, auch selbst Gott ist. Er ist überzeugt davon, dass der Reichtum spiritueller Weisheit an alle zu verteilen ist, und mit missionarischem Eifer erweckt er die Menschen für den Weg der Rechtschaffenheit.
Er ist ein Weiser – in der Lage, seinen Willen durchzusetzen.
„Sri Nilayam" ist ein lebender Beweis für das Konzept einer Welt, in der es keine Unterscheidung von Kaste, Klasse oder Religion gibt. Sri Nilayam ist ein Ort geworden, an dem alle ein Geburtsrecht haben, dem Göttlichen zu dienen und sich an jedem Tag dem Nachdenken über Gott zu widmen. Wer immer ihn aus Kummer oder Schmerz anruft, dem erscheint Bāla Sai bereitwillig. Devotees bringen ihm ihre Schmerzen und ihre Freuden.
Er wird zur Berühmtheit dadurch, dass er die Probleme aller löst wie eine Mutter, ein Vater und wie ein Diener. In kürzester Zeit kommen auch Gottesverehrer aus fernen Ländern herbei, um den Allmächtigen zu besuchen.

Bālaji und Karim, die einige Jahre als Freunde Bāla Sais lebten, entscheiden sich für ein Leben in seiner Gegenwart. Samuel dagegen beginnt mit Bāla Sais Zustimmung eine Karriere als Fremdenführer in Aurangabad.
Samuel lebt davon, Touristen von Übersee und anderen Orten die Einzelheiten über die historischen Monumente von Aurangabad zu erläutern. Aber seiner Neigung entsprechend bleibt er ein Devotee Bāla Sais.
Eines Tages begegnet er dem Ehepaar Timothy.
Der etwa dreißigjährige Timothy reist mit seiner Frau Carol und ihrem sechsjährigen Sohn Edward
Nachdem er sie zu allen Sehenswürdigkeiten in und um Aurangabad herum geführt hat, versteht Samuel aus ihren Gesprächen, dass ihr Sohn an der Bluterkrankheit leidet, einer höchst gefährlichen Erkrankung, und dass er in Kürze dem Tod geweiht ist. Es liegt in der Natur dieser Krankheit, dass das Blut des Patienten nicht gerinnt, selbst wenn es nur aus einer kleinen Wunde fließt. Wegen einer Wunde im Magen-Darm-Trakt erbricht Edward häufig Blut. Als Samuel all diese Einzelheiten erfährt, ist er überaus betroffen wegen der Verfassung Edwards, der noch pausbäckig ist wie der volle Mond...
Samuel kennt sie seit etwa zehn Stunden und in dieser kurzen Zeit wird er sehr vertraut mit ihnen. Nachdem er sie zum Hotel zurückgebracht hat, fragt er sie:
„Wenn die Krankheit ihres Kindes sich derart verschlimmert hat, warum besuchen Sie dann Indien?"
Unter Tränen sagt Carol:
„Wir wussten schon in England, dass es für die Krankheit meines Sohnes keine Heilung gibt, aber wir kamen hierher, weil jemand uns vorschlug, die uralte Ayurvedische Medizin zu versuchen. Wir haben das an verschiedenen Orten versucht. Nun planen wir zurückzufahren, weil alles nichts genützt hat."
Edward, der unwissend und sich seines Todes nicht bewusst ist, betrachtet draußen vom Flur aus die Welt, ohne den Worten seiner Mutter zuzuhören.

Carol sagt unter Tränen:
„Wir haben genug Geld. Dennoch sind wir nicht in der Lage, Edward zu retten. Die Ärzte sagen, dass er höchstens noch zwei oder drei Monate leben wird."
Als sie so klagt und sich bei irgendeinem unsichtbaren Gott beschwert, ist nicht nur Samuels Herz berührt – er denkt auch automatisch an Bāla Sai.
Samuel ist sich nicht dessen bewusst, welchen Grad des Mangels an Gottvertrauen die Menschen aus den technisch entwickelten Ländern erreicht haben. Er sagt unsicher:
„Wenn Sie nichts dagegen einzuwenden haben, zeige ich Ihnen einen Weg, wie Sie da heraus kommen – oder ich bringe Sie selbst dorthin."
Carol sieht überrascht aus.
„In Andhra Pradesh gibt es eine Stadt namens Kurnool. Dort lebt Bāla Sai, ein Mensch mit göttlichem Wesen – ein Genie, vom Himmel gesandt. Dorthin sollten wir Edward bringen!"
Timothy wird nicht ärgerlich. Aber er lacht ironisch. Seinen Schmerz unterdrückend sagt er:
„Wenn Clement, der beste Arzt in ganz England, erklärt, dass mein Junge nicht überleben wird, kann ihn kein anderer Gott retten. Übrigens, wenn Sie in dieser modernen Zeit eine Person als ‚vom Himmel gesandt' bezeichnen, dann muss ich über Sie lachen. Ich sehe, Sie in Indien leben immer noch in närrischem Glauben."
Samuel wird nicht wütend. Obwohl Christ von Geburt begegnet er anderen Religionen mit Toleranz. Seine Liebe zu Indien, bekannt als das Land der Veden, ist sehr groß. Übrigens glaubt Samuel, dass die Götter von allen vier Himmelsrichtungen dafür verantwortlich sind, dass Indien trotz unzähliger Invasionen, denen es ausgesetzt war, ewig jung geblieben ist.
Er sagt fest:
„Ich stelle Ihren Glauben nicht in Frage, Timothy Saab. Ich ärgere mich jedoch, wenn gesagt wird, es sei Torheit, an die Existenz Gottes zu glauben. Ich bin nicht bereit, mit Ihnen darüber zu streiten, dass es bei Ihnen Leute gibt, die immer noch

Jesus verehren... Nur einmal... Ich bitte Sie nur, auf mich zu hören und Bāla Sai einmal zu besuchen."

„Ich möchte das nicht," antwortet Timothy.

Carol sagt mit einem Hoffnungsschimmer flehentlich zu ihrem Mann:

„Wir sind den ganzen Weg hierher gekommen. Was ist dabei, einmal hinzufahren...?"

Timothy sagt unwillig:

„Wir haben wegen Āyurveda etliche Orte besucht, Carol. Wie könnte ein gewöhnlicher Mann die Krankheit heilen, die von den vorherigen Ärzten nicht verstanden wurde?"

Samuel überredet ihn noch mehr:

„Wenn er nur ein gewöhnlicher Mensch wäre, würde ich Sie nicht dazu drängen, Mr. Timothy. Sri Bāla Sai ist Gott, der als Mensch erscheint. Ohne irgendwelche Unterschiede wird er die Tränen aller fortwischen. Er ist in der Lage und an diese Aufgabe völlig hingegeben, für die Leidenden zu sorgen."

Carol sieht ihren Mann unter Tränen an und sagt:

„Bitte, hör auf mich!"

Timothy stimmt mit einem Seufzer zu.

„Okay," sagt er.

In Samuels Begleitung bricht Timothy mit seiner Frau und dem Kind nach Kurnool auf.

Om Namo Bhagavate Sri Bāla Sai Bābāya Namah

39

Es ist etwa 8:30 Uhr morgens. Die Atmosphäre in Sri Nilayam ist durch das Chanten des Namens Bāla Sais und durch den Gottesdienst mit Musikbegleitung, den die Devotees abhalten, erfüllt mit bezaubernden Empfindungen.
Die Musik-Kaskade, verstärkt durch die sieben musikalischen Grund-Töne, verwandelt die Körper der Gottesverehrer in Bögen aus Blumen, und sie zeigt auf beiden Ufern den Weg auf der Suche nach der Wahrheit des Lebens.
Kāla Purusha, der in der Seele widerhallt und das Ausmaß traditioneller Berichte einschätzt, erinnert sich an die poetischen Kompositionen, die wie scharf gemeißelte Buchstaben im Busen der Natur sind...
Schau...
Sri Bāla Sai steht auf einmal vor ihnen allen.
Wie eine Mensch gewordene Erinnerung...
... wie eine Offenbarung der Veden...
... wie eine Manifestation, die die Schöpfung beherrscht...
... wie das Lachen eines Kindes...
... wie eine Blume, die gerade eben erblüht ist...
so schaut Bāla Sai, der liebevoll zu all den Verehrern ist, alle zugleich an.
Gekleidet in das safranfarbene Gewand, das die Farbe von Körben voller Blüten trägt ist, spricht er sanft auf väterliche Weise. Sein Geist ist erfüllt von dem Gedanken, dass sie alle zu ihm gehören. Der Klang seiner Worte ist wie die klingelnde Melodie im Stil der Gāndharvas. Im nächsten Augenblick er-

schafft er mit der schwungvollen Bewegung seiner Hand heilige Asche, Vibhūti, und verteilt sie an alle.
Als nächstes in dem alltäglichen Ablauf Bāla Sais folgt das Gespräch mit den Devotees. Er schaut jedoch zu einer jungen Frau hin, die etwas abseits der Menschen Platz genommen hat. Sie ist nicht mehr als achtzehn Jahre alt und zunächst durch Bāla Sais durchdringenden Blick beunruhigt. Sie ist durch den Mann, mit dem sie verheiratet ist, und die anderen im Hause ihrer Schwiegereltern ständigen Schwierigkeiten unterworfen, und sie ist an diesem Tag zum ersten Mal in den Āshram gekommen.
In eine arme Familie geboren, hat sie nicht die Formalitäten und unmöglichen Wünsche befriedigen können, die ihr Ehemann von ihr verlangte, und so hat sie ihr Dorf Govāda verlassen. Sie hat beschlossen, in den Tungabhadra zu springen und Selbstmord zu begehen. Durch den musikalischen Gottesdienst in der Nähe ist sie angelockt worden, und so hat sie den Āshram betreten.
Tatsächlich ist sie ohne jegliche Hoffnung für ihr Leben in den Āshram gekommen. Sie wollte lediglich noch ein bisschen zu Gott beten, bevor sie dem Tod ins Angesicht sehen wollte. Mit diesem religiösen Verdienst wünscht sie sich, wenigstens im nächsten Leben als eine Frau geboren zu werden, die von ihrem Ehemann geliebt wird, und dann Befreiung zu erlangen...
Sri Bāla Sai ruft sie besänftigend:
„Kommen Sie zu mir, Madam!"
Sie ist erschrocken
„Sie sind gemeint, Sri Kumari!"
Dieses Mal hat er sie mit ihrem Namen angesprochen, und aus ihren Augen fließen Ströme von Tränen. Sie hat gelitten als eine Frau ohne einen Ort, an dem sie leben kann, und ohne Ansehen. Als Swāmī sie beim Namen ruft, steht Sri Kumari langsam auf. Die Menge der Verehrer Bāla Sais dort schaut voller Schmerz auf sie. Sie bewegt sich Schritt für Schritt, erreicht Swāmī, fällt zu seinen Füßen nieder und bricht in lautes Weinen aus.
Bāla Sai sagt:
„Sie närrische Frau!"

Er streicht liebevoll über ihrenKopf und hilft ihr aufzustehen. Er fügt hinzu:
„Warum weinen Sie, wenn Sie doch gar keinen Fehler begangen haben? Ich bin da, und ich werde Sie wie ein Vater beschützen. Ist das in Ordnung?"
Das Elend, das sich Tag für Tag angesammelt hat, schwillt an zu Tränen und befeuchtet ihre Wangen. Bāla Sai sagt:
„Sie haben es nicht nötig zu sterben!"
Sie sieht ihn an und ist im höchsten Maß erstaunt über seine Fähigkeit, ihre Gedanken zu lesen. Bāla Sai sagt:
„Bevor morgen die Sonne aufgeht, wird Ihr Mann kommen und Sie hier abholen. Danach wird er Sie wie eine Göttin verehren. Seien Sie etwas geduldig!"
Sie schaut ihn ungläubig an.
„Wenn denen, die auf Gott vertrauen, keine Gerechtigkeit zuteil würde, dann hätte die Existenz Gottes keinerlei Bedeutung. Seien Sie bis morgen ganz ohne Sorge!"
Bāla Sai materialisiert die geheiligte Asche und drückt sie ihr auf die Stirn.
Wie ein kleines Kind, aufgehoben in den Armen einer Mutter, verbringt Sri Kumari vierundzwanzig Stunden in Sri Nilayam. In der frühen Morgendämmerung am nächsten Tag erzittert sie schrecklich, als sie ihren Mann Rangarao kommen sieht.
Mit vor Schmerz gebeugtem Kopf sagt er:
„Verzeih mir, Sri! Bitte komm zurück nach Hause." Er lädt sie mit einem Gefühl von Scheu dazu ein.
Sri Kumari hat erwartet, dass er sie beim ersten Anblick beschimpfen würde. Als er jedoch Zuneigung zum Ausdruck bringt, was er in den beiden Jahren ihres Ehelebens niemals getan hat, blickt sie ihn ungläubig an.
Rangarao, der sich seines früheren Benehmens schämt, zeigt Reue. Er versichert ihr:
„Ich werde nie mehr irgendetwas gegen dich sagen. Ich werde dich voller Begeisterung verehren!"
Er fährt fort:

„Wirklich, Sri Kumari, von nun an bist **du** für mich unentbehrlich und nicht die Aussteuer oder die Geschenke, die du bekommst..."
Sri Kumari ist ziemlich erstaunt über die plötzliche Wandlung ihres Ehemannes. Er erzählt ihr in allen Einzelheiten, was geschehen ist.
„Du kennst doch das Schlangenloch auf unserem Anwesen. Da wir es als gefährlich ansahen, versuchten Vater und ich bei etlichen Gelegenheiten, es zuzufüllen – wovon du uns abgehalten hast. Später, als wir es schon vergessen hatten, hast du gelegentlich Milch in das Schlangenloch gegossen. Während der zwei Jahre deines Aufenthaltes bei uns nach der Hochzeit hast du am Nāga Panchami-Tag einen Gottesdienst abgehalten."
Plötzlich ändert sich die Farbe seines Gesichtes.
„Mitten in der Nacht vor dem gestrigen Tag, als Vater von den Feldern zurückkehrte, erschien nahe dem Eingang eine schwarze Kobra und folgte ihm zischend. Wir wachten von seinem Schreien auf. Die Schlange, die ihre gespreizte Haube spielerisch bewegte, stürzte sich auf mich. Aus Furcht sprang ich über die Mauer. Wir wussten nicht, ob die Schlange in ihre Grube zurückgegangen war oder nicht. Am nächsten Tag diskutierten wir die Sache mit den Dorf-Ältesten, denn wir waren außerstande zu entscheiden, wie wir handeln sollten. Da kam ein Weiser vorbei. Er sagte ärgerlich:
‚Eure Sünden werden Flüche, welche wiederum zur Schlange werden, die euch beißen wird. Wenn ihr nicht Sri Kumari in euer Haus zurückholt, werden sowohl der Vater als auch der Sohn wegen ihrer Angriffe gegen die Schlange ihre Opfer werden.'
Wir glaubten ihm nicht."
Sri Kumari hört ihm gespannt zu.
„Der Weise fuhr fort:
‚Wenn ihr wollt, geht nach Hause und seht selbst. Die Kobra wird nahe des Eingangs sein. Wenn ihr laut sagt, dass ihr euer Verhalten ändert, und die Hände faltet, wird die Schlange ruhig in ihr Loch zurückkehren.'

Wir gingen voller Misstrauen nach Hause. Tatsächlich war die Schlange nahe am Eingang und zeigte ihre gespreizte Haube."
Voller Scham verharrt Rangarao mit gesenktem Blick. Später sagt er:
„Mein Vater und ich haben alles dies akzeptiert wegen der Sünden in Bezug auf dich. Wir begrüßten die Schlange verehrungsvoll. Daraufhin verschwand sie still in dem Loch. Dann machten wir uns auf die Suche nach dem Weisen, um herauszufinden, wo du bist. Nirgends war jedoch eine Spur von ihm zu finden. Aber derselbe Weise erschien letzte Nacht in einem Traum und informierte uns über deinen Aufenthalt im Āshram. Ich machte mich sofort auf und konnte dich hier treffen."
Sri Kumari, die ihr Heim mit dem Gedanken verlassen hat, ihrem Leben ein Ende zu setzen, findet nun den Weg eines glücklichen Ehelebens leicht zu gehen und glaubt, dass all dies der Kraft des Segens Sri Bāla Sais zu verdanken ist. Unter Tränen wünscht sie sich sehnsüchtig, Bāla Sais Füße noch einmal zu berühren, bevor sie den Āshram verlässt.
Nur das...
Als sei er sich ihres Herzenswunsches bewusst, erscheint Bāla Sai vor ihnen. Als er sie mit einem sanften Lächeln ansieht, fällt das Ehepaar ihm zu Füßen.
Bāla Sai gibt beiden heilige Asche. Zu Rangarao gewandt sagt er zufrieden:
„Die Ehefrau führt ihr Leben lang religiöse Riten durch, nur damit ihr Ehemann hundert Jahre lang lebt. Der Mann hat dafür nur eine Pflicht zu erfüllen: Monogamie. Wenn Sie das zumindest von jetzt an einhalten können, dann wird Ihnen selbst die giftige Schlange Vasuki nicht schaden."
Rangarao schaut verwirrt drein.
In Bāla Sai kann er jetzt ganz klar die Züge des Weisen vom Vortag erkennen. Rangarao hält Bāla Sai für einen bedeutenden Mann von großer Erhabenheit, der zwei getrennte Seelen vereint hat, und sagt:
„Von jetzt an bin ich Ihr Devotee!"
Erneut berührt er Bāla Sais Füße.

Bāla Sai sagt mit einem leichten Lächeln:
„Ich enttäusche jene nicht, die mir vertrauen. Ich bin dein Vater. Ich bin auch dein Kind, das dich ebenfalls liebt. Lebe hundert Jahre!"
Mit dem Gefühl, neu geboren zu sein, verlässt das Ehepaar den Āshram, und die Devotees schauen ihnen voller Staunen nach. Genau in diesem Augenblick hält ein Auto vor Sri Nilayam. Aus dem Wagen steigen Samuel und das Ehepaar Timothy zusammen mit seinem Sohn Edward.

Om Namo Bhagavate Sri Bāla Sai Bābāya Namah

40

Timothy sitzt unbequem inmitten der Leute, als die Devotees auf dem Gelände von Sri Nilayam hingebungsvoll Bhajans singen.
Überdies findet das Verhalten Samuels nicht seine Billigung.
Samuel, der ihnen erzählt hat, er sei Bāla Sais Jugendfreund, und der sie den ganzen Weg hierher an diesen Ort gebracht hat, singt Lieder zusammen mit den Devotees, als ob er alles vergessen hat. Es scheint nicht so, als hätte er Bāla Sai wenigstens von ihrer Ankunft unterrichtet.
Carol bemerkt mit einem Seitenblick die Ungeduld ihres Ehemannes und bittet ihn mit Blicken, noch ein wenig geduldig zu sein. Der sechsjährige Edward, der in ihrem Schoß sitzt, beobachtet die Darbietung voller Wissbegier.
Noch eine halbe Stunde vergeht.
Timothy und seine Frau wollen gerade aufstehen und gehen, da kommt die Botschaft. Sri Bāla Sai lädt sie in seine Wohnung ein, und mit ihnen geht auch Samuel hinein.
Nachdem er die Schwelle überschritten hat, berührt Samuel die Füße Sri Bāla Sais, der heiter aussieht wie der Gott im Sanctum Sanctorum oder Allerheiligsten. Das überrascht Timothy. Sri Bāla Sai spricht nicht freundlich mit Samuel.
Also denkt Timothy, Sri Bāla Sai verhält sich, als müsse jeder ohne Ausnahme zum Zeichen der Verehrung seine Füße berühren. Bāla Sai sieht Timothy voller Konzentration an und sagt freundlich:

„Kommen Sie her, Freund... Samuel berührte meine Füße nicht mit dem Gedanken, Sie wissen zu lassen, dass ich als göttliches Wesen geboren bin."
Timothy erschrickt. Als hätte er seine Gedanken gelesen, erregt Sri Bāla Sai ihn gleich beim allerersten Versuch.
„Das ist es nicht, Swāmī..."
Timothy will völlig verwirrt noch etwas sagen und Bāla Sai lächelt ihn bedeutungsvoll an.
„Wie Sie gedacht haben, ist Samuel mein Jugendfreund und mehr als das, mein zweites Ich, mein Busenfreund. Aber er berührte meine Füße nur, um Sie verstehen zu lassen, dass er der geistigen Untauglichkeit, genannt Ego, entsagt hat."
Bāla Sai erläutert Timothy, der verwundert aussieht, im einzelnen:
„In dieser Schöpfung identifiziert jeder Mensch sich selbst mit Bezug auf den physischen Körper. Deshalb wird diesem Körper ein Name gegeben. Der Mensch schmückt den Körper und betrachtet ihn als seine Existenz. Er hat unter der Täuschung zu leiden, das ‚Ich' sei mit dem Körper gleichzusetzen."
Timothy fragt bescheiden:
„Stimmt das denn nicht, Swāmī?"
Sanft lächelnd fragt Bāla Sai Timothy auf Englisch:
„Ist Ihr Name nicht Timothy?"
Timothy ist verblüfft, als Bāla Sai ihn mit seinem eigenen Namen anredet, ohne dass er Bāla Sai diesen Namen genannt hat.
„Ja..." Timothy nickt.
„Wer beschloss diesen Namen?"
„Meine Eltern."
„Seit wann werden Sie Timothy genannt?"
„Seit meiner Geburt."
„Das heißt, seit Sie aus dem Mutterleib herauskamen und als kleines Kind Ihren Fuß auf diese Welt setzten."
Timothy versteht das Grundprinzip hinter dieser Unterhaltung nicht. Mit zitterndem Blick sagt er:
„Ja."

„Ist Ihre gegenwärtige Erscheinung dieselbe wie die zur Zeit Ihrer Geburt?" fragt Bāla Sai.
„Nein. Sie hat sich sehr verändert.."
Bāla Sai stellt die Frage:
„Warum haben Sie dann den Namen Timothy nicht geändert? Ihre Erscheinung damals und die derzeitige sind nicht identisch. Warum werden Sie dann immer noch mit dem alten Namen gerufen? Wenn sich die Erscheinung verändert, sollte auch der Name geändert werden."
Timothy kann die Frage nicht beantworten.
Bāla Sai sagt:
„Timothy, das ist die Wahrheit, die der Mensch allgemein nicht versteht in dieser Welt. Sie haben Ihrem Körper den Namen Timothy gegeben, aber das wahre ‚Ich' ist nicht dieser Körper. Das ‚Ich', das Sie nicht verstehen, ist nicht Ihre äußere Erscheinung. Es ist in Ihnen. Das, was in Ihnen ist, ist in jedem gegenwärtig.
‚DAS' erstrahlt als ewige Wahrheit in allen. Das heißt, es ist die Seele, die Quelle der Schöpfung. Es ist Teil der Universal-Seele. Wenn Sie diese Wahrheit verstehen, können Sie auch du ein Gott werden wie ich. Dann preisen auch Sie alle Leute als Gott. Sie sind Lehrer und erteilen etlichen Menschen Unterricht. Wie kann ich glauben, dass Sie diese Wahrheit nicht kennen?"
Timothy sieht weiterhin ängstlich aus.
Bāla Sai hat ihn in ein Meer von Erstaunen versetzt, indem er ihn nicht nur bei seinem Namen nannte, sondern sich auch noch auf seinen Beruf als Professor an der Universität von London bezieht – und das alles mit großer Leichtigkeit.
Ob es aus der Verwirrung heraus geschieht oder wegen der Idee, dass er vor einer Persönlichkeit von großer Würde steht – jedenfalls ergreift Timothy ganz unerwartet Bāla Sais Füße.
„Als Student habe ich verschiedene Religionen studiert und las die traditionellen Berichte Ihres Landes sehr gründlich. Aber ich pflegte mich an die inspirierten Weisen und die abstrakte Kontemplation zu erinnern und über sie zu lachen. Ich pflegte mit Freunden scherzend über die Kraft der übernatürlichen Sicht

und magischen Kräfte der Typen in den Purānas zu reden. Ich schäme mich dessen."
Bāla Sai richtet Timothy voll Zufriedenheit auf und sagt:
„Sie haben unwillkürlich meine Füße berührt, nicht weil Sie mich als Gott betrachten. Es geschah, weil Sie mit Ihrem Verstand das Ego beherrscht haben, das Sie bis vor einem Moment beherrschte. Der allein kann sinnliche Wünsche vergessen, der über den physischen Zustand hinausgeht und mit dem Verstand arbeitet und seine Hände in Ehrerbietung faltet. Gott überschüttet nicht nur über die seine Liebe aus, die seine Füße berühren. In Gottes Augen sind alle gleich. Die Bezeichnung für ein Schmuckstück mag ‚Halskette' sein oder ‚Kette'. Aber der Ursprung ist Gold. Für uns ist Gott der Ursprung. Die Seele in jedem Menschen ist ein Abbild des Höchsten Geistes."
So spricht Bāla Sai mit Bestimmtheit.
Timothy schaut Swāmī an und sagt:
„Bitte verzeihen Sie mir. Ich..."
Bāla Sai bemerkt:
„Sie haben sehr lange gezögert, zu mir zu kommen. Sie haben den Gedanken, auf mich zu vertrauen, als Unwissenheit abgetan. Aber Ihre Frau ermutigte Sie und brachte Sie her. Stimmt's?"
Tränen laufen Carol über das Gesicht.
Auch sie ist eine gebildete Frau. Zusammen mit ihrem Mann hat sie viele Länder besucht. Aber hier Bāla Sai zu begegnen ist eine unvergessliche Erfahrung.
Edward beobachtet mit einem Finger im Mund die Gestalt Bāla Sais, der liebevoll sagt:
„Komm her, mein Junge."
Edward fürchtet sich nicht. Er geht geradeswegs zu Bāla Sai und bleibt vor ihm stehen.
Für ein paar Minuten schließt Bāla Sai seine Augen wie im Gebet, und dann seufzt er tief und legt seine Hand auf Edwards Kopf. Er sagt:
„Es ist nicht nötig, dass du jetzt in die Höhle des Todes gehst. Du wirst lange leben. Ich werde dich beschützen."

Bāla Sais Worte müssen die empfindliche Stelle in den Schichten ihres Geistes getroffen haben, denn Carol umfasst in tiefem Kummer seine Füße und sagt schluchzend:
„Die Ärzte sagen, dass mein Kind nicht überlebt. Befreien Sie mich von der Sorge, dass ich ihn verliere."
Voll wahrer Liebe, durchdrungen von Melodien, spricht Bāla Sai sie freundlich an:
„Dies ist das Land der Sterblichen. Alle Lebenden hier müssen sich der Transformation des Lebens unterziehen. Aber Ihr Kind muss jetzt keine Gefahr befürchten. Rezitieren Sie jeden Tag den Namen Gottes und beten Sie für sein langes Leben. Leben Sie ein gesegnetes Leben, indem Sie einen Geist entwickeln, der alle Menschen liebt."
Er materialisiert ein Schmuckstück als Andenken und übergibt es den Eheleuten mit seiner Rechten, so wie ein Vater seine Kinder mit einer Süßigkeit beschenkt.
Timothy weiß, dass es Zeit für sie ist zu gehen, aber ihm kommt alles wie ein Traum vor. Er fragt:
„Wird mein Sohn wirklich leben, Swāmī?" – obwohl er weiß, dass es Sünde ist, derart zu zweifeln.
Bāla Sai lacht gütig. Er sagt:
„Sie haben Göttlichkeit missachtet und schließlich, wenn auch mit Misstrauen, an meine Existenz geglaubt. Genau in dem Augenblick ist Ihr Leiden behoben worden, Timothy. Ihr Kind, das gebadet ist in dem Blut von Jesus Christus, der für das Wohl der Welt gekreuzigt wurde, wird jetzt nicht sterben. Gehen Sie ohne irgendwelche Befürchtungen!"
Das Ehepaar berührt noch einmal Bāla Sais Füße und bricht leichten Herzens am nächsten Tag nach England auf.
Innerhalb einer Woche nach ihrer Ankunft lassen sie das Kind in einem großen Krankenhaus untersuchen. Als sie erfahren, dass Edward frei von jeglicher Krankheit ist, erfüllt unglaubliche Freude das Ehepaar.
Dies ist das erste Ereignis, durch das auch Ausländer die Göttlichkeit Sri Bāla Sais erkennen.

Om Namo Bhagavate Sri Bāla Sai Bābāya Namah

41

Sri Bāla Sai ist ein Pilgerreisender, völlig unbewusst jeglicher Ermüdung. Von unzähligen Menschen gepriesen als der Freund von Brüderlichkeit unter den Devotees, hat er in reichem Maße Verehrer nicht nur aus Andhra Pradesh angezogen, dem Sprachgebiet des Telugu, sondern auch solche aus anderen Staaten. Er erstrahlt als die Verkörperung des Mitgefühls für die Bedürftigen und transformiert die Stürme, die die sterblichen Geister verwirren, in seinen Lebensatem. Er ist der große Ozean, dessen Vollkommenheit darin besteht, die Flüsse der Sorgen in der Welt in seiner Brust zu verbergen. Er ist der standfeste Gelehrte, der die Krankheit der geistigen Verrenkung der Egoisten heilt, die in der Dunkelheit der Ignoranz verstrickt und nicht bereit für die Suche nach der Wahrheit sind.

Ein Devotee, der einmal Bāla Sais Darshan gehabt und ihn um die Beendigung seiner Widerwärtigkeiten gebeten hat, kann nicht umhin, Sri Nilayam wieder zu besuchen. Es ist so, weil Sri Bāla Sai auf den Hilferuf reagiert, selbst das unausgesprochene Leid versteht und ein wohlwollendes Herz besitzt, das dem einer Mutter weit überlegen ist. Er ist Gefährte in unseren Schwierigkeiten. Er ist der Freund der Armen, der seinen Ruhm offenbart, indem er die Seiten unseres Geistes durchliest, noch bevor wir den Mund auftun.

Eines Tages in Sri Nilayam gibt Bālaji, der Jugendfreund, der sich dem Dienst Bāla Sais widmet, Swāmī gegenüber einen merkwürdigen Zweifel preis, als er mit ihm allein ist:

„Du bist berühmt geworden als derjenige, der die Probleme aller wie der Höchste Geist löst. Wie kannst du jene selbstsüchtigen

Leute vermeiden, die sich zur Gewohnheit machen, alles anzunehmen, was du ihnen auch gibst, nur um dann später deine Segnungen zu beleidigen und zu beschimpfen?"
Bāla Sai lächelt sanft.
Bālaji pflegt schon seit fünfzehn Jahren seine Zweifel völlig naiv zu klären und nun stellt er seine überraschende Frage auf die gleiche Art.
Bāla Sai streicht liebevoll über den Kopf Bālajis, der ihm zu Füßen sitzt.
„Aus meiner Sicht gibt es nicht zwei Begriffe wie Selbstsucht und Selbstlosigkeit. Beide sind gleich. In unserer Gesellschaft, in der die Definitionen verschieden sind je nachdem, wie wir auf die Dinge schauen, sind ‚gut' und ‚böse' Worte, die gebraucht werden, um Eigenschaften zu bezeichnen und nicht Menschen. Wir sollten den Verstand reformieren, der den Menschen beherrscht und ihn handeln lässt, aber nicht den Menschen.
Ich betrachte jeden Menschen als Gott. Aber manchmal verderben ihn Begehrlichkeit und fleischliches Vergnügen - vom Status eines Menschen zu dem eines Dämons. Das Ziel meines Lebens besteht darin, diesen Makel zu beheben. Es besteht darin, die Menschen Gott in sich erkennen zu lassen und sie durch sanftes Lieben, Trösten und Überreden in göttliche Wesen zu verwandeln."
Bālaji meint:
„Das verstehe ich nicht ganz, Bābā."
Obgleich ein Freund seit ihrer Kindheit, spricht er Bāla Sai einmal als ‚Bābā' und im nächsten Moment als ‚Swāmī' an.
„Wirklich, Swāmī," sagt Bālaji zu Bāla Sai, dessen Blick auf ihm ruht. „Ich habe nur die Hälfte von dem verstanden, was du gerade gesagt hast."
„Du Dummkopf," sagt Bāla Sai vielsagend als eine Anspielung. „Du hörst immer nur, was dir erzählt wird, aber du berichtest niemals anderen von dem, was du gehört hast!"
Bālaji erholt sich schnell und sagt nachdenklich:
„Selbst das verstehe ich nicht völlig. Warum sollten wir anderen erzählen, was wir gehört haben?"

„Wir sollten es anderen berichten! Nur dann wird eine Sache von deinen Sinnesorganen gänzlich verstanden. Nur wenn es so verdaut wird, wird es zur Wahrheit, wert praktiziert zu werden, und macht dich stark. Gute Freundschaft, gute Bücher und gute Worte sind alles Synonyme für die Gemeinschaft mit tugendhaften Menschen. Diese Wahrheit wurde schon von den Propheten akzeptiert. Deshalb legten die großen Weisen alter Zeiten dem gemeinen Mann ihre Botschaften aus und vermieden es, dass weltliche Angelegenheiten ihrem Geist anhafteten und ihn verunreinigten. So wurden sie bereit für intellektuelle Übungen. Hast du das verstanden?"

„Selbst wenn ich es nicht verstehe, was schadet mir das, Bābā?" sagt Bālaji prompt. „Wenn es das Ziel und das Bestreben des Menschen ist, Gott zu erreichen – ich konnte dich ohne irgendwelche großen Anstrengungen erreichen. Ich kann mit dir leben. Was brauche ich noch mehr?"

Während Freudentränen von Bālajis Augen herabfließen, die einen an den Seelenschmerz Kuchelas erinnern, streichelt Sri Bāla Sai liebevoll Bālajis Kopf.

Da er sich dessen bewusst ist, dass es Zeit ist für die Gespräche mit den Devotees, steht Bāla Sai auf und sagt:

„Du hast vorhin eine Frage gestellt... Komm, du wirst persönlich die Antwort sehen können."

Er geht hinaus.

Während die Natur, die Sri Nilayam umgibt, sich in einem Zustand der Ekstase befindet, sitzt Sri Bāla Sai auf seinem Simhaasana auf dem Podium.

Der Bhajan, der ungefähr eine Stunde gedauert hat, nähert sich dem Ende. Ein Devotee nach dem anderen verlässt den Āshram, nachdem sie Bāla Sais Füße berührt und eine Frucht zusammen mit seinem liebevollen Segen erhalten haben.

Als Bāla Sai, der sich nach Hunderten von Devotees, die er mit ihren Namen anspricht, persönlich erkundigt hat, anschickt, nach Schluss des Programms für diesen Tag hineinzugehen, ruft jemand laut: „Bābā!"

Er hält an und schaut zu Vedagiri, der ihn gerufen hat und seit Jahren ein Bekannter ist.
„Sprich, Giri!" sagt Bāla Sai freundlich.
„Mein Freund Melkote ist zusammen mit seiner Frau von Bhiwandi in Maharashtra gekommen. Seit den letzten drei Tagen versucht er, dich zu sprechen," sagt Vedagiri und zeigt auf ein Ehepaar.
Ein junger Mann von ungefähr dreißig Jahren und seine Frau grüßen Swāmī ehrerbietig und berühren mit verzückter Hingabe seine Füße. Wie aus Gewohnheit materialisiert Sri Bāla Sai Vibhūti und gibt sie beiden.
Noch bevor Bāla Sai ihn dazu auffordert, sprudelt Melkote seinen Kummer hervor, als ob er keine bessere Gelegenheit als diese bekommen würde:
„Wir sind seit sechs Jahren verheiratet, Bābā. Es gibt keine Gottheit, die wir nicht verehrt, und keinen Arzt, den wir nicht besucht haben. Dennoch ist meine Frau noch nicht Mutter geworden. Deshalb sind wir zu Ihnen gekommen, nachdem wir durch Vedagiri von Ihnen gehört haben."
Sri Bāla Sai bleibt eine ganze Weile still. Seine Blicke dringen bis in die Tiefen des Herzens vor, und Melkote, der sich verwirrt fühlt, sagt stammelnd:
„Zeigen Sie uns den Ausweg, Bābā! Sie allein sind unsere Zuflucht."
Bāla Sai sagt gütig:
„Brauchen Sie Kinder?"
Melkote, der so eine Frage nicht erwartet hat, antwortet stockend voller Verlegenheit:
„Nach der Hochzeit möchten die Eheleute Kinder haben, Bābā."
„Sind Sie Mann und Frau geworden, nur um Kinder zu bekommen oder wünschen Sie sich Kinder, weil Sie verheiratet sind?"
Melkote wird durch die Fragen, die Bāla Sai ihm entgegenschleudert, in seinem Eifer gedämpft und gerät ins Schwitzen. Er sagt:

„Bābā, obgleich wir nicht um der Kinder willen Mann und Frau wurden, wünschen wir uns Kinder, weil wir durch Heirat verbunden sind."
„Ich gratuliere Ihnen, Freund, zu Ihrer akuten Seelenqual um Nachwuchs! Was planen Sie zu tun, wenn Ihr Ehestand mit einem männlichen Kind gesegnet wird?"
Melkote antwortet begeistert:
„Ich würde ihn zu einem großen Ingenieur machen und nicht zu einem Beamten, wie ich einer bin."
Bāla Sai sieht ihn flüchtig an und sagt:
„Was gewinnen Sie dadurch, dass Ihr Sohn Ingenieur wird?"
„Beachtung in der Gesellschaft."
„Was noch?"
Melkote sagt stolz: „Ein sehr gutes Gehalt!"
„Was haben denn Sie davon?"
„Eine ganze Menge. Gehört denn nicht auch mir, was mein Sohn verdient? Wenn wir in unserem Alter nicht irgendeinen Mangel leiden sollen, dann ist es nicht falsch, in diese Richtung zu denken."
„Und was ist mit Ihrer Mutter, die über Sie genau so gedacht hat?"
Melkote ist erschrocken, als ob eine Bombe neben ihm eingeschlagen wäre. Ohne das geringste Zeichen von Ärger sagt Bāla Sai freundlich lachend:
„Ihre Mutter hat um Ihrer Geburt willen zahllosen Gottheiten Verehrung erwiesen. In Ihrer Kindheit diente sie Ihnen wie eine Sklavin und wusch Ihnen Exkremente und Urin ab. Wenn eine kleine Mücke Sie gestochen hatte, zitterte sie, als hätte eine Schlange Sie gebissen. Warum haben Sie sie aus dem Haus gejagt?"
Zusammen mit Vedagiri, der in der Nähe steht, beobachtet auch Bālaji, der hinter Bāla Sai steht, angespannt die Szene.
Außer Melkote, der bis eben über seine ersehnten Vorteile gesprochen hat, schlägt auch seine Frau die Augen nieder.
Bāla Sai bemerkt ungerührt:

„Melkote, die Mutter ist kein Spielzeug, mit dem man spielt, solange man es benötigt, und das man dann fortwirft. Sie ist das genaue Abbild von Gott. Sie ist die von Gott gesandte Gestalt, um an Seiner Statt Liebe zu schenken, da Er nicht bei jedem Lebewesen sein kann, das Er geschaffen hat. Wie könnten Sie Vater werden, nachdem Sie solch eine Mutter fallen gelassen haben?"

„Nein, Bābā. Dauernd hat sie mich und meine Frau geärgert mit ihrem Zögern und Schwanken..."

„Sie hat ihren Mann verloren und ist einsam geworden – und Sie wollen sie aus dem Hause schicken, weil Sie sich ärgern," sagt Bāla Sai. „Haben Sie sie in Ihrer Kindheit nicht geärgert und belästigt? Haben Sie nicht Ihre Mutter mit unmöglichen Wünschen gestört wie mit der Bitte um den Mond am Himmel? Hat Ihre Mutter Sie aus dem Haus gejagt wie einen unerwünschten Burschen? Wie unglückselig Sie sind, Melkote! Glauben Sie, Sie könnten irgendeine Belohnung erlangen, indem Sie Gott Tapas anbieten, nachdem Sie Ihre göttliche Mutter missachtet haben?"

Für ein paar Augenblicke herrscht Stille.

Dann sagt Bāla Sai:

„Mein lieber Freund! Sie haben Ihre Selbstsucht gezeigt, indem Sie feststellten, dass Sie aus einem Sohn, der Ihnen geboren würde, einen Ingenieur machen und glücklich leben wollen, anstatt ihn zu einem klugen Menschen zu erziehen. Wenn Sie Vater werden wollen, gibt es nur einen Weg. Sie sollten Ihrer Mutter zu Füßen fallen, und Sie und Ihre Frau solltet ihre Vergebung erbitten. Beide sollten Sie angemessen Sorge tragen dafür, dass es ihr an nichts fehlt!"

Mit Blick auf Melkotes Frau sagt Bāla Sai:

„Sie haben einen leidenschaftlichen Wunsch, Mutter zu werden, aber Sie waren bisher nicht fähig, die benötigten Werte zu erreichen. Auf dieser Welt gibt es zwei Dinge, die nicht wiederkehren: die Zeit und das Leben.

Mutterschaft ist von unschätzbarem Wert. Um Mutter zu werden ist Weiblichkeit nicht ausreichend. Sie sollten einen angeneh-

men freundlichen Geist haben, der wie eine Mutter selbstlose Liebe zeigen kann. Nur wenn Sie Ihre Schwiegermutter ehren können wie Ihre Mutter, können Sie Mutter werden... Gehen Sie jetzt!"
Das Ehepaar erhält den Segen von Bābā und verlässt den Āshram mit der Bürde der Scham.
Nachdem Sri Bāla Sai sich in seinen privaten Raum zurückgezogen hat, steht Bālaji noch ziemlich erstaunt da.
Vor ein paar Augenblicken hat er Bāla Sai gefragt, inwiefern es gerechtfertigt ist, auch egoistischen Menschen selbstlos zu helfen. Als Antwort darauf hat Sri Bāla Sai an einem Vorkommnis oder Beispiel einem Ehepaar einen Weg zur Selbstlosigkeit aufgezeigt. Bābā ist allgegenwärtig. Er sieht das verdienstvolle Wesen der Menschen oder das Gegenteil, während er ihre Bedürfnisse gewährt, ohne sie zurückzuweisen. Deshalb ließ er Melkote dessen Selbstsucht erkennen und ermöglichte so Gerechtigkeit für eine Mutter durch seine Philosophie der Liebe.

Einen Monat nach diesem Ereignis kommt das Ehepaar Melkote wieder nach Sri Nilayam. Diesmal ist Melkotes Mutter bei ihnen. Sri Bāla Sais Segen war nicht vergeben. Melkotes Frau ist nun schwanger.
Bāla Sai ist liebevoll zu seinen Devotees und segnet sie mit der Erfüllung ihrer Wünsche.
Melkote fällt ihm zu Füßen, und Tränen rinnen herab von seinen Augen. Alle Devotees in Sri Nilayam stehen und schauen dem Geschehen erstaunt zu.
Am selben Tag kommt ein deutsches Ehepaar in Sri Nilayam an.

Om Namo Bhagavate Sri Bāla Sai Bābāya Namah

42

Rubin ist Doktor der Philosophie und Professor an einer deutschen Universität. Er ist mit seiner Frau Claudia nach Indien gekommen, nur um Sri Bāla Sais Darshan zu erhalten. Er ist fünfzig Jahre alt. Er hat die Bücher aller Religionen studiert, die die Grundlage der uralten Kultur der Erde sind. Außer indischer Philosophie hat er sehr gründlich das Rāmāyana und das Mahābhārata gelesen, welche die Kultur Indiens widerspiegeln.
Es gibt nur einen Grund für Rubin, warum er Bāla Sais Darshan haben möchte. Bei einem wissenschaftlichen Seminar in Italien hat er Timothy aus Groß Britannien getroffen. An einem Abend in einer Unterhaltung hat Timothy ihm von der Bluterkrankheit seines Sohnes Edward erzählt und davon, wie Sri Bāla Sai sie dauerhaft geheilt hat. Zunächst konnte Rubin die Darstellung des höchst gebildeten Timothy gar nicht glauben. Aber als der Zustand Edwards dokumentarisch belegt werden konnte, versuchte er – misstrauisch – Bāla Sai zu vertrauen und dachte daran, mit seiner Frau nach Indien aufzubrechen.
Er wäre wohl sofort nach Indien geflogen, aber durch einen Autounfall erlitt seine Frau eine Kopfverletzung und fiel ins Koma. Die Ärzte erklärten, sie hätte keine Chance, das Bewusstsein wiederzuerlangen. Trotzdem bemühte er sich um die besten Neuro-Chirurgen in Deutschland, aber keiner konnte über den Zustand seiner Frau sichere Angaben machen. Zur gleichen Zeit wurde sein Visum genehmigt und das Datum für den Flug rückte schnell näher. Er war äußerst bedrückt und nicht in der Lage, eine Entscheidung zu treffen.

Genau dann befand der Neuro-Chirug Dr. Paul aus den USA sich zu Besuch in Deutschland und wie aus purem Zufall traf er Rubin.
Eine Behandlung von nur dreitägiger Dauer bringt Claudia wieder zu Bewusstsein und termingerecht reist das Ehepaar Rubin nach Indien.
Sie haben nicht versucht, Sri Bāla Sai gleich am ersten Tag ihrer Ankunft in Sri Nilayam zu begegnen.
Eine Woche lang nehmen sie sowohl morgens als auch abends an den Bhajans teil, obwohl sie die Sprache nicht verstehen, und sehen Bāla Sai von Zeit zu Zeit auf dem Podium erscheinen.
Die Aktivitäten im Bereich des Āshrams erfüllen Rubin mit Erstaunen. Bāla Sai schenkt ihm keinerlei spezielle Beachtung, nur weil er ein Ausländer ist. Direkt in seiner Nähe sieht er, wie bekümmerte Menschen Bāla Sai von ihren Nöten berichten und seinen Segen erhalten. Aber ihnen schenkt Bāla Sai keinerlei Aufmerksamkeit.
Nach einer Woche verliert Rubin die Geduld und fragt einen Devotee, der zum Āshram gehört, was er tun muss, um ein Gespräch mit Bāla Sai führen zu können, wenn dieser allein ist.
Dieser Devotee ist zufällig ein Kollege, ein Dozent. Er versteht Rubins Problem. So antwortet er Rubin in Englisch, der außer Deutsch auch Englisch spricht:
„Sri Bāla Sai ist gutherzig und gewährt auch ungefragt seinen Segen. Vielleicht hat er das Gefühl, dass in Ihrer Angelegenheit nichts getan werden muss."
Er fügt gleichsam als Versicherung hinzu:
„Wenn Sie denken, dass Sie Ihn persönlich treffen müssen, werde ich mich um eine Erlaubnis Bābās bemühen."
Diese Antwort erscheint seltsam. Mit einem leisen Lachen sagt Rubin ungerührt:
„In dieser Welt wird ein Mensch, so lange er lebt, unerfüllte Wünsche haben. Wie kommt es also, dass gerade in meinem Fall nichts zu erledigen sein soll? Bitte arrangieren Sie einmal eine Gelegenheit für ein Treffen!"

Noch bevor der Devotee Rubin eine Antwort geben kann, kommt Bālaji zu ihnen und sagt zu den Rubins:
„Sri Bāla Sai möchte, dass Sie zu ihm kommen."
Um neun Uhr, nach dem Frühstück, betritt das Ehepaar den Privatraum Sri Bāla Sais.
Sri Bāla Sai sitzt bequem auf seinem Thron. Er hat ein gütiges Gesicht. Er lacht so hell wie das Mondlicht und spricht zuerst Claudia auf Englisch an:
„Wie steht es um Ihre Gesundheit?"
Rubin ist verlegen. Nicht an sie beide richtet Bāla Sai seine Worte, sondern er erkundigt sich nach der Gesundheit seiner Frau. Heißt das, dass Sri Bāla Sai bereits von dem Unfall weiß, den Claudia gehabt hat?
„Ja, ich weiß es," sagt Bāla Sai leise lachend.
Rubin gerät ins Schwitzen. Es ist unvorstellbar, dass Bāla Sai nicht ihm, sondern seinem fragenden Verstand direkt antwortet.
„Nicht nur über die Gesundheit Ihrer Frau, Rubin, sondern ich weiß auch Bescheid darüber, dass Sie um eine Erlaubnis gebeten haben, mich zu sehen, nachdem Sie meinen Āshram schon die ganze letzte Woche lang angesehen haben."
Rubins Kehle ist trocken. In den fünf Jahrzehnten seines Lebens hat er etliche anscheinend unmögliche Dinge gesehen. Er ist gut erzogen, gut unterrichtet, gut ausgebildet - gebildet. Aber die derzeitige Bekanntschaft mit Bāla Sai und vor allem mit seiner Macht, Gedanken zu lesen, ist jenseits aller Wissenschaft. Dies kann man nur durch eigene Erfahrung glauben.
Rubin, der vielen als ein außergewöhnlicher Intellektueller bekannt ist, bringt unwillkürlich seine Handflächen zusammen und sagt:
„Seien Sie gegrüßt, Bābā. Innerhalb der wenigen Minuten, die ich jetzt vor Ihnen stehe, bekam ich schon das Gefühl, dass ich eine übermenschliche Kraft sehe. Ich bringe Ihrer Göttlichkeit meine Ehrerbietung dar. Mein Leben ist durch das Darshan des großen Weisen aller Zeiten gesegnet."
Rubin spricht so und geht auf die Knie und berührt Bāla Sais Füße. Claudia tut es ihm nach.

Bāla Sai materialisiert heilige Asche in seiner Hand und gibt sie ihnen beiden. Rubin schaut Bāla Sai unverwandt an. Bāla Sai sagt zu ihm:
„Rubin, Sie sind über die Religion hinausgewachsen und ein Experte von philosophischer Wissbegier. Daher hat Ihre Frau eine große Gefahr überlebt. Sie konnte in mein Universitäts-Gelände kommen, das die Wohnstatt der Veden ist."
Rubins Augen füllen sich mit Tränen.
Wo ist Deutschland und wo ist Indien? Selbst in Indien, wo ist Andhra Pradesh und wo ist Sri Nilayam in Kurnool? Sie sind nicht geographisch verbunden, aber Sri Bāla Sai erklärt alles so deutlich, als habe er alles gesehen. Wer anderer kann er sein als Gott?
Rubin sagt mit einem tiefen Gefühl von gänzlicher Inanspruchnahme:
„Bābā! Ich kam zu Ihnen, um mit Ihnen über die Heiligen Schriften Ihres Landes, die ich gelesen habe, zu reden. Aber nach dem großen Segen Ihres Darshans, den ich wie einen Traum empfinde, bin ich sprachlos. Und ich verstehe überhaupt nicht, wie Sie von dem Unfall meiner Frau wissen können."
Sri Bāla Sai sagt sanft:
„Ich bin nicht eine Vorstellung, ein Konzept, Rubin, ich bin die Wirklichkeit. Darum habe ich Ihnen eine Gelegenheit verschafft, hierher zu kommen – genau an dem Tag, den Sie dafür vorgesehen hatten."
Rubin sagt:
„Vielleicht hat Ihr Segen in der Gestalt des Dr. Paul meine Frau wieder in den Normalzustand gebracht:"
„Wenn Sie nicht das starke Verlangen gehabt hätten, mich zu sehen, wäre Dr. Paul nicht zu Ihnen gekommen."
Verwundert fragt Rubin:
„Soll das heißen, dass Dr. Paul auch Ihr Devotee ist, Bābā?"
Sri Bāla Sai lacht:
„Ja. Er liebt mich tief und innig, und so teilte er diese Liebe mit Ihnen. So verschaffte er Ihnen beiden eine Gelegenheit, hierher zu kommen."

Dr. Paul hat in den drei Tagen ihrer Bekanntschaft nicht ein einziges Mal von Bābā gesprochen. Tatsächlich hat Rubin ihm gegenüber seinen Plan, nach Indien zu reisen, erwähnt. Welchen Grund hatte Dr. Paul, keinerlei Interesse daran zu zeigen, obwohl er doch Bābā kennt?
Rubin ist für einen Aufenthalt von zehn Tagen gekommen, aber jetzt beschließt er, noch mindestens einen Monat lang in Sri Nilayam zu bleiben.
Für diesen Tag verabschiedet er sich von Bāla Sai und geht zurück in sein Zimmer. Er unterhält sich ungefähr eine Stunde lang mit seiner Frau Claudia über die Würde und Bedeutung Bābās und seine Göttlichkeit.
Dann will er mit Dr. Paul in Amerika telephonieren und sucht aus dem Koffer dessen Visitenkarte heraus, die er von ihm bei seinem Besuch in Deutschland erhalten hat.
Aber das....
Er ist entgeistert, als er die Adresse auf der Karte liest. Wunder über Wunder! Auf der Karte steht jetzt nicht Dr. Pauls Name!
Die Adresse auf der Karte lautet nun „Sri Bāla Sai, Sri Nilayam, Kurnool, Indien".
Was soll das heißen?
War es Bāla Sai, der in der Gestalt des Dr. Paul kam, um sie nach Indien zu holen, wie sie es geplant hatten?
Rubin kennt die Umwandlungen in der Schöpfung genau – von der Steinzeit bis zum Zeitalter der Raketen.
Er hat die Ermahnungen vieler Reformer gelesen, die versucht haben, den Menschen von Gefühllosigkeit zu Bewusstheit zu führen. Indem er im Geist Bāla Sais Namen wiederholt, denkt Rubin, dass Bāla Sai der wahre Eine ist, der die Welt antippt und erweckt, die tief im Schatten des Baumes der Unwissenheit schläft.

Claudia schaut ihren Mann an und fragt:
„An was denkst du?"
Er zeigt ihr die Visitenkarte mit Bāla Sais Namen darauf. Tränen entströmen ihren Augen.

Sie sagt:
„Was die Welt benötigt, ist nicht bloß Technologie: sie benötigt auch spirituelle Weisheit."
Genau in diesem Moment beschließt Claudia, die Geschichte Bāla Sais unter den Menschen ihres Landes zu verbreiten.

Om Namo Bhagavate Sri Bāla Sai Bābāya Namah

43

Als der Morgengottesdienst vorbei ist, Sri Bāla Sai alle Devotees gesegnet hat und in seine Wohnung gehen will, sieht er eine Frau soeben in den Āshram hereinkommen. Sie ist etwa fünfundzwanzig Jahre alt und kommt so schnell herbei, als ob sie von jemandem gejagt würde. Sie umarmt Bāla Sais Füße und unter Sturzbächen von Tränen weint sie:
„Retten Sie mich, Bābā!"
Sri Bāla Sai streicht ihr beruhigend über den Kopf und sagt:
„Waren Sie nicht schon einmal hier?"
Entweder sieht sie es als ihr gutes Schicksal an, dass Bābā sie unter den unzähligen Devotees bemerkt hat, die dort hinkommen, oder sie glaubt, dass Bāla Sai der Gott ist, der ihr Leid schon versteht, bevor sie es noch ausgesprochen hat. Sie schaut ihn unter Tränen an und sagt stammelnd:
„Ja, Bābā. Vor zwei Monaten war ich einmal hier und blieb für zwei Tage. Aber ich bin meine Schwierigkeiten nicht losgeworden."
Bāla Sai sieht sie ruhig an und fragt:
„Wie heißen Sie?"
Sie ist Muslimin. Sie sagt:
„Jahida. Der Name meines Mannes ist Bashir. Wir haben vor drei Jahren geheiratet. Er arbeitet in einem Regierungsbüro in Nandyal. Er misstraut ständig meinem Charakter und quält mich körperlich. Vor zwei Monaten sagte ich zu ihm, ich plane zu meinen Eltern zu gehen, und kam hierher in diesen Āshram. Ich dachte, mit dem Glück Ihres Darshans würde mein Leben sich

bessern. Aber es brachte mich in noch größere Schwierigkeiten."
Bāla Sai sagt sanft:
„Ihr Mann hat Sie verdächtigt, jene beiden Tage in der Gesellschaft eines Liebhabers verbracht zu haben. Stimmt das?"
Sie sieht ihn überrascht an:
„Ja, Bābā. Es ist so, wie Sie sagen."
„Warum haben Sie ihm nicht gesagt, dass Sie in Sri Nilayam waren?!
„Es hätte keinen Zweck gehabt, das zu sagen, Bābā. Mein Mann glaubt mehr an Aberglauben als an Gott. Deshalb ging er zu einem Swāmī, um ein Amulett zu holen und versuchte zu erfahren, ob ich keusch bin oder nicht. Der Swāmī hat ihm erzählt, ich sei nicht rein und unschuldig. Wenn mein Mann es wünsche, so könne er eine glühende Sichel auf meine Hand legen, und falls ich unschuldig sei, würde meine Hand nicht verbrannt."
Bāla Sai weiß, dass einige Leute aus blinder Überzeugung andere veranlassen, den falschen Weg zu wählen. Er schließt seine Augen.
Jahida fährt fort:
„Mein Mann will heute auf der ‚Rachcha banda' mitten im Dorf solch einen Test mit mir durchführen. Weil ich mich davor fürchte, kam ich zu Ihnen gelaufen, Bābā. Bitte, retten Sie mich!"
Sie fällt schluchzend vor ihm nieder.
Dummheit ist nicht verwandt mit Religion. Das menschliche Leben ist ein außergewöhnliches Geschenk, gewährt von Gott. Vom Menschen wird erwartet, dass er seinen Verstand schärft, den Mitmenschen den Segen gewährt, ihr Leben in Sicherheit zu erhalten, und dass er Göttlichkeit zeigt. Aber er zeigt stattdessen die Züge von Dämonen und handelt wie der schreckliche Gott des Todes, der Bezwinger. Anstatt ein bedeutsames Leben zu führen, indem er die Seiten des Lebens-Buches mit Weisheit füllt und die Feder des Intellektes dazu benutzt, verschwendet er seine Zeit damit, Menschen zu verbrennen, indem er selbst zur sengenden Sonne wird.

Jahida weint in tiefem Kummer:
„Zeigen Sie mir den Weg aus dieser Misere, Bābā!"
„Jahida, gehen Sie zurück in Ihr Dorf!"
„Aber ich werde in dieser Prüfung sterben!"
„Es hilft nichts. Sie müssen bereit sein für diesem Test!"
Nicht nur Jahida, sondern alle Devotees, die dort stehen, einschließlich des Ehepaares Rubin und Bālaji – nicht nur diese eine Frau, sondern ein jeder dort ist entsetzt.
Selbst zu einer Zeit, in der er selbst in Gefahr ist, würde Bāla Sai sogar eine Taube in seinem Schoß verbergen, die mit einem verletzten Flügel zu ihm flöge, und er würde ihre Mühsal lindern. Die Devotees hier verstehen Bāla Sais gefühllose Gleichgültigkeit in Jahidas Angelegenheit nicht.
Unter den Blicken der Leute verlässt Jahida den Āshram.
Alle bleiben still, aber Rubin kann die Situation nicht ertragen. Mit einem leichten Zittern betritt er ohne Erlaubnis Bāla Sais Zimmer. Bāla Sai, der müde ist, hat die Augen geschlossen. Er ist lange Zeit in tiefer Meditation. Dann öffnet er seine Augen und bemerkt Rubin, der vor ihm steht.
Unsicher sagt Rubin:
„Verzeihen Sie mir, dass ich ohne Ihre Zustimmung zu Ihnen komme. Während der zehn Tage meines Aufenthaltes in Sri Nilayam war ich ausschließlich Zeuge Ihres Großmuts. Sie sind mir als ein Gott erschienen, der alles gewährt, ohne überhaupt darum gebeten worden zu sein. Aber heute kam eine junge Frau, die Sicherheit bei Ihnen suchte. Sie flehte Sie an. Warum haben Sie sie fortgeschickt?"
„Rubin, ich habe keinerlei religiöse Vorbehalte. Menschen aller Religionen bedeuten mir dasselbe," antwortet Bāla Sai.
„Selbst Jahida macht keine solchen Unterschiede. Deshalb kam sie zu Ihnen, obwohl Sie zur Religion der Hindus gehören."
„Aber ihr Ehemann hasst andere Religionen," sagt Bāla Sai nachdenklich. „Deshalb hat er begonnen, Jahida zu verdächtigen, die den Hindus nahe steht. Er hat törichterweise eine Prüfung angesetzt."
Rubin sagt:

„Aber Feuer hat keinerlei Verwandtschaft mit Religion, Bābā. Es achtet nicht auf Personen und verbrennt jeden! Das ist eine Tatsache, die jeder kennt."
„Aber in diesem Land leben viele Menschen inmitten verrückten Aberglaubens. Sie haben solcherlei Glauben ins Leben umgesetzt. Sie verehren schäbige Gottheiten und opfern unschuldige Menschen, indem sie solche Prüfungen veranstalten."
Rubin faltet seine Hände und sagt in verehrungsvoller Ekstase, als er sich plötzlich an etwas erinnert:
„Ich habe bis vor ein paar Tagen als Rationalist gelebt. Aber nach Ihrem Darshan erkannte ich, dass Dienst für die Menschheit Dienst für Gott ist. Ich erkenne Mādhava in Ihnen, der Sie als Mensch erscheinen."
„Geschah das gestern Abend?" Bāla Sai lacht, als er bemerkt, dass Rubin bestürzt aussieht.
Inzwischen ist auch Claudia hinzugekommen, nachdem sie Rubin in ihrem Zimmer nicht vorgefunden hat.
„Dann war also die Visitenkarte der Grund für die große Veränderung."
Als bestätigt wird, dass es Bāla Sai selbst war, der als Dr. Paul aufgetreten war, fallen Rubin und Claudia Bāla Sai zu Füßen.
Unter Tränen sagt Claudia:
„Swāmī, tatsächlich kam ich in dieses Land, um meinem Mann Gesellschaft zu leisten. Aber nun sind Sie für uns beide ein Gefährte geworden. Ich sehe das als eine Belohnung aus früheren Leben an. Wenn Sie gestatten, würde ich gern mit Ihrem Segen eine Bürde jenseits meiner Fähigkeiten übernehmen."
„Wenn Sie diese Bürde auf sich nehmen wollen, müssen Sie mich noch besser verstehen."
Er lacht hell wie ein kleines Kind:
„Sie haben gerade mal die äußere Schicht gesehen. Sie müssen aber tief in die Fächer des Geistes eindringen. Sie müssen die Leinwand des Ego ablegen und die Höhle der Weisheit betreten. Durch Selbst-Verwirklichung sollten Sie den Unterschied zwischen der individuellen Seele und dem Höchsten Geist erkennen."

Claudia stockt der Atem, als Bāla Sai, ohne dass sie es ihm erzählt hat, den Entschluss ihres Herzens erkennt, was das Schreiben seiner Biographie angeht. Angespornt von ihrer Begeisterung wünscht sie sich, den Rest ihres Lebens in der Gegenwart Swāmīs zu verbringen und über seine Göttlichkeit zu schreiben.

„Sie müssen jetzt noch etliche Einzelheiten von mir erfahren. Besonders Ihr Mann ist ein überlegener Kenner und Gelehrter indischer Kultur."

„Ja, Bābā... das ist wahr." Rubin nickt zögernd mit dem Kopf.

„Von morgen an können Sie alle Ihre Fragen stellen, alle Ihre Zweifel beheben, Rubin."

Sie verstehen nicht, warum Bāla Sais Lider sich schwer senken. Auf seiner Stirn zeigt sich Schweiß, während sie doch bis eben noch heiter war. Die Rubins sehen das mit Erstaunen, nehmen Abschied von ihm und gehen hinaus.

Zehn Minuten nachdem sie gegangen sind, stöhnt Bāla Sai vor Schmerz und ruft:

„Oh, Mutter!"

Die Devotees in Sri Nilayam bemerken an diesem Abend, dass Bāla Sais Hand verbrannt und voller Blasen ist. Sie wagen aber nicht, den Grund dafür herauszufinden.

Om Namo Bhagavate Sri Bāla Sai Bābāya Namah

44

Es ist zehn Uhr morgens.
Es ist Tag, und die Tautropfen, die von der betrübten Natur in der vorangegangenen Nacht auf die Blütenblätter vergossen wurden, sind verdampft...
In dem Augenblick, als die Blätter der Bäume mit ihrem lebhaften Grün sich sanft über dem Hof von Sri Nilayam bewegen...
... sitzt das Ehepaar Rubin in Bāla Sais Gegenwart auf dem Fußboden seiner Wohnung. Rubin hat nicht den Mut aufgebracht, Bāla Sai nach den Blasen auf der verbrannten Handfläche seiner Rechten zu fragen, die er zum Segen erhoben hat – obwohl er ihn gern fragen wollte. Er zweifelt auch daran, dass jemand, der weit über allen menschlichen Wesen steht, Wunden solcher Art bekommen kann.
Heiter lächelnd sagt Bāla Sai:
„Sie möchten eine Menge fragen, aber Sie verschwenden Ihre Zeit damit, über etwas nachzudenken."
„Das stimmt, Bābā... Aber ich weiß gar nicht, wo ich anfangen soll."
Für eine Weile hält Rubin zweifelnd ein und fragt dann als erstes:
„Ich glaube, dass Gott die Ursache für alle Lebewesen und alle unbelebten Dinge in der Schöpfung ist. Aber wenn dieser Glaube sich auf die Seele bezieht – denken Sie, dass es irgendeinen Segen oder einen Nutzen davon gibt, dass man endlos Bhajans singt?"
Bābā sieht nachdenklich aus und sagt:

„Um ein Wohnhaus zu bauen, benötigen Sie zuerst einmal ein Grundstück. Dann sollten Sie das Fundament für das Haus legen. Das Fundament allein ist nicht ein Haus. Aber ohne ein Fundament kann ein Haus auch nicht bestehen. Die Bhajans, die wir singen, gehören in diese Kategorie."
Rubin und seine Frau hören konzentriert zu.
„Der durchschnittliche Mensch inmitten von weltlichen Fesseln, fleischlichen Wünschen und Gedanken kann nicht direkt an Gott denken oder Ihm ungeteilte Aufmerksamkeit zeigen. Deshalb sollten wir zuerst seinen Geist vorbereiten. Mit Meditation sollten wir den Verstand leeren, und in dieses Vakuum sollten wir die himmlische und glücksbringende Gestalt herbeirufen. Voller Konzentration sollten wir bei den Bhajans an Gott denken und die Umgebung vergessen, gänzlich absorbiert von dem Gegenstand der Meditation. Dann sollten wir dem Körper und dem Verstand entsagen, zur Seele reisen und uns in Gedanken mit Gott vereinigen. Wenn das nicht gemacht wird, dann ist es, als lege man ein Fundament und missverstehe es als das Haus."
Sri Bāla Sai lächelt gütig. Er sagt:
„So wie für physische Stärke Übung nötig ist, so verlangt ein allgemeiner Überblick über die Seele Übungen des Intellekts. Wenn geistige Übung Bhajan ist, dann sollte Frömmigkeit in der Hingabe vorhanden sein. Auch die Konzentration des Geistes ist nötig. Wenn diese fehlt, bleibt das Ganze eine Bemühung der Selbsttäuschung und der Täuschung Gottes ebenfalls."
Rubin ist ganz zufrieden mit der wunderbaren Darlegung Bāla Sais. Er stellt eine seltsame Frage:
„Nicht nur durch Bhakti, durch liebende Hingabe, kann man Darshan erhalten, sondern sogar jene, die Gott hassten, konnten es bekommen wie zum Beispiel in den indischen Purānas auch solche Dämonen wie Hiranyakasipu und Rāvana."
Bābā sagt:
„Es stimmt, dass sie Gottes Darshan haben konnten. Aber es geschah nur zur Zeit ihrer Bestrafung, dass Gott sich verkörperte. Im Falle der Gottesverehrer und Anbeter wird Er ihnen dagegen in jedem Augenblick dicht folgen. Nur die Bindung an

Gott allein kann Bhakti genannt werden. Und deshalb rettet Er jene, die Vertrauen allein in Ihn setzen und in niemanden sonst, weil Er die Verkörperung von Liebe und Mitgefühl selbst ist."

Obwohl er keine Frage mehr stellen will, führt die Nähe, die er zu Bābā erlangt hat, dazu, dass Rubin einen überraschenden Zweifel anmeldet:
„Die gesamte Schöpfung entstand durch Gottes Willenskraft. Wie kommt es aber, dass unter den Menschen, die Er geschaffen hat, einige als gute Menschen leben, während andere als schlecht anzusehen sind? Was ist der Grund dafür?"
„Aus der Sicht Gottes sind alle gleich, Rubin. Der Fehler liegt nicht in Gottes Schöpfung. Er liegt in der Art, wie der Mensch die Dinge sieht."
Bāla Sai macht eine Pause und fährt dann fort:
„Selbst wenn wir Fahrzeuge derselben Firma kaufen, fahren einige von ihnen störungsfrei, während andere in Unfälle verwickelt und weggeworfen werden. Diese Fahrzeuge werden alle sorgfältig geprüft, bevor sie auf den Markt kommen. Der Grund für diese Diskrepanz liegt in den Leuten, die sie fahren.
Das Leben der Menschen ist so ähnlich. Obwohl alle gleich geschaffen sind, bestimmen unbewusste Eindrücke aus früheren Leben das Verhalten und weisen sie in verschiedene Richtungen. Es ist der Geist, der ihre Gestalt und Figur formt. Deshalb lieben manche Menschen ihre Mitmenschen von Herzen, während andere wegen der Arishadvārgas, der Gruppe der sechs Feinde, dämonisches Verhalten entwickeln."
„So folgen uns also Tugenden und Laster aus unseren früheren Leben in unser gegenwärtiges Leben, Bābā?"
„Man kann das nicht vermeiden, Rubin. Was Sie heute genießen, wurde von Ihnen vor langer Zeit ‚aufbewahrt'. Deshalb sind einige Menschen immer von Sorgen bedrängt, während einige andere ein glückliches Leben führen."
„Aber Ihre Philosophie besagt doch, dass unser Verstand der Grund für unser Wohl oder Wehe ist."

„Dieselbe Philosophie sagt auch, dass der Verstand nur von den unbewussten Eindrücken der Vergangenheit bewegt wird."
„Wenn wir den Verstand kontrollieren wollen..."
„So wie wir den Schmutz des Körper entfernen, so sollten wir auch den Verstand durch Innenschau reinigen. In dieser Bemühung rackern wir uns ständig ab. So wie wir die Hilfe eines anderen Menschen annehmen, um ein beschädigtes Fahrzeug repariert zu bekommen, so sollten wir die Förderung bei einem wahren Meister suchen und durch gründliches Praktizieren letztlich Unabhängigkeit erlangen. Dann ist jeder Gott, und Seligkeit herrscht überall."
„Heißt das, Bābā, dass unsere Sünden und frommen Werke aus diesem Leben uns ins nächste Leben folgen?"
„Rubin, diese Sünden und guten Taten sind die Früchte des Karmas des Menschen. Ihr gegenwärtiges Leben ist die Konsequenz aus Ihren guten und üblen Taten Ihres früheren Lebens. Ähnlich wird das nächste Leben des Menschen gestaltet durch die Handlungen des gegenwärtigen Lebens. Es ist die Saat, die wir säen, die die Natur des Baumes bestimmt. Wir müssen an dies in philosophischer Weise glauben, obwohl es noch nicht möglich ist, die Wiedergeburt wissenschaftlich zu beweisen.
Wenn dieser Kosmos nicht wirklich wäre, könnten die Planeten nicht in ihren eigenen Bahnen verharrt und die Vernichtung der menschlichen Rasse verhütet haben. Der Schein der Sonne, das Licht des Mondes, der Regen, der unseren Durst stillt, die Luft, die unser Leben erhält, die Flüsse, die die Erde mit Ernten bereichern – alle diese sind Abbilder oder Repräsentanten der Schöpfung. Deshalb entwickelt und entfaltet der Mensch sich seit Äonen und schreitet voran."
Rubin fragt zögernd:
„Aber, Bābā... Obwohl der Mensch von Gott erschaffen wurde, hat er sich doch in der Geschichte weiter entwickelt, hat gründlich nachgedacht und wurde ein Werkzeug des technischen Fortschritts. Er setzte den Fuß auf den Mond. Er konnte die Atmosphäre des Mars sichtbar machen. Er ist verantwortlich für den

Fortschritt in der Medizin, der das durchschnittliche Lebensalter des Menschen erhöhte."
Bāla Sai sagt sanft:
„Ja, das alles konnte er. Aber kann er den Tod verhindern? Er konnte außerordentlichen Erfolg auf den Gebieten der Wissenschaft und der Technologie erreichen. Er konnte Nuklearwaffen herstellen, die die Welt zerstören könnten. Aber konnte er Erdbeben verhindern? Kann er die Riesen-Flutwelle aufhalten, die die Küste überrollt und die Stadt überschwemmt? Wenn er stattdessen Arzneien entwickelt hätte, die der Mensch gebrauchen könnte, um den Mitmenschen zu lieben, dann würde die Welt ein Vergnügungsgarten wie der ‚Nandana Vana' des Indra geworden sein. Wenn er Atomwaffen herstellen könnte, die die dämonische Natur des Menschen auslöschen könnten, dann wäre dieses Universum ein Garten der heiligen Tulsi-Pflanze. Es wäre viel besser gewesen, wenn er eine Ausrüstung produziert hätte, die das klare Lächeln, das auf den Lippen eines kleinen Kindes erscheint, als dauerhaften Gesichtsausdruck des Menschen bewirken könnte, so lange er lebt."
Bāla Sai verweilt ein wenig mit halb geschlossenen Augen. Plötzlich herrscht für einige Augenblicke Stille.
Mit großer Zufriedenheit stellt Rubin fest:
„Bābā, während ich jedem Ihrer Wort zuhörte, war mir, als läse ich noch einmal vollständig Ihre Heilige Schrift ‚Bhagavad Gītā'... Aber..."
„Stellen Sie Ihre Frage, Rubin. Zögern Sie nicht. Menschen wie Sie sind kulturelle Brücken zwischen den Ländern der Welt, und es ist mein Wunsch, dass durch Intellektuelle wie Sie meine Ideen verbreitet werden sollen."
Rubin fragt zweifelnd:
„Es ist so, Bābā... Sri Krishna, der uns die ausgezeichnete Darlegung und Belehrung der Bhagavadgītā gab, erschien mir wirklich immer wie ein Epikureer. Ich weiß nicht, ob es meine Unwissenheit ist oder mein Mangel an Verständnis, was mich so denken lässt. Aber ich möchte von Ihnen die Wahrheit wissen."

Auf Bāla Sais Gesicht zeigt sich eine seltsame Zwanglosigkeit.
„Sri Krishna ist ein hervorragendes Beispiel für ein Leben voller verborgener spiritueller Bedeutung. Er hat auf seine Freuden und seinen Frieden zugunsten anderer verzichtet und selber nie Behaglichkeit oder Trost genossen. Er ist eine selbstlose Inkarnation, mein lieber Freund. Er trug die Sorgen aller. Er erscheint wie ein Vergnügungssuchender, aber Er hatte überhaupt keine Seelenruhe. Er wurde in einer Gefängniszelle geboren, weit entfernt von Prunk und Pracht. Er war weit weg von seinen Eltern in einem Alter, in dem er in Windeln in Mutters Schoß hätte liegen sollen. Er kam nach Gokulam, als sein Leben bedroht war. Er musste schon gegen Dämonen kämpfen in einem Alter, in dem er hätte seine Zeit mit Liedern und Spielen verbringen sollen. Er teilte die Liebe Yashodas, die ihn aufzog, mit seinen Spielgefährten. Schon in solch einem zarten Alter wurde er ein Yogi, befreit von weltlichen Wünschen.

Nicht einmal dieses Leben konnte er dauerhaft beibehalten. In seinem zwölften Lebensjahr kam er in die Stadt Madhura. Zum Wohlergehen und Gedeihen der Welt tötete er seinen Onkel mütterlicherseits, Kamsa, der ihm nach dem Leben trachtete. Nach dem Tod des Kamsa hätte er das Königreich erben können, aber darauf verzichtete er um seiner Devotees willen, die auf ihn vertrauten. So führte er ein Leben ohne Freizeit und Muße.

Er wollte den Streit zwischen den Kauravas und den Pāndavas schlichten, indem er Verhandlungen führte. Er verzieh sogar denen mit einem Lächeln, die ihn ermorden wollten. Für das gute Werk, eine gute Sache zu unterstützen und der Gerechtigkeit beizustehen, ertrug er den Vorwurf, ein Partisan zu sein.

Als der Kampf unvermeidlich wurde – obwohl er als eine Inkarnation alles tun konnte, was er zu tun wünschte – wurde er der Streitwagenlenker für Arjuna. Auf dem Schlachtfeld tröstete er ihn, dessen Herz von Sorgen schwer war, mit der Auslegung der Bhagavad Gītā zum Wohl aller Beteiligten. Durch all dieses häufte er lediglich einen Reichtum an Aufopferung an. Wann war Sri Krishna glücklich, mein Freund?"

Sri Bāla Sais Stimme ist sanft.
„Die Yadavas, seine eigene Familie, wurden aufgrund eines Fluches direkt vor seinen Augen vollständig vernichtet, er aber blieb unbewegt und trug die Hauptlast. Sein ganzes Leben lang erduldete er schreckliche Schwierigkeiten. Er, der nur an das Wohl der Welt dachte, wurde, als er sich in einer waldreichen Gegend ausruhte, Zielscheibe für den Pfeil eines Jägers und legte sein Leben lächelnd ab. Vom Zeitpunkt seiner Geburt an in einem Gefängnis bis zur Stunde seines Todes an einem einsamen Ort, von allen verlassen, war er allein. Aber während seines ganzen Lebens vergoss er niemals Tränen und hatte niemals Angst. Das ist der Grund, weshalb er der ‚vollkommene Mensch' wurde und der Höchste Geist."
Rubin ist sprachlos. Er hat jede Einzelheit gelesen, die Bāla Sai jetzt erwähnt hat. Aber in der Auslegung Bāla Sais, der selbst die Inkarnation Gottes ist, kann er einen ganz neuen Krishna sehen.
„Rubin, es gibt noch etwas anderes Großartiges in Sri Krishnas Leben, das Bedeutung hat für die Welt von heute. Er, der als derjenige gepriesen wird, der einen Berg aufgehoben und auf seinem kleinen Finger balanciert hat, besaß Eltern, Brüder und alle Voraussetzungen, die benötigt werden, um ein angenehmes Leben zu führen. Er aber verzichtete auf das alles. Das heißt, er erklärte die Bedeutung von Verzicht auf alles für den modernen Menschen, der unter der Verliebtheit in sein ‚Ich und mein' zusammenbricht. Man kann inmitten all dieser Dinge sein, aber nichts gehört einem. Das ist das wahre Konzept des Verzichts."

Rubin möchte sofort etwas sagen, aber noch davor sagt Bāla Sai bedeutungsvoll:
„Rubin, ich kann mir Ihre Frage schon vorstellen! Wenn es alles so wäre, was ist dann mit den sechzehntausend und acht Ehefrauen Sri Krishnas?
‚Gopikas' oder die Kuhhirtinnen symbolisieren Wünsche oder Sehnsüchte, die immer mit einem Menschen verbunden sind.

‚Samkalpa', Absicht, ist weiblichen Geschlechts. So wird Sri Krishna, selbst wenn er von einer Menge von Intentionen umgeben ist, als der als Ur-Mensch beschrieben, der niemals die Suche nach der Wahrheit aufgab. Er konnte zum Wegweiser für den Menschen von heute werden, der zwischen Ideen erdrückt wird."

Rubin, auf dessen Gesicht sich die Frömmigkeit widerspiegelt, die in seinem Geist verborgen ist, fragt:
„In den Purānas wird Sri Krishna mit blauem Teint beschrieben. Ich würde gern die Bedeutung davon kennen lernen."
„Blau ist ein Symbol für das Grenzenlose. Der unbegrenzte Himmel ist blau. Der Ozean, der grenzenlos erscheint, ist blau. In ähnlicher Weise ist auch Sri Krishna unendlich. Um diese Idee zum Ausdruck zu bringen, wird Sri Krishna als ‚Nilameghashyamulu' bezeichnet, als einer mit der dunkelblauen Farbe einer Regenwolke."

Das Eheleute Rubin berühren Bāla Sais Füße, nachdem sie der Geschichte einer unvergleichlichen Gottheit zugehört haben, denn sie sind erfüllt mit einer Begeisterung, als hätten sie den Nektar des Mitgefühls getrunken, den Sai, die Verkörperung der Liebe, ihnen gegeben hat. In einem Zustand der Verwunderung kommen sie, gefolgt von Bābā, aus dem Mandir heraus.
Sie wollen gerade Abschied von ihm nehmen.
Da kommt eine Frau herbeigerannt und fällt Bāla Sai zu Füßen.
Sie sagt:
„Oh Herr, Sie haben mich gerettet. Ich habe die Prüfung erfolgreich bestanden und bin meinem Ehemann wieder näher gekommen."
Das Ehepaar Rubin erkennt nun die Frau. Sie ist keine andere als die Muslimin Jahida, den am Tag vorher gekommen war, um Bābā zu treffen und ihm von der Verdächtigung ihres Mannes in Bezug auf ihre Keuschheit zu erzählen, der eine Prüfung plante, um seinen Verdacht zu beheben. Sie hatte bitterlich geweint, während sie ihre Geschichte erzählte.
Bābā hebt sie auf und fragt sie liebevoll:

„Ist Ihre Hand verbrannt worden, Madam?"
Sie schaut ihn mit Tränen in den Augen an und sagt:
„Nein, Bābā. Ich habe an Sie gedacht und hielt den rotglühenden Eisenstab, der Funken sprühte, in der Hand, wobei andere zuschauten. Mir ist nichts passiert."
Bāla Sai streicht ihr väterlich über den Kopf und sagt:
„Sie haben mit unerschütterlichem Geist auf mich meditiert. Ich konnte Ihr Leid in meines austauschen, aber nicht gestatten, dass Ihnen eine Gefahr drohte. Sie können nun gehen. Führen Sie ein sorgenfreies Leben mit Ihrem Ehemann. Sie werden keine Schwierigkeiten mehr haben."
Jahida trocknet ihre Tränen und geht.

Claudia jedoch betrachtet Bāla Sai ein paar Augenblicke lang mit Tränen in den Augen und sagt erschüttert:
„Nun habe ich es verstanden, Bābā."
Sri Bāla Sai lächelt gütig.
Rubin faltet die Hände in Ehrerbietung und meint:
„Endlich habe ich verstanden, wie Ihre Hand zu einer Brandwunde gekommen ist, Bābā. Sie sind eine göttliche Inkarnation. Sie sind wie Lord Shiva, der mitten unter uns umhergeht. Um der Devotees willen, die Ihnen vertrauen, schlucken Sie Leid und bewahren es in Ihrem Hals auf, genau wie Lord Shiva, der Gift schluckte."
Die Rubins verneigen ihre Köpfe und falten die Hände zum Zeichen der Verehrung für Sri Bāla Sai, der sie mit einem sanften leisen Lächeln segnet und sich in seine Wohnung zurückziehen will. Plötzlich hält er an, als ob jemand ihn ruft.
Es ist nicht bloß ein Ruf. Er ist ein klagender Laut, der ruft:
„Bāla Sai!"
Der Laut kommt nicht aus der Nähe: er kommt von einem ziemlich weit entfernten Ort her.
Bāla Sai schließt seine Augen wie in Meditation – wie Shankara, der angerührt wird von dem Klagen eines Verehrers.

Om Namo Bhagavate Sri Bāla Sai Bābāya Namah

45

Sri Nārāyana Reddy, der auf dem Sterbebett liegt, ist schwach und matt. Er sieht seine Verwandten an, die um ihn herum sind, und sagt:
„Bitte bringt mich noch einmal zu Bāla Sai."
Ungefähr vor einem Monat haben die Ärzte festgestellt, dass seine Krankheit Leberkrebs ist, und sie rieten ihm, ins Krankenhaus zu gehen. Nārāyana Reddy hat daraufhin Bāla Sai besucht und zu ihm gesagt:
„Ein Krankenhaus in Hyderabad aufzusuchen, weit weg von dir, Bāla Sai, das bekümmert mich."
Er hat Bāla Sais Füße berühren wollen, der ihm aber die Gelegenheit dafür verweigerte und ihn umarmte, wie ein Vater sein Kind umarmt. Auch Bābā riet ihm, ins Krankenhaus zu gehen.
Nārāyana Reddy ist ins Stadtkrankenhaus gegangen. Die Ärzte haben alle benötigten Tests durchgeführt und erklärt, dass die Krankheit sich verschlimmert und das Endstadium erreicht hat und dass der Patient nur noch eine Woche leben wird.
Als diese Nachricht bekannt wird, trauert das ganze Dorf.
Viele vergießen Tränen um ihn, der etlichen Leuten geholfen hat und als Stadt-Ältester das Wohlergehen anderer wollte und wünschte. Sie sind bekümmert über die Tatsache, dass solch ein guter Mann ein Opfer der tödlichen Krebskrankheit werden soll, die ihn ihnen fortnehmen wird.
Aber Sri Nārāyana Reddy stirbt nicht innerhalb einer Woche, wie von den Ärzten erwartet. Er kann sein Leben um vier Wochen verlängern, als ob er göttliche Hilfe bekommt, um sein Leben zu erhalten. Einige denken, dass der Grund dafür die

Gnade Bāla Sais ist, der ihn außerordentlich liebt. Andere hingegen zeigen sich optimistisch, dass mit Bāla Sais Mitgefühl und Freundlichkeit Nārāyana Reddy keine Gefahr droht.
Unter physischen Schmerzen und mit Kummer im Herzen vergisst Nārāyana Reddy die Ärzte und fängt an, zu Bāla Sai zu klagen und jammern.
Es ist dieser Schrei, der Bāla Sai vor einem Weilchen erreicht hat.
Seltsamerweise fällt Nārāyana Reddy an diesem Abend ins Koma. Als die Ärzte sagen, dass Nārāyana Reddy Gāru das Bewusstsein nicht wieder erlangen, sonder im Koma versterben wird, weinen seine Frau, seine Tochter und liebevolle Verwandte sich die Augen aus bis weit in die Nacht hinein.
Die Intensiv-Station ist nun still, wie eine Einladung an den Tod.
Es ist ungefähr Mitternacht.

Oṃ Namo Bhagavate Sri Bāla Sai Bābāya Namah

46

„Ba...Ba...i!"
Ein Ruf ist zu hören, als ob der Wind eine Stimme hätte. Es ist keine Bewegung in Nārāyana Reddy Gāru, der ruhig zu schlafen scheint, gänzlich unbewusst der ihn umgebenden nächtlichen Zeit.
„Ba... Ba...i."
Nun klingt die Stimme wie die Tempelglocken des Herzens.
„Ich bin es... Ich bin gekommen, Bābāi... Sie haben mich gerufen!"
Aus dem Koma auftauchend öffnet Reddy Gāru plötzlich seine Augen, nachdem er schon die Grenzen des Lebens überschritten und seinen Fuß auf das Gebiet des Paradieses gesetzt hat.
Es ist wie der Zustand eines Traumes. Er kann schwach den orange gekleideten Bāla Sai erkennen. In den Augen Nārāyana Reddy Gārus, dessen Lippen geöffnet sind, steigen plötzlich Tränen der Freude auf.
Nārāyana Reddy Gāru sagt nicht:
„Ist Bāla Sai, von dem nicht erwartet wurde, dass er käme, um meinetwillen hier bei mir aufgetaucht?"
Er hat eine Gänsehaut und schaut unverwandt die liebevolle Gestalt Bāla Sais an, der selbst schlafende Steine in Bewegung bringen könnte.
Bāla Sai erscheint als das siebenfarbige Spektrum. Er sitzt wie ein Kind neben Reddy Gāru.
„Leiden Sie, Uncle?"
„Nein, Bābā. Ich, der ich all die Jahre in deiner Nähe gelebt habe, habe wohl in Schlaf gesprochen und dich noch ein letztes

Mal sehen wollen. Aber ich rege mich nicht wegen meines Todes auf."
Bāla Sai lächelt sanft und sagt:
„Sind Sie nicht wie die anderen - da Sie nicht beunruhigt sind?"
„Obgleich ich einer unter all den anderen war, habe ich doch ein wenig von dir und deiner metaphysischen Sicht verstanden. Daher sehe ich meinen Tod jetzt als nur körperlich an. Ich beglückwünsche meine Seele, da sie sich dir nähert, der Seele des Universums, und gehe auf meine letzte Reise."
Bāla Sai streichelt begeistert seinen Kopf. Obwohl Nārāyana Reddy Gāru nicht die Veden und andere Heilige Schriften studiert hat, hat er doch die Lektionen, die das Leben ihn lehrte, gelernt und zeigt sogar in diesem Stadium seinen festen Glauben, dass jedes Geschöpf, das erschaffen wurde, auch sterben muss. Dennoch beginnt Bāla Sai, ihm seine letzte Botschaft zu verkünden. Zunächst bereitet er ihn geistig vor:
„Was ist das Leben, Uncle?"
„Die Zeit zwischen Geburt und Tod."
„Was ist Leben?"
„Die Quintessenz der Erfahrungen und die Last der Versuche, die ein Lebewesen während seiner Lebenszeit erwirbt."
Sri Nārāyana Reddy gibt Antworten, die man ohne die vollkommene Reife durch Äonen von religiöser Meditation nicht geben kann. Bāla Sai sieht ihn mit gespanntem Gleichmut an. Er macht ihm das Kompliment:
„Lieber Uncle, bis zu diesem Augenblick habe ich nicht gewusst, dass in Ihnen so viel Weisheit verborgen ist."
„Sai, ich bin ein Glückspilz, von Gott selbst als ‚Uncle' angeredet zu werden. Der Faden, der benutzt wird, um die Blüten zusammenzuhalten, nimmt den Duft der Blumen an. Wie sollte es dann mir unmöglich gewesen sein, diese Weisheit zu erwerben, der ich mit dir zusammen gewesen bin?"
„Uncle, was ist es in dieser Welt, das jeder Mensch, ungeachtet des Reichtums oder der Armut, fürchtet?"
„Der Tod, Bāla Sai."
„Warum fürchten Sie ihn dann nicht?"

„Bābā, ich habe von dir gelernt, dass der Tod mich nicht töten kann."
Bāla Sai sieht ihn unverwandt an.
„Diese Wahrheit versteht außer einem Weisen oder einem Philosophen nicht jeder, aber Sie haben dieses Stadium erreicht. Obwohl jeder weiß, dass jedes Lebewesen schließlich sterben muss, ist doch niemand bereit dazu. Der Grund dafür sind die Liebe zum Leben, die bis dahin gehegt wird, und die Bindungen, die zu Gönnern und Verwandten unterhalten werden. Tatsächlich muss ein Mensch während seines Lebens viele Male Geburten und Tode erlebt haben, aber er versteht sie nicht."
Nārāyana Reddy sieht verwirrt aus.
„Uncle, im Geist des Menschen werden oft Wünsche geboren. Ihre Existenz ist nur von kurzer Dauer. Entweder werden sie erfüllt oder sie erlöschen im Laufe der Zeit aus Verzweiflung. Das bedeutet, dass jeder Wunsch, der entsteht, nach einiger Zeit wieder vergeht."
Nārāyana Reddy hat, mit zitternden Augen, den Reiz des Besuches in einer anderen Welt erfahren.
„Wenn man alle Teile eines Menschen zusammennimmt, werden sie ein Körper genannt. Wenn irgendein Teil des Körpers nach Ansicht der Ärzte für gefährlich für das Leben befunden wird, ist der Mensch bereit, ihn abschneiden zu lassen, um zu überleben. Heißt das nicht, dass dieser Teil zu der Zeit dann tot ist?"
Nārāyana Reddy sagt:
„Deine Unterweisung macht mehr Mut, Bābā."
„Das Leben eines Menschen endet nicht, nur weil ein Teil des Körpers abgeschnitten wird. Er ist immer noch lebendig und fährt fort mit seinem Dasein. Jedoch, den Körper mit allen seinen Teilen abzuschneiden – das wird als Tod bezeichnet. Aber das Lebewesen existiert weiter und bemüht sich, ein behagliches Heim zu suchen. Es ist der Körper, der vergeht, und nicht die Seele. Warum sollte dann der Mensch den Tod fürchten? In der Tat sind Zu- und Abnehmen vom Zeitpunkt der Geburt des Körpers an ganz gewöhnliche und übliche Angelegenheiten. Der

Körper, der zunächst die Länge einer Spanne hat, wächst und erreicht das Erwachsenenalter. Später setzt dann der Niedergang ein und der Körper langt beim Verfall an. Wenn er völlig dahinschwindet, dann stirbt er. Das ist alles."
Nārāyana Reddy Gāru sieht aus, als sei er bereit für die letzte Reise, während Bāla Sai klar die Essenz der verbleibenden Seiten des Buches des Lebens in diesem letzten Stadium erläutert. Die Reste der weltlichen Fesseln, die noch bleiben, fließen als die letzten Wassertropfen von den Augen des Nārāyana Reddy Gāru.
Bāla Sai sagt wie ein Schlaflied für den ewigen Schlaf:
„Oh Mensch! Du bist heilig geworden dadurch, dass du so viele gute Taten in deinem langen Leben vollbracht hast. Es ist die Seele in den Körpern aller Lebewesen, die ewig lebt. Daher brauchen wir um niemanden zu trauern. Der Tod führt zu Unsterblichkeit."
Nārāyana Reddy tut seinen letzten Atemzug und schaut die Vielfältigkeit eines Gottes.

Die Ärzte, die zehn Minuten später das Zimmer betreten, findet Bāla Sai nicht vor. Aber sie erkennen, dass Nārāyana Reddijis Tod eine Tatsache ist.
Auch die Devotees in Sri Nilayam sind unvorstellbar überwältigt von dem Tod Nārāyana Reddy Gārus, der ein tempelgleiches Wohnhaus für Bāla Sai gebaut hat, der mit den Wesenszügen Gottes geboren ist.
An Bāla Sai jedoch ist nicht die Spur einer Veränderung zu sehen.
Das ist der Weg der Weisheit.

Om Namo Bhagavate Sri Bāla Sai Bābāya Namah

47

Es ist ein Sommernachmittag, und die heftige Sonne versengt die Erde wie Yama, der Regent der Hölle und Richter über die Seelen der Verstorbenen. Bāla Sai ziert seinen Sitz in gütigem Gleichmut und schaut die Devotees an, die unter dem Zeltdach auf dem Gelände von Sri Nilayam sitzen. Unter den hier versammelten Devotees sind Menschen aus Japan, Deutschland, Neuseeland und England und nicht nur das Ehepaar Rubin. Bāla Sai, der mit seinem einzigartigen Ruhm innerhalb kurzer Zeit Menschen seines Landes wie auch von Übersee anziehen konnte, ist für die Ausländer zum ersten Mal direkt zu sehen, obwohl sie ihn inzwischen in verschiedenen Ländern in Zeitungen oder im Fernsehen gesehen haben. Zu Beginn steht ein junger Mann aus Neuseeland auf und sagt: „Bābā, Sie sind in kurzer Zeit ein Freund der Gottesverehrer aus etlichen Ländern geworden. Zunächst möchte ich Ihnen im Namen der ausländischen Devotees meine Ehrerweisung und verehrungsvolle Grüße darbringen. Ich weiß, dass Indien das Zuhause alter Kultur ist. Es ist außer Diskussion, dass als Ergebnis der spirituellen Disziplin einiger Heiliger hier viele Heilige Schriften entstanden sind. Wir geben mit Bewunderung zu, dass dieses Land die Heimat der heutigen Raumtechnologie oder der Weisheit der Ayurvedischen Medizin und vor allem eines ungewöhnlichen Familiensystems ist, welches die sozialen Bindungen und Regeln unter den Menschen definiert und beschreibt. Der Hauptgrund für meinen Besuch bei Ihnen, speziell als Journalist..."

Bāla Sai sagt bedeutsam:
„Sie möchten auch mich interviewen im Zusammenhang mit Ihrer Serie ‚Gott-Menschen der Welt', die in der Zeitung veröffentlicht werden soll."
Richards, der Neuseeländer, ist verblüfft über die unvorhergesehene Wendung der Dinge. Er ist noch dabei, Einzelheiten für diese Serie zu sammeln, und diese ist in der Zeitung, für die er arbeitet, noch nicht veröffentlicht, noch nicht einmal zu Werbezwecken erwähnt worden.
Bāla Sai fragt:
„Sie sind doch nur in dieser Mission hier. Warum zögern Sie, frei heraus zu sprechen, Freund?"
Richards faltet in Ehrerbietung die Hände:
„Meine Stimme versagt mir, frei heraus zu sprechen, Bābā. Es ist wahr, dass ich bisher einige Menschen mit übersinnlichen Kräften getroffen habe. Sie sind jedoch wahrscheinlich der allererste, der meine Gedanken liest, ohne auch nur einen Buchstaben auszulassen. Ich gebe von ganzem Herzen zu, dass dies vielleicht der Grund dafür sein wird, dass alle Menschen Sie als den Mensch gewordenen Gott erkennen werden."
„Sie hätten auch Ihre Mutter mitbringen sollen!"
Richards erscheint dies wie ein weiterer Schuss ins Schwarze. Seine Mutter leidet an Arthritis, und nachdem sie über Bāla Sai in der Zeitung gelesen hat, hat sie ihn bestürmt, dass sie ihm nach Indien folgen wolle, aber er hat nicht gewagt, sie in diesem Zustand mitzubringen.
Nun, da Bābā ihn absichtlich nach seiner Mutter fragt, ergibt er sich vollkommen einem Gefühl der Pietät:
„Ich bin nicht in der Lage zu verstehen, ob ich träume oder mich in der Wirklichkeit befinde, und ich bin verwirrt, Bābā. Ohne dass ich Ihnen von meiner Mutter erzählt habe, die weit weg von hier ist und Sie gern sehen wollte, wissen Sie von ihr - ich möchte wissen, wieso!"
Richards, der noch so vieles sagen möchte, ist mittlerweile in Schweiß gebadet.

„Ich bitte Sie, mir die Gelegenheit zu gewähren, Sie privat und nicht im Beisein anderer zu interviewen."
Bāla Sai sagt:
„Ich habe schon erraten, dass Sie wünschen, mich allein zu treffen, um über die Krankheit Ihrer Mutter Rat einzuholen. In Ordnung. Treffen Sie mich heute Abend um acht Uhr in meiner Wohnung."
Alle Ausländer, die dorthin gekommen sind, wünschen sich dringend, mit Bāla Sai zu sprechen, und sie sind nicht sicher, ob Glückseligkeit oder unbegreifliches Erstaunen der Grund dafür ist, dass sie unfähig sind, ihre Gedanken auszusprechen und deshalb stille Zuschauer bleiben.

Rubin jedoch, der vor geraumer Zeit nach Indien gekommen ist, berührt die Füße Bāla Sais und sagt voller Bescheidenheit:
„Ich möchte in mein Land zurückkehren, Bābā. Es geht nicht nur um die Heimkehr. Ich möchte meinen Landsleuten von Ihren Bemühungen berichten, weltweit Wohlstand und Glück zu fördern, obwohl Sie zu Indien gehören. Zu dem Zweck möchte ich mit Ihrem Segen ein spirituelles Zentrum eröffnen."
Bāla Sai lächelt sanft und sagt:
„Je eher, desto besser."
Nach einigem Zögern sagt Claudia:
„Bābā, wir würden uns freuen, wenn Sie unser Land besuchen würden."
Wie ein kleines Kind sagt Bāla Sai:
„Ich werde vor Ihnen stehen in dem Augenblick, in dem Sie das wünschen. Denken Sie, es ist nötig, dass ich noch gesondert zu Besuch kommen muss?"
Rubin murmelt:
„Wenn Sie nichts dagegen haben, möchten wir Ihrem Āshram noch eine Spende geben. Entschuldigen Sie, dass ich es erwähne!"
Bāla Sai lächelt sanft:
„Rubin, da ich einem spirituellen Leben geweiht bin, brauche ich kein Vermögen. Aber wie Sri Krishna in alten Zeiten, den

Sie lieben, nehme ich gern die Butter aus den Häusern der Besitzenden und verteile sie an die Kinder von Gokulam."

Rubin lacht erfreut und sagt:

„Bābā, der Wunsch, Geld zu geben wie hier, ist nicht, um dadurch meine Existenz unter Beweis zu stellen oder zu zeigen, dass ich wohlhabend bin. Früher gab es Beispiele dafür, dass ich aus Gründen der Öffenlichkeits-Wirksamkeit Spenden gab. Aber mit dem Vorzug Ihrer Freundschaft habe ich die Haltung der Liebe angenommen. Wenn das Göttlichkeit genannt werden kann, würde ich gern mein ganzes Vermögen für die Tilgung des Hungers der Besitzlosen durch Sie einsetzen, damit ich Gott genannt werden könnte."

„Rubin, Gottes Prasād meint einen kleinen Brocken Nahrung, der Teil einer Opfergabe an eine Gottheit ist und den Devotees gegeben wird, um deren Hunger zu stillen. Mögen Sie lange leben!"

Bāla Sai manifestiert ein Schmuckstück und schenkt es dem Ehepaar Rubin, und alle anderen schauen zu.

Noch am gleichen Tag bricht das Ehepaar in sein Heimatland auf - wie Menschen, die wiedergeboren sind.

Am selben Tag...

Richards, der die Erlaubnis erhalten hat, Bābā um acht Uhr zu treffen, ruft seine Mutter in Neuseeland gegen neunzehn Uhr dreißig an. Er ist begeistert und will seiner Mutter von dem Glanz und Ruhm Bāla Sais erzählen, bevor er Sri Nilayam betritt. Allerdings ist er sehr überrascht, als er hört, was sie von dem anderen Ende der Leitung berichtet.

„Wie bitte, Mami? Ich hätte dir eine Salbe geschickt?" fragt Richards voll ungläubigen Erstaunens.

„Ja, mein Junge. Ein Junge kam und erzählte mir, du wolltest, dass sie mir gebracht würde. Er bat mich, die Salbe auf die Knie und die Ellbogen aufzutragen. Seltsamerweise empfand ich innerhalb einer halben Stunde Erleichterung. Wir haben doch seit einem Jahrzehnt die Runde zu allen Ärzten gemacht. Wie kommt es, dass du mir nie von der Existenz solch eines Medikamentes berichtet hast?"

Richards versteht, während er seiner Mutter aufgeregt zuhört, was geschehen ist, und fragt sie mit trockener Kehle: „Wie sah der Junge aus, der dir die Salbe brachte?"

„Er mag ungefähr zehn Jahre alt gewesen sein. Er trug ein orangefarbenes Hemd. Wie auch immer! Ich bin jetzt beschwerdefrei, denn ein Gott hatte Erbarmen mit mir."

Richards hängt das Telephon ein. Unversehens fließen ein paar Tränen.

Wo ist Neuseeland und wo ist Bhārat?!

Er versteht, dass all das dank des Glanzes von Bāla Sai geschehen ist, einer Inkarnation Gottes auf der Erde. Er denkt an Jesus:

„Oh Herr Jesus! Endlich hast du in der Gestalt von Bāla Sai mein Klagen erhört!"

Richards bricht auf nach Sri Nilayam.

Om Namo Bhagavate Sri Bāla Sai Bābāya Namah

48

Es ist acht Uhr abends.
Der Himmel deckt die Erde liebevoll mit Sternen zu, wie wenn man einen Körper mit himmlischen Rubinen übersät...
... das Können, die Sachkenntnis, über die er nachdenkt, beugt sein Haupt vor der Menschlichkeit, die die Grundlage für Generationen von Kulturen ist, und er ist schamhaft niedergeschlagen wegen der Verantwortlichkeit für die ekelerregende Schlechtigkeit der sechs Leidenschaften Wollust, Wut, Geiz, Gier, Stolz und Neid unter dem Einfluss der sechs Jahreszeiten, nämlich Frühling, Sommer, Regenzeit, Herbst, der frischen und der kalten Jahreszeit...
Richards betritt die Wohnung Bāla Sais mit Augen wie strahlende Himmelskörper.
In Meditation versunken zwischen der Genesis und der Sintflut, zwischen Anfang und Ende, und die Lippen gefärbt mit dem Blütenstaub der Galaxien...
... als einer, der erhaben ist über die Schreie religiöser Arroganz, erscheint Bāla Sai wie das sanfte Lächeln des Mondlichtes, das Gestalt angenommen hat, um das süße Lied der Menschlichkeit zu singen.
Er ist jetzt wie ein neues Zeitalter und verkörpert voller Gleichmut die Philosophie der Liebe in Sterblichkeit und Erinnerung.

Sobald er die Wohnung Bāla Sais betreten hat, berührt Richards Bābās Füße und sagt:
„Ich bin gesegnet, Sri Bāla Sai. Ich wollte mich viele Tage lang sehr abmühen, viele Einzelheiten von Ihnen erfragen und sie der

Welt eröffnen, aber innerhalb eines Tages haben Sie mir schon spirituelles Wissen kundgetan."
Während Sri Bāla Sai gütig lächelt, sagt Richards voller unbeschreiblichem Eifer:
„Sie haben nach meiner Mutter gefragt und ihr Problem schon gelöst, noch bevor ich mit ihr sprechen konnte."
„Sie ist auch meine Mutter," sagt Bāla Sai sanft. „Warum sind Sie überrascht, Richards? Wenn Sie eine Mangofrucht aus einem Mangohain bekommen, können Sie dann den Baum erkennen, der sie getragen hat?"
„Nein," antwortet Richards.
„Dies ist genau so. Ihre Mutter hat Ihrem Körper das Leben gegeben, der die Wohnstatt der fünf Ur-Elemente Erde, Wasser, Feuer, Luft und Äther ist. Außerdem ist er vergänglich. Der Körper, den ich trage, ist ebenfalls von dieser Art. Aber das ‚Ich' ist ewig, unvergänglich."
„Wie das?" fragt Richards, der den Sinn nicht verstanden hat.
Bāla Sai sagt zu Richards, der ziemlich erstaunt aussieht:
„Weil dieses ‚Ich' die Seele in dem Körper ist. Weil die Seele, die in Ihnen und in mir gegenwärtig ist, dauerhaft und eine Reflexion des Höchsten Geistes oder der Seele des Universums ist."
Er fährt fort:
„Freund, dies ist die Kenntnis der Seele oder auch wahre Weisheit. Der Körper, der die Seele trägt, vergeht wieder nach einiger Zeit und wird wieder aufgenommen von den Ur-Elementen. Die Seele, die bis dahin den Körper trägt, geht in einen anderen Körper und beginnt ein neues Leben in einer neuen Wohnung unter einem neuen Namen und vergisst die früheren Bindungen. Der Mensch wird zum Asketen, wenn er in der Lage ist, diese ewige Wahrheit zu verstehen. Er erkennt dann, dass seine Mitmenschen genau so sind wie er, er versteht den göttlichen Wesenszug in ihnen und liebt sie in dem wahren Geist der Liebe."
Richards sagt sorgenvoll:

„Bābā, es gibt viele Religionen auf der Welt. Aber es gibt keine Freundschaft unter den Religionen. Ich möchte gern Ihre Antwort auf den Holocaust im Namen der Religion kennen lernen."
Bāla Sai antwortet:
„Richards, in meiner Muttersprache Telugu ist das Wort ‚Religion' dem Wort ‚Mütterlichkeit' sehr ähnlich. Religion bedeutet ein Symbol für Gleichheit. Eine Mutter liebt all ihre Kinder mit der gleichen Fürsorge. Das ist das ursprüngliche Prinzip der Mutterschaft. Es ist auch die Quintessenz von Religion.
Aber die Religionen, die in uns die lebenswichtige Natur der Liebe hervorrufen sollen, sind durch Menschen korrumpiert worden. Indem diese die Begriffe ‚Zuneigung' und ‚Menschlichkeit' vergessen, machen sie nicht nur die Menschen zu Patienten von Krankheiten wie Hass auf andere Religionen, sondern zerstören auch den Frieden innerhalb eines Staates. Ich bekenne, den Menschen aus diesem Zustand befreien zu wollen. Das allein ist mein Wunsch."
Richards stellt die Frage:
„Was ist der Grund dafür, dass Religion, die von Menschen für Menschen gemacht wurde, wiederum von Menschen zerstört wird?"
„Freund, der Grund dafür ist die Torheit des Menschen, nicht in der Lage zu sein, den Bereich seines Herzens zu reinigen. Derjenige, der Unkräuter wie die Arishadvārgas sät, beraubt diesen Bereich seiner wesentlichen Bedeutung. Indem der Mensch die Tatsache vergisst, dass er Bäume der Gelassenheit und des Friedens mit dem Dünger der Hingabe pflanzen sollte, ist er beschäftigt, die Banyan-Bäume der weltlichen Wünsche aufzuziehen und zu stärken und dabei den menschlichen Fortschritt zu lahm zu legen. Er stellt die Existenz Gottes in Frage."
Mit Begeisterung und Ehrerbietung fragt Richards bescheiden:
„Der Mensch, der von Gott geschaffen wurde, ist das Werkzeug für diese Korrumpierung. Wie kommt es, dass, wenn so viel Schlechtes geschieht, göttliche Inkarnationen wie Sie diesen Missstand nicht sofort beseitigen können? Warum zerstören Sie nicht diese Welt, die eine Sündenhöhle ist, und warum sind Sie

nicht bereit für eine Schöpfung eines anderen Ortes – ähnlich dem Paradies?"
Bāla Sai lächelt gütig und sagt:
„Gott kommt auf die Erde herab, um der Moral Geltung zu verschaffen und versucht, die guten Menschen zu beschützen. Er kommt nicht, um der Zerstörer Seiner eigenen Schöpfung zu sein.
Göttlichkeit besteht nur darin, die Käfer von den Schatten spendenden Bäumen zu trennen. Es ist nicht eine natürliche Rechtmäßigkeit, das Haus in Brand zu setzen, nur um die Ratten zu vernichten. Als ein Ergebnis von Taten, die im früheren Leben verübt wurden, werden manche als Käfer oder Unkräuter geboren... Die Bedeutung von Spiritualität ist, echte Weisheit zur Verfügung zu stellen. Also sollten solche Menschen ebenfalls durch Liebe gebessert werden. Wenn der Schöpfer selbst bereit wäre, Zerstörung zu bewirken, dann würde auch Er zum Dämon und könnte nicht Gott genannt werden.
Die gesamte Schöpfung alles Lebenden und Unbelebten ist Gottes Willensakt. Kein Vater wird seine Kinder vernichten, wenn sie vom Weg abkommen, sondern er wird sie mit Liebe auf den richtigen Weg zurückholen. Überdies hat Gott, der Schöpfer, seine Geschöpfe zur Freude und zur Unterhaltung in diese Welt gebracht und nicht zur Vernichtung."
Richards unterdrückt seine Bedenken und fragt:
„Bhagavan! Obgleich diese Welt technologisch überaus fortgeschritten ist, ist doch jedermann der Ruhelosigkeit ausgesetzt und beraubt nicht nur seine Mitmenschen des Friedens, sondern auch die künftigen Generationen. Mit dem brennenden Verlangen, glücklich zu werden, rennt er herum, aber er leidet, weil er nicht weiß, wo das zu erreichen ist."
„Es gibt nur einen Grund dafür, Richards. Der Mensch verliebt sich bis über beide Ohren, weil er nicht in der Lage ist, die wahre Bedeutung ewigen Glücks zu verstehen.
Ein durstiger Mensch, der durch eine Wüste reist, wird in dem Augenblick mit verzücktem Glück erfüllt, in dem er einen großen Schluck Wasser erhalten und trinken kann. Tatsächlich fühlt

er sich so froh, als gäbe es kein anderes Vergnügen als dieses. Würde er diese kleine Menge Wasser sein Leben lang als ein Abbild des Glücks ansehen, wenn er wieder genug Wasser bekommen kann? Ein Mensch, der an Hunger leidet, wird erdrückt von dem Verlangen nach einer Handvoll Nahrung. Wenn der Hunger gestillt wird, ist er für den Augenblick froh, aber später fühlt er sich wieder ziemlich unbefriedigt, als ob ihm etwas fehlt."
Richards fragt:
„Was also gibt dauerhafte Freude in dieser Welt und wo ist sie erhältlich?"
Bāla Sai antwortet:
„Sie ist nicht im Außen zu finden, Freund. Ewiges Glück ist in Ihnen. Jeder Mensch, der geboren ist, rennt sein ganzes Leben lang auf der Suche nach der Fata Morgana wie z.B. Vergnügen herum und leidet an Rastlosigkeit, aber nie versucht er, in sich selbst hineinzuschauen.
Zu begreifen, dass das Glück nicht irgendwo ist, sondern in uns selbst, ist die Vision des Höchsten Geistes."
Richards sieht erstaunt aus.
Bāla Sai fährt fort:
„Freund, dieser Körper ist ein Tempel und in ihm wohnt Paramātma, der uns Glückseligkeit schenkt. Der Weg zu immerwährender Freude ist, das wahrzunehmen. Göttlichkeit ist die Fähigkeit, die Philosophie der Liebe, die sie erkennt, an andere zu verteilen. Die Bedeutung des Ausdrucks , Aham Brahmāsmi' ist genau dieselbe."
Richards meint zögernd:
„Aber... Es wird gesagt, wenn ein Mensch wahre Gelassenheit erreichen will, sollte er jenseits sämtlicher Bindungen sein, und nur wenn er so befreit ist, wird er Freude und Frieden erfahren. Das wird der Weg des Yoga genannt."
„Wenn Sie die Methode des Yoga zu verstehen wünschen, müssen Sie zuerst vom Durst nach Weisheit erfüllt sein, Freund. Heiligkeit heißt nicht, dass man sich fern der Welt befinden sollte wie ein Bettelmönch und Tapas unter den Bäumen des Wal-

des durchführen muss. Die Welt, in der ein Mensch lebt, umfasst die Gesellschaft, zu der er gehört, die Menschen in ihr, seine Frau und seine Kinder und die Pflichten, die er ihnen gegenüber hat. Wie sollte also jemand einen solchen Ort verlassen können? Man sollte sich um seine Verwandten kümmern, um ihre Schwierigkeiten – und das sind nach alter Tradition die sechs Pestilenzen: Unmengen von Regen, Trockenheit, Ratten, Papageien, Heuschrecken und Nachbarkönige - und um seine Verantwortlichkeiten. Das ist das Gesetz des Universums. Wir sollten jedoch erkennen, dass all dies physisch und vergänglich ist und dass wir mit ihnen nur so lange verbunden sind, wie sich die Seele im Körper befindet. Indem wir das begreifen und doch inmitten dieser Zuneigungen und Bindungen bleiben, sollten wir die Göttlichkeit in uns erkennen und selbst zu Gott werden, der dies an alle weitergeben kann. Man muss wie ein Gefangener inmitten der Pflichten leben und in der Lage sein, ein spirituelles Leben zu führen."

Richards sagt:

„Bābā, in dieser kurzen Zeit in der Diskussion mit Ihnen konnte ich lernen und verstehen, dass die Grundlage für wahren Frieden die Suche nach der Seele ist. Aber, da ist noch eine Frage."

Richards äußert einen wirklichen Zweifel, der noch nicht behoben ist. Er fährt fort:

„Sie haben gesagt, dass jeder seine Sehnsucht durch eigene Anstrengung und durch gründliche Untersuchung des Geistes erfüllen kann. Dies ist nicht zu bestreiten. Was hat denn dann Religion mit dieser Anstrengung zu tun? Wo ist die Notwendigkeit für so vielen blinden Glauben, mit dem Religion verstrickt ist?"

Bāla Sai lächelt sanft, indem er Richards anschaut, der eine außergewöhnliche Frage gestellt hat, welche dem Leben eines Menschen tüchtig einheizen kann. Er sagt:

„Sie haben mich Ihrer wundervollen Frage erfreut, welche die Torheit etlicher Anhänger von Ritualen widerlegen kann, die aus religiösem Fanatismus für das Gemetzel in der heutigen Welt verantwortlich sind."

Für ein Weilchen schließt er seine Augen wie in Meditation. Dann sagt er:

„Es stimmt, dass Religion mit dem Praktizieren von Yoga nichts zu tun hat. Es ist nicht nötig, darüber nachzudenken, Religion und Yoga zu verbinden. Die Bedeutung des Wortes ‚Yoga' ist, individuelles Bewusstsein mit dem universellen Bewusstsein zu vereinen. Die Upanishaden haben dieses als den alles durchdringenden Höchsten Geist beschrieben. Dieser Höchste Geist ist sozusagen der immer währende große Fluss des Bewusstseins der Universal-Seele. Das Praktizieren von Yoga, der dieses versteht, ist der richtige Weg für das Erblühen der Seele. Aber in dieser Vereinigung ist die Rolle der Religion sehr klein. Jeder, der poetische Dichtungen studieren und in sich aufnehmen will, muss als erstes das Alphabet erlernen. Religion ist aus dem Wunsch des Menschen entstanden, einen anderen zu veranlassen, auf diesem Weg zu gehen."

Richards fragt naiv:

„Wenn Sie dies so scharf analysieren, Bābā, geben Sie damit nicht den religiösen Extremisten Gelegenheit, Sie einen Atheisten zu nennen?"

„Freund, diese abfälligen Bemerkungen machen Menschen nichts aus, die das Höchste Sein zu verstehen wünschen. In jedem Zeitalter sind Menschen in den eisernen Fesseln religiöser Bigotterie oder Engstirnigkeit gefangen, welche als wertlose Kritiker die Definition von ‚Religion' ändern und entsprechend überlegen. Es wird sie auch in Zukunft geben. Aber ich fahre fort, sie mit Liebe zu behandeln, da die Bedeutung meiner Existenz darin besteht, Liebe zu verbreiten."

Richards bemerkt:

„Um die gegenwärtige Welt mit ihren zwei Begrenzungen der Selbstsucht und der Engstirnigkeit zu retten, welche die Gesellschaft beherrschen, ist die Existenz von Übermenschen wie Ihnen höchst wichtig. Ich verlange ernstlich danach, dass Ihre Lehren und Ihre Liebe für die Menschheit bis zu den entferntesten Orten durchdringen mögen. Ich möchte mehr Einzelheiten über die asketische Sicht von Ihnen wissen. Sie sagten vor kurzem, dass man alle Pflichten erfüllen und dennoch befreit von allen weltlichen Bindungen leben solle. Ist das wirklich durchführbar, Bābā?"

„Warum sollte es nicht möglich sein, Richards? Guter Charakter macht den Menschen friedevoll. Er bewirkt Kontrolle über die Natur des Menschen und die Veränderungen in ihm. Obwohl er im Brennpunkt der Bindungen wie weltlichem Leben, Frau und Kindern steht, ist er aufgrund der Entwicklung einer asketischen Geisteshaltung erhaben über Leid und Glück, und das Leben schenkt ihm Befriedigung, welche ihm wiederum die Stärke verleiht, Wünsche und Sehnsüchte zu unterdrücken. Der gute Charakter ist Werkzeug für Selbstkontrolle, welche einen erkennen lässt, dass man sich an dem freuen sollte, was man hat, und sich nicht um Dinge grämen sollte, die man nicht besitzt."

„Was genau ist Zufriedenheit, Bābā?"

„Wir sollten nicht traurig sein und uns nach etwas sehnen, und wir sollten nicht auf die Besitzenden eifersüchtig sein."

„Für den Augenblick mag es ja möglich sein, sich zu verhalten, wie Sie gesagt haben, Bābā. Aber immer so zu leben...."

„Es bedarf ständiger Übung, Richards," sagt Bāla Sai und erläutert im einzelnen den Trübsinn, der schon allein durch den Wunsch zu essen verursacht wird.

„Um sich vor der Begehrlichkeit zu bewahren, die fortwährend von den Sinnesorganen ausgeht, sollte der Mensch seinen Geist und Verstand darauf konzentrieren, die Mitmenschen zu lieben. Dies kann er tun, indem er sich immer wieder in die Gesellschaft guter Menschen begibt, oder durch Gedanken, die erhaben sind über Zuneigung und Gegnerschaft. Wenn er so leben könnte, würde sein Leben ein ‚Yoga' werden. Nach einiger Zeit verwandelt dieser Yoga sich von selbst in Leben."

Das schmerzerfüllte Geschrei einer Frau, das plötzlich von draußen zu hören ist, bedeutet das Ende für ihre Diskussion, die bis zehn Uhr nachts gedauert hat. Richards, der bis jetzt eine Menge Dinge verstanden hat, würde gern noch etliche andere Fragen klären. Da aber seine Konzentration gestört wird, hört er

auf das leidvolle Klagen der Frau, obwohl er nicht verstehen kann, was sie in ihrer Sprache Telugu sagt.
Die Frau will Bābā treffen, aber Bālaji bittet sie, bis zum Tagesanbruch zu warten. Sie will ihn aber augenblicklich sehen, wohl oder übel. Bābās Segen ist nötig, wenn ihr erwachsener Sohn überleben soll, und so bittet sie Bālaji inständig. Aber Bālaji versperrt ihr den Weg, während Bāla Sai für eine Weile seine Augen wie in Meditation schließt. Die Farbe seines Gesichtes ändert sich, als ob er etwas Unsichtbares sieht, sich an etwas Vergangenes erinnert und zu einem Entschluss kommt.
Plötzlich steht Bābā auf, wie wenn er den Aufruhr im Herzen einer Mutter verstanden hat, die davon bedroht ist, ihren Sohn durch die Aktivitäten einiger selbstsüchtiger Leute zu verlieren, die darauf aus sind, „die Entfernung zu verringern und die Flügel der Zeit zu beschneiden".
Wie Vishnu, der durch das mitleiderregende Schreien des leidenden Elefanten bewegt wurde, kommt Bāla Sai aus dem Mandir heraus, und Richards folgt ihm.
Draußen in der Helligkeit des elektrischen Lichtes, vergießt eine alte Frau einen Sturzbach von Tränen. Als sie Bāla Sai erblickt, kommt sie herbei gerannt und umfasst seine Füße.
Sie sagt:
„Bābā, retten Sie meinen Sohn! Er hat keinerlei Verbrechen begangen, aber dennoch hat die Polizei ihn mit Gewalt fortgeführt. Man sagt, er könne dem Galgen nicht entkommen. Sie sind unsere einzige Zuflucht, Bābā."
Wie sie so seine Füße mit ‚Blüten-Tränen' salbt, hebt Bāla Sai sie begütigend auf. Er sagt:
„Ihr Sohn, der keinerlei Verbrechen begangen hat, soll nicht von Ihnen getrennt werden. Ihr Sohn soll Ihnen erhalten bleiben. Der wirkliche Übeltäter wird gefasst werden."
Während Bālaji erstaunt ausschaut, verleiht Bāla Sai ihr noch mehr seelische Kraft:
„Genauso, wie der bekehrte Jäger ein Werkzeug für die Darstellung der poetischen Dichtung ‚Rāmāyana' wurde, ist Ihr Sohn jemandem geboren, der durch mich gewandelt wurde und

nun auf dem rechten Weg ist. Die Schwierigkeiten, die Sie und Ihre Familie umzingeln, gelten nur für den Augenblick. Fürchten Sie sich nicht!"
Die alte Frau sagt zitternd:
„Aber... Bābā... Die Leute, die meinen Sohn der Polizei übergeben haben, sind mächtig und wohlhabend..."
„Aber auch sie sind, wie Ihr Sohn, in diese Welt geboren worden. Könnten sie stark genug sein, Kāla Purusha zu beherrschen, nur weil sie reich sind? Gehen Sie nach Hause und ruhen Sie sich aus. Ich werde mich um den Fall Ihres Sohnes kümmern."

Bālaji überredet sie und bietet ihr Schutz an. Nach fünf Minuten kehrt Bāla Sai mit ungebrochenem Eifer in den Mandir zurück. Richards, der bis dahin als Zuschauer dagestanden hat, versucht, seine Vermutung aufzuklären und fragt Bāla Sai auf Englisch:
„Kennen Sie sie von früher?"
Sanft lächelnd sagt Bāla Sai:
„Richards, Gottes erste Aufgabe ist es, die zu kennen, die an Ihn glauben."
Richards antwortet:
„Bābā, ich habe nicht die Macht, die verborgene Bedeutung in Ihren Worten zu verstehen. Aber obwohl ich die Sprache der alten Dame nicht verstehe, habe ich doch begriffen, dass sie Sie zum ersten Mal getroffen und ihr Problem zum Ausdruck gebracht hat."
Mit einem leichten Lächeln sagt Bāla Sai:
„Vielleicht hat sie mich zum ersten Mal getroffen, aber sie hat schon oft über mich nachgesonnen. Ja, Richards. Die Mutter, die kam, um mir von dem Problem ihres Sohnes zu erzählen, hat von anderen von mir gehört, und sie betete in ihrem Geist um eine Gelegenheit, mein Darshan zu erhalten."
„Also war sie Ihnen bisher noch nicht begegnet, Bābā."
„Freund, wenn jemand von ganzem Herzen wünscht, mir zu begegnen, wie könnte ich es dabei belassen, ohne ihm die Gelegenheit zu geben, mich zu treffen?"

Die Worte Bāla Sais schüren sanft den Verdacht, der Richards Verstand beherrscht. Er befragt Bāla Sai bekümmert nach Einzelheiten über die leichten, seltsamen Träume des Lebens:
„Bābā, ich akzeptiere von ganzem Herzen, dass Sie der Mensch gewordene Gott sind, da Sie sofort so stark reagieren, wenn Devotees Sie anflehen. Aber meine Frage lautet: woher kennen Sie die Probleme der Devotees, deren Zahl doch Millionen beträgt? Freund, wenn ich sie nicht alle kennen würde, wie könnte ich dann allen gehören? Wie könnte jemand, der nichts über die Menschen und die Nöte, in denen sie sich befinden, weiß, in der Lage sein, Ihrer Mutter Medizin anzubieten, die doch an einem weit entfernten Ort ist?"
Richards' Augen füllen sich mit Tränen.
„Es ist wirklich ein Problem, Bābā," sagt er hingerissen. „Als Gott zu bestehen ist auch für Gott ein Problem."
Bāla Sai lacht Richards an.
„Es ist einfach das, Bābā... Selbst Gott hat keine Ruhe, wenn Göttlichkeit ständig Interesse an den Schmerzen und Problemen der Devotees zeigen muss."
„Freund, sollte es ein Problem für Gott sein, sich um die Kinder zu kümmern, die er erschaffen hat?"
Bāla Sai erscheint als die ‚bewegliche Zeit', die man erlebt, wenn man der mysteriösen Nektar der unbegreiflichen Mitternacht getrunken hat.
„Für Gott besteht Erholung darin, dass Er unaufhörlich an die denkt, die Er als die Auserwählten betrachtet, und wenn Er durch leichten Druck schon ermüden würde, wie könnte das wahre Liebe genannt werden?"
Richards versteht die Zusicherung, die Bābā der alten Frau gegeben hat, obwohl sie anscheinend keine Einzelheiten genannt hat.
„Was ist denn nun das Problem dieser alten Frau? Welchem Problem sieht ihr Sohn sich gegenüber, Bābā?"
„Er liebt ein Mädchen aus einer höheren Kaste."

Bālaji, der an der Seite steht und Bābā mit ekstatischer Hingabe anschaut, erschrickt. Er hat von Ramulamma, der alten Frau, gehört, dass ihr Sohn wegen eines Mordes von der Polizei verhaftet worden ist. Aber er weiß nichts von der Liebesgeschichte von Ramulammas Sohn.
Richards fragt erstaunt:
„Wie kann denn Lieben ein Vergehen sein?"
„Metaphysisch betrachtet würde lieben und geliebt zu werden als Göttlichkeit angesehen. Aber, lieber Freund, inmitten der weltlichen Bindungen, die Liebe beurteilen und bewerten, kann sie schon als Verbrechen angesehen werden."
Richards und Bālaji hören aufgeregt zu, als Bāla Sai nun detailliert über Sudhakar spricht, den Sohn von Sarabhayya, der lebt als einer, der von seinem früheren verbrecherischen Verhalten bekehrt ist.
„Diese alte Frau Ramulamma hat nur den einen Sohn Sudhakar. Wenn sein Vater Sarabhayya nicht seinen Lebensstil geändert hätte, nicht ein guter Mensch geworden wäre und ein ordentliches Leben führte, dann hätte Sudhakar wohl ein vergeudetes Leben geführt. Aber Sarabhayya hat meinen Rat angenommen und sein Leben geändert. Unter diesem Einfluss konnte Sudhakar hart arbeiten und bis zum akademischen Abschluss studieren. Die Tochter des Jivan Reddy, des Großgrundbesitzers des Dorfes, verliebte sich in ihn. Neben seinem Reichtum hat auch die Politik Jivan Reddy zu viel Macht verholfen. Deshalb kann er nicht dulden, dass seine Tochter Parimala den Sudhakar als einen aus der niederen Kaste liebt. Er schaffte es nicht, sie davon abzubringen und wurde deshalb so rachsüchtig in Bezug auf Sudhakar."
Bāla Sai beginnt zu sprechen wie ein Gott, der den mütterlichen Seelenschmerz einer Frau versteht, als ob er mit seiner göttlichen Kraft die geschlossenen Seiten liest, die sich in den geheimen Tälern der Augenlider Kāla Purushas befinden. Bālaji und Richards betrachten mit blassen Gesichtern Bābā.

„Jivan Reddy wollte seine Macht als Einzelner beweisen. Also ermordete er seinen Feind Samudralu, einen Grundbesitzer, und schiebt jetzt den Mord auf Sudhakar."
„Bābā, wird die Polizei das so leicht glauben, nur weil es so behauptet wird?"
„Richards, es gibt einen Grund, es zu glauben," sagt Bāla Sai nachdenklich.
„Sarabhayya, der Vater des Sudhakar, arbeitet gegenwärtig als Pächter des Samudralu. Im Zusammenhang mit einem kleineren Diebstahl in seinem Haus fesselte Samudralu den Sarabhayya an einen Baum und schlug und beleidigte ihn wegen seiner früheren Gewohnheit zu stehlen. Sudhakar, der die Besserung seines Vaters kannte, sah das als ungerecht an und rebellierte gegen Samudralu. Er warnte Samudralu in Gegenwart anderer Leute, dass er ihn nicht schonen würde, wenn dem Leben seines Vaters irgendeine Gefahr drohe."
Als ob er alles verstanden hätte, meint Richards:
„Indem er davon Vorteil nahm, ermordete Jivan Reddy den Samudralu und schob das Verbrechen Sudhakar in die Schuhe. So hat er seinen Plan mit Hilfe seines Reichtums und seines Ansehens ausgeführt und Sudhakar ins Gefängnis gebracht, um ihn auf diese Weise von seiner Tochter fern zu halten."
Bālaji mischt sich ein:
„Ja, mein Herr. Jivan Reddy Gāru ist so ein Typ. Selbst höhere Beamte sprechen bei ihm vor. So ist es für ihn nicht schwierig, an einem armen Jungen wie Sudhakar Rache zu nehmen."
Für längere Zeit ist nun Richards in Gedanken versunken. Er hat schon früher erfahren, dass in Indien solche Dinge geschehen, wo den Kasten und nicht dem Individuum große Beachtung geschenkt wird, dem Reichtum eher als der Wahrheit. Er ist von Schmerz erfüllt, und so sagt er:
„Aber Bābā.... Sehen Sie es als gerecht an, dass in diesem Land, das der Ursprung nicht nur von Heiligen und Weisen, sondern auch von Heiligen Schriften ist, die der heutigen Welt als Vorbilder dienen - dass in diesem Land Kasten und Gemeinden Autorität über Liebesangelegenheiten ausüben?"

„Dieses Thema ist nicht bloß auf die beiden Kasten von Sudhakar und Parimala beschränkt. Es ist ein Streit um den Status der Menschen. Es ist die Sorge, die Existenz ihrer traditionellen Hochstapelei und Arroganz zu bewahren. Allerdings, Richards, ist die Trennung von Liebespaaren durch die Eltern oder bestimmte Umstände nicht auf die Geschichte dieses Landes begrenzt. Das findet seit undenklichen Zeiten in allen Ländern statt. Wenn uns auch die Liebesgeschichten von Romeo und Julia und von Salim und Anarkali bekannt sind, so werden doch ständig solche Tragödien, die der Geschichte unbekannt bleiben, wiederholt."

Mit Bezug auf die wirklichen Ereignisse sagt Richards:

„Ich weiß nicht, ob solche Dinge hauptsächlich aufgrund der Dummheit der Menschen geschehen oder wegen eines Defektes im System, aber die Vorkommnisse, die Sie erwähnten, sind auch in unserem Land üblich, Bābā. In den westlichen Ländern führte die Klassifikation der Menschen als schwarz und weiß zu einigen Massenvernichtungen."

Das gesamte Thema auf einen Punkt bringend sagt Bāla Sai:

„Richards, der Hauptgrund ist derselbe: Lieblosigkeit."

Bāla Sai geht noch mehr zu Einzelheiten über und sagt zu Richards, der bedrückt aussieht:

„Freund, gleich mit der Geburt eines Lebewesens beginnt Selbstsucht mit dem Gefühl ‚dies ist mein Kind'. Später entwickelt sich Vernarrtheit oder Verliebtheit für ‚mein Kind'. In der Folge wird es zu ‚meiner Familie', wenn der Nachwuchs zunimmt. Das Dogma ‚ich und mein' gewinnt allmählich an Boden, wird eine Variante als ‚Ego', welches zur Rebellion gegen ethische Werte der Gesellschaft anstachelt. Wenn es auf dieser Ebene erfolgreich ist, rackert sich dieselbe Eigenschaft ständig um des Erfolges willen ab, wobei sie manch einen zum Narren macht. In den Rassen, die schwach geworden sind, wird sie zum Werkzeug für Konflikte und Gemetzel unter den Gemeinschaften. Dies ist die Geschichte dieses Systems. Jeder Schauspieler, der in dieser Geschichte eine Rolle innehat, hält die Torheit der vorherigen Generation aufrecht, aber unterwirft

sich niemals selbst einer Introspektion, um herauszufinden, warum die Dinge so geschehen. Dies bringt nun Sudhakar an den Galgen."
Richards sieht Bābā voller Optimismus an und sagt:
„Das ist scheußlich und grausam, Bābā. Wenn Sudhakar unschuldig ist, sollte er nicht zum Opfer werden. Außerdem sind Sie sich ja alles dessen bewusst, was geschehen ist."
Bāla Sai erwidert mit einem sanften leichten Lächeln:
„Freund, wenn irgendeine Geschichte zu einem Schluss kommen soll, müssen bestimmte Dinge geschehen und vollständig in einer bestimmten Reihenfolge heranreifen.... Unter den Typen, die Gott, der Regisseur, der Unsichtbare, erschaffen hat, sollte eine Art innerer heftiger Bewegung stattfinden. Nur wenn dergleichen geschieht, könnte sogar ein Mensch zu Mādhava werden."
„Das habe ich nicht verstanden, Bābā," sagt Richards unbefangen. Er vergisst nicht, dass er mit jemandem spricht, der göttlichen Ursprungs ist. Aber nicht imstande, die wahre Absicht Bābās so einfach zu verstehen, bringt er seinen Zweifel zum Ausdruck, indem er sagt:
„Es erfordert eine sehr große Kraft für einen Menschen, Mādhava zu werden, Bābā!"
Bābā klärt ihn freundlich auf, als ob er ein angenehmes Portrait auf die stille Leinwand des nichtssagenden Himmels malt.
„Wenn eine schöne Frau allein an einem entlegenen Ort geht und ein Mensch von dämonischer Natur ihre Hand ergreift und sie zu verführen versucht – was passiert dann?"
„Sie wird in höchster Not nach Schutz rufen, wie Gajendra, der nach Gott rief."
„Und, würde Gott sofort erscheinen?"
Richards wartet einen Augenblick, dann sagt er:
„Bābā, wir leben nicht in der alten Zeit, so dass dies geschehen würde. Wenn jemand sonst es hörte, würde der sich bemühen, sie zu retten."

„Richards, denken Sie, dass jeder, der den Hilfeschrei einer Frau hört, die der Unehre ausgesetzt ist, in der Lage wäre, herbeizueilen und sie zu retten?"
„Wenigstens irgendeiner – wenn nicht alle – würden nicht umhin können und bereit sein, es zu wagen."
Nach einem Weilchen meint Bāla Sai:
„Ja, Freund, wenn nicht alle, so würde doch irgendeiner auf den unglücklichen Schrei der Frau reagieren, dem Rüpel entgegentreten und sie retten."
„Ja," erwidert Richards.
„Wie würde sie dann ihre Dankbarkeit dem jungen Mann gegenüber ausdrücken, der ihren guten Charakter beschützt hat?"
„Sie würde sagen, dass er zur rechten Zeit wie ein Gott erschienen sei und sie gerettet habe."
Bāla Sai lacht gnädig und erklärt die Bedeutung der Vielfalt in der Einheit, indem er sagt:
„Das heißt, dass der junge Mann, der bis vor wenigen Minuten einfach ein gewöhnlicher Mensch gewesen war, sich in Mādhava verwandelte, nachdem er sie gerettet hat."
Plötzlich herrscht Stille ringsumher.
Bāla Sai hat das Thema mit einem ausgezeichneten Beispiel erläutert:
„Also, Freund, Sie haben verstanden, wie einfach es für einen Menschen ist, Mādhava zu werden. Auf dieser Welt ist jeder Mensch ein Gott, Freund... Aber er verweigert die Gelegenheit, Gott zu werden, weil er von selbstsüchtigem Denken erfüllt ist. Beherrscht von dem Gefühl des ‚ich' und ‚mein' und der Meinung, er brauche die Pflichten nicht zu erledigen, die ihn nicht interessieren, läuft er engstirnig umher und stirbt schließlich."
Richards erwidert mit gefalteten Händen:
„Ich habe verstanden, Bābā. Man sollte sich von der Begrenzung des ‚Ich' befreien und sich an die Tugend der Nächstenliebe gewöhnen. Dies ist die Definition der Göttlichkeit, und ich habe diese Wahrheit verstanden."
„Die Botschaft, die ich dieser Welt gebe, ist genau dieselbe, Freund. Oh Mensch, der du dich selbst liebst, werde ein Gott,

indem du auch den Mitmenschen liebst! Dann will ich eins mit dir sein. Wenn du mein wirst, werde ich dir jeden Augenblick beistehen."

Innerhalb der kurzen Zeit ihrer Bekanntschaft hat Richards Bāla Sai als die Verkörperung der Dreieinigkeit erkannt, die das gesamte Universum beschützt, und als den Einen mit dem mitfühlenden Herzen. Er schaut Bāla Sai an und sagt:
„Oh Herr, ich habe mich mit Leuten abgegeben, die wissen, dass das Leben vergänglich ist und dennoch hinter Trugbildern her rennen, die sich abrackern im Glauben, dass Frieden etwas Unerreichbares ist. Nun habe ich die Wahrheit erkannt, dass wahres Glück in mir ist und dass es wirkliches Glück nur ist, wenn es mich befriedigt und wenn ich es mit allen teile. Ich habe auch die Tatsache begriffen, dass ein Leben in Not nicht vonnöten ist, um diese unschätzbare Wahrheit zu überprüfen."
Richards hält eine Weile ein und beginnt wieder:
„Aber... Ich kam aus meinem Ort an diesen Ort, um das Glück Ihres Darshans zu erhalten. Jetzt habe ich auch noch gelernt, wie Sie eine Mutter schützen, die um ihren Sohn bangt. Dies will ich in mein Buch hineinnehmen. Ich möchte Sie meinen Landsleuten als den Gott vorstellen, der mir sichtbar erschien."
Bāla Sai steht vor Richards mit dem leisen sanfte Lächeln der Nandivardhanas, harmonisch gemischt mit seinen lebendigen und lieblichen Teilen von Reflexionen.
Danach, als er auf seinen Mandir zugeht, hält er nochmals an und sagt:
„Freund, in wenigen Tagen kommt Sudhakar in meinen Āshram und trifft seine Mutter. Wenn Sie wissen wollen, wie das geschieht, seien Sie ein Augenzeuge bei dem Drama, das aufgeführt wird!"
Bābā geht in seinen Mandir. Es ist ungefähr Mitternacht.

Om Namo Bhagavate Sri Bāla Sai Bābāya Namah

49

Genau zu dieser Zeit...
In einem Dorf, fünfundzwanzig Meilen von Sri Nilayam entfernt, sitzt Jivan Reddy in seinem herrschaftlichen Wohnhaus zusammen mit einem Polizeibeamten und führt ein geheimes Gespräch.
„Sri Deputy Superintendent of Police, dieser Bursche Sudhakar sollte sich in Zukunft nicht mehr frei bewegen," sagt er und übergibt ihm ein Bündel Banknoten.
D.S.P. Sundaram sagt lachend wie der Bote Yamas, des Regenten der Hölle:
„Reddy Gāru, ich habe den benötigten Beweis bereits fertig gemacht, um zu belegen, dass es einzig und allein Sudhakar war, der Ihren Gegner Samudralu ermordet hat. Er kann nicht entkommen. Ich habe die Anklageschrift schon bei Gericht eingereicht. Morgen bereits werden wir ihn vor Gericht bringen. Er wird ganz gewiss gehängt werden. Bitte sorgen Sie dafür, dass Ihre Tochter das Haus nicht verlässt. Werfen Sie das Messer, das bei dem Mord benutzt wurde, fort in irgendeinen Teich."
Jivan Reddy sagt geheimnistuerisch:
„Herr Sundaram, ich habe sogar für noch mehr Sicherheit gesorgt. Sie wissen doch, dass ich bekannt und berühmt bin für das Arrangieren von Hahnenkämpfen in den umliegenden Dörfern. Nun habe ich genau das Messer, das für die Hähne verwendet wird, dazu benutzt, Samudralas Bauch in Stücke zu schlitzen. Ich habe meinen Diener Rami Reddy, der den Mord gesehen hat, ins Haus meiner Verwandten in Kalkutta geschickt. Ist das in Ordnung?"

„Das ist genug. Überlassen Sie den Rest mir," sagt D.S.P. Sundaram.
Aber...
Am nächsten Tag, als Richards von der Zuschauergalerie alles beobachtet, ereignet sich vor Gericht etwas Unerwartetes.

Es ist elf Uhr vormittags.
Sudhakar wird von der Polizei dem Amtsgericht vorgeführt. Der Deputy Superintendent of Police Sundaram im Zeugenstand macht seine eidliche Aussage in der Gegenwart des Staatsanwalts.
Richards, der von der überfüllten Galerie aus die Fälschung der Tatsachen durch Sundaram in etwas faszinierendes Passendes beobachtet, ist so verwirrt, dass er die Bestrafung Sudhakars als eine Gewissheit ansieht.
Sudhakar, der nicht die Mittel besitzt, sich einen Verteidiger leisten zu können, steht mit erschrockenen Augen da und vergießt Tränen. Er beantwortet die Fragen des Staatsanwaltes zitternd.
„Ist es wahr, dass es zwischen Ihnen und dem bekannten Grundbesitzer Samudralu Uneinigkeiten gab?"
„Nein. Er war ein Gott für mich. Er war ein väterlicher Mensch, der mich finanziell für mein Studium unterstützte."
Sudhakar gibt Antworten auf etliche Fragen, während ihm die Tränen in die Augen steigen. Er ist wie eine Taube, die sich unter die Flügel ihrer Mutter verkriechen möchte – wie eine verblasste und herabfallende Blüte – wie eine unschuldige Kuh, die nicht mehr verdient in dieser Welt zu leben, und er tritt Kāla Purusha entgegen, der spöttisches Gelächter ausstößt.
„Ich hatte keinen Grund, Uncle Samudralu zu ermorden. Obwohl mein Vater einst in der Welt des Verbrechens lebte, habe ich niemals, zu keiner Zeit, versucht, mich auf diesen Spuren zu bewegen. Es stimmt, dass ich Uncle Samudralu einmal zurückgehalten habe, als er meinen Vater, der in seinem Haus arbeitete, für ein Vergehen züchtigte, das er gar nicht begangen hatte. Das hat ihn nicht in die Enge getrieben. Es war eine Anstrengung

meinerseits, meinen Vater zu beschützen. – Ich habe den Mord nicht begangen. Ich habe gar nicht die Fähigkeit dazu."
„Deshalb haben Sie ein kleines Messer genommen, um Sri Samudralus Bauch und Gedärme aufzuschlitzen! Wenn Sie nur mehr Kraft gehabt hätten, würden Sie wohl eine Axt benutzt und ihn geköpft haben, nehme ich an."
Sudhakar schreit den Ehrenhaften Richter unter Tränen an: „Das ist nicht wahr!" und fügt mit gefalteten Händen hinzu: „Ich hätte nicht einmal den Mut, eine Axt anzufassen."
Der Ankläger fragt:
„Was ist denn mit der Tatwaffe geschehen, die für den Mord benutzt wurde? Wo haben Sie sie versteckt?"
„Wenn ich den Mord nicht begangen habe, wie sollte es dann nötig sein, die Waffe zu verbergen?"
Der Staatsanwalt sagt wütend:
„Herr Sudhaker! Die Ärzte erwähnen in ihrem Obduktions-Bericht, dass Sie eine kleine scharfe Waffe benutzt und den Mord begangen haben. Sie haben sich das kleine Messer im Haus der Parimala, Ihrer Klassenkameradin und der Tochter des Jivan Reddy, besorgt. Sie betraten das Hause unter dem Vorwand, ein Schulbuch zu benötigen. Sie verwickelten Parimala in eine Unterhaltung und stahlen das kleine Messer, das Jivan Reddy bei den Hahnenkämpfen benutzt."

„Das ist eine Lüge!"
Diesmal ist es nicht Sudhakar, der es laut ausruft. Es ist ein Mann in den mittleren Jahren, der in den Gerichtssaal eintritt. Während nun der D.S. P. Sundaram vor Aufregung verwirrt ist, sind zusammen mit dem Richter auf dem Richtersessel auch Richards und Bālaji auf der Galerie vor Überraschung in Verlegenheit versetzt.
Derjenige, der vor das Gericht tritt, ist Rami Reddy, der Tatzeuge. Jivan Reddy Gāru hat gesagt, er habe ihn gestern noch nach Kalkutta geschickt, in das Haus seiner Verwandten. Überdies hat er versichert, dass die Tatwaffe sicher versteckt sei.

Rami Reddy jedoch kommt hier mit dem blutverschmierten kleinen Messer an. Mit der Erlaubnis des Richters betritt er den Zeugenstand und sagt laut:
„Ich habe den Mord gesehen und kann ihn bezeugen."
Außer dem D.S.P. Sundaram ist auch der Staatsanwalt enttäuscht.
Der Ankläger ist verwirrt. Mit trockener Kehle fragt er:
„Wie - wann haben Sie den Mord gesehen?"
Ohne sich aufzuregen sagt Rami Reddy die Wahrheit:
„Dieser junge Mann namens Sudhakar liebt die Tochter meines Herrn und Gebieters Jivan Reddy. Diese junge Dame liebt Sudhakar ebenfalls. Beide stellten sich taub gegenüber Überredungen und Drohungen. Deshalb hat mein Herr, als er diese Gelegenheit erkannte, seinen Gegner Samudralu ermordet und wollte Sudhakar zum Sündenbock machen."
„Warum gestehen Sie denn jetzt die Wahrheit?"
„Weil mein Herr und Gebieter Jivan Reddy Gāru selbst mich darum gebeten hat," erwidert Rami Reddy. „Das ist der Grund, weshalb ich, der ich eigentlich nach Kalkutta gehen sollte, zurückgekehrt bin und Ihnen hier dieses Messer vorlege, das auf dem Friedhof vergraben war."

Om Namo Bhagavate Sri Bāla Sai Bābāya Namah

50

Ein unerwartetes Ereignis. Da die Aufklärung des Mord-Verbrechens eine neue Wendung genommen hat, wird am nächsten Tag unter Zuhilfenahme der Fingerabdrücke auf dem Messer das Urteil gefällt, das Jivan Reddy zum Mörder erklärt. Sudhakar wird als unschuldig freigesprochen und entlassen.
Alle Zeitungen haben dies als ein außergewöhnliches Vorkommnis veröffentlicht, und Richards hat alles gelesen. Obwohl Jivan Reddy durch den Zeugen als Täter angegeben wird, ist er, als er am nächsten Tag verhaftet wird, fast erstickt und atemlos und sagt, er habe keinerlei Straftat begangen.
Richards versteht das nicht. Da er sich des göttlichen Ursprungs Bāla Sais entsinnt, erkennt er diese Wendung als ein Werk Gottes.
Es ist acht Uhr abends. Sudhakar verbeugt sich zu den Füßen Sri Bāla Sais. Zusammen mit seiner Mutter Ramulamma und seinem Vater Sarabhayya empfängt Sudhakar Sri Bāla Sais Segen und verlässt den Āshram.
Nun kann Richards nicht länger still bleiben, ohne Sri Bāla Sai zu sprechen...
...als ob das Firmament mit donnernder Stimme die Erde anbrüllt...
... und als ob die Würmer des Zweifelns den Verstand durchlöchern...
Sri Bāla Sai, der sein Versprechen gehalten hat, mag wie der Ādi Kavi erscheinen, der die Geschichte einer Mutter neu geschrieben hat, oder wie der Schöpfer selbst, der den Menschen, die in Nöten und Sorgen sind, seinen Schutz zusichert...

Richards sagt:
„Ich kann es nicht verstehen, Bābā. Der Zeuge Rami Reddy hat vor Gericht erklärt, sein Herr Jivan Reddy habe ihn gebeten, nach Kalkutta zu gehen und als Zeuge zu verschwinden – während Jivan Reddy herumschreit, er habe nichts damit zu tun, dass der Mord begangen wurde."
„Aber, Freund, es war Jivan Reddy, der das Verbrechen verübte."
„Wenn es so ist, warum sollte er dann Rami Reddy mitsamt der Tatwaffe zum Gericht schicken, um das Verbrechen zu bezeugen? So viel ich weiß, hatte Jivan Reddy überdies Vorkehrungen getroffen, Rami Reddy nach dem Mord nach Kalkutta zu schicken. Wie konnte der Mann solch eine plötzliche Kehrtwendung vollziehen? Wenn die Zeugenaussage wahr und echt ist, warum macht Jivan Reddy nun, nachdem er verhaftet ist, so ein Theater, als ob er nichts mit dem Mord zu tun habe."
Bāla Sai lacht gütig:
„Freund, Jivan Reddy, der den Mord beging, hat nicht wirklich Rami Reddy ermuntert, sich dem Gericht zu stellen. Jemand anders in der Gestalt von Jivan Reddy hat ihn getroffen und dazu gedrängt."
Richards entgegnet:
„Ich verstehe nicht... Wer ist dieser ‚jemand'?"
„Ich habe mein Ehrenwort gegeben, Freund. Deshalb versuchte ich, eine Mutter vor dem Verlust ihres Nachwuchses zu bewahren, einem Unschuldigen Gerechtigkeit zu verschaffen und einem Liebespaar die Gelegenheit zu geben, zusammen zu leben, wenn Jivan Reddy seine Strafe erhält."
Bāla Sai hält eine Weile an und fährt dann fort:
„In der Verkleidung als Jivan Reddy begegnete Gott dem Rami Reddy und riet ihm dementsprechend."
Nur Äonen spiritueller Disziplin machen es möglich, derartiges Erscheinen Gottes zu erleben. Gottes Hauptziel ist es, den vielen Menschen in Not Stärke zu verleihen. Als Beweis für die Wahrheit der Heiligen Schriften manifestiert Gott sich von Zeit zu Zeit, um unter den Menschen Rechtschaffenheit und Tugend

wieder herzustellen, da Er dann für die Devotees leicht erreichbar ist.
Richards' mitfühlende Stimme stöhnt:
„Bābā. Ich habe bis jetzt etliche Weise getroffen, die über ihre göttliche Geburt sprachen. Ich habe viele Länder der Welt besucht und mit großem Verlangen mit einer Reihe von bedeutenden Menschen diskutiert, die nach dem System spirituellen Lebens als Gott-Menschen gelten. Aber nur in diesem geheiligten Land Bhārat habe ich den Gott angetroffen, mit dem man frei heraus über das sprechen kann, was Er denkt, und tun kann, was Er sagt."
Er spricht auf verwirrte Weise. Er weiß nicht, wie er einen Gedanken ausdrücken soll, der jenseits der Sprache ist:
„Bābā, Sie haben der Tugendhaftigkeit eine Stimme verliehen, die, obwohl sie mit einem Mund und der Stärke, diese Stimme zu erheben, ausgestattet ist, dabei ist zu verstummen. In meinem künftigen Leben will ich Sie als meinen Gott ansehen und mir Arbeit für meine Feder ausdenken. Es geht nicht bloß darum, die Geschichte Ihres Lebens als der lebendige Gott, der sich unter uns bewegt, für die Menschen aller Länder dieser Welt in goldenen Buchstaben zu schreiben. Ich will der Pionier sein, der in allen Sprachen Ihre Poesie der Liebe verbreitet, die grenzenlose Menschlichkeit zum Ausdruck bringt, und ich will mein Leben Ihrem Dienst widmen. Bitte segnen Sie mich!"
Richards umfasst Bāla Sais Füße. Er ist etwa vierzig, und sein Enthusiasmus, aufgewühlt wie eine Flutwelle, beginnt von seinen Augen, die Teichen gleichen, herabzutropfen wie ein Bach und durchnässt Bāla Sais Füße. Bāla Sai hebt ihn liebevoll auf, als wäre er ein kleines Kind und umarmt ihn.
Richards gerät in der Umarmung in Ekstase, da er in ihr den Duft des Evangeliums Jesu findet, die grenzenlose Zuneigung Allahs und die Liebe Shivas.
Richards, der durch die Ruhelosigkeit der Welt gestört war, hat viele Länder durchstreift, voller Schmerz, der sein Herz gequält hat, welches er in seiner Hand verborgen hielt. Er erscheint wie eine Flamme, der er seinen Verstand in Gestalt der Tränen

weiht. Sie wandelt sich in eine vollendete Spitze, dann in eine Fläche auf der Spitze ihres Gipfels und schließlich in eine klingelnde Glocke an seinem Bein...
Richards betet innerlich zu Bāla Sai, er möge ihm die Fähigkeit verleihen, die unvollkommene Welt in ein ganzes heiles Bild zu verwandeln.
Indem er sich darauf vorbereitet, den zitternden mystischen Silben, die im Allerheiligsten seines Herzens gespeichert sind, die Form eines Mantras zu geben, gleitet Bāla Sai für die ganze Nacht in Meditation. Richards, der nahe bei ihm sitzt, bleibt und betrachtet ihn.

Om Namo Bhagavate Sri Bāla Sai Bābāya Namah

51

Richards ist nicht imstande, sich an die Anzahl der Tage zu erinnern, die er in der Nähe Bāla Sais verbracht hat, als ob er das unbegrenzte Firmament betreten hätte...
Während Bāla Sai in jedem Lipta, in jedem Bruchteil eines Augenblicks, als der Schöpfer des allumfassenden Fortschreitens erscheint, fühlt Richards, dass er noch ein paar Tage länger im Āshram bleiben sollte.
Er kann jedoch nicht umhin, den Ort verlassen zu müssen.
Jede Handlung und jede Bewegung Bāla Sais ist wie eine Freudenträne, die das Auge befeuchtet und den Geist bewegt und anregt...
...als ob die Menschen, die in den Fesseln der Selbstsucht gefangen sind, sich plötzlich an Gott erinnern und sich Bāla Sai nähern, um ihm ihre Probleme mitzuteilen...
...und mit der Lösung der Probleme aus dem Morast der materiellen Welt heraus kommen, um für den Rest ihres Lebens bei ihm zu bleiben...
... wenn man ihre Betrübnis betrachtet...

Wenn er Bāla Sai beobachtet, der von allen als Gott-Mensch oder Mahātma, als Große Seele, verehrt wird, der den Ozean der Freuden und Gegebenheiten der physischen Welt aufgewühlt und vielen Menschen ambrosischen Reichtum gegeben hat, wobei er sogar die selbstsüchtigen Seelen, die sich in Blut wälzen, erfreut und das Feld des Lebens, das dornig erscheint, in einen Tulsi-Hain verwandelt...
... wie könnte er gehen...?

Wie könnte er aber auch für immer hier bleiben, da er doch hierher gekommen ist, um etwas zu lernen und dann zurückzukehren?
„Sollten Sie so viel darüber nachdenken, Richards?"
Richards hat keine Ahnung, wann Bāla Sai gekommen ist. Aber angespannt steht er von der Bank vor seinem Zimmer auf, auf der er gesessen hat, als Bābā ihn so fragt, als habe er die Erwägungen seines Verstandes bemerkt.
„Jeder, der hierher kommt, muss zurückkehren. Also sollten auch Sie das notwendigerweise tun."
Das sanfte Lachen Bābās vermittelt den Eindruck unbestimmter Philosophie. Er erklärt, dass jeder, der diese Welt der Sterblichen betritt, zurückkehren muss, nachdem er sein Kapitel des Lebens vollendet hat.
Richards verneigt sich ehrfürchtig und sagt:
„Es ist wahr, Bābā, dass jeder, der seinen Fuß auf diese Erde setzt, auch unvermeidlich zurückgehen muss. Das leugne ich nicht. Aber ich denke jetzt gerade nicht an diesen Abgang."
„Ich weiß. Sie möchten in Ihr Land zurückkehren und sind darüber beunruhigt, dass Sie nicht dazu imstande sind."
Richards zögert nicht, seiner Seelenqual Ausdruck zu verleihen:
„Ja, Bābā. Ich kam als Journalist, mit der Vorstellung, etwas über Sie zu erfahren. Aber ich habe erkannt, dass ich Ihnen unbewusst ganz nahe gekommen bin. Daher bin ich nun beunruhigt, wie ich fortgehen könnte und dabei die Bindung, die ich zu Ihnen aufgebaut habe, wieder löse..."
„Richards, Sie müssen Bindungen nur lösen, wenn Sie sie gefördert oder gefestigt haben."
Richards sieht verwirrt aus.
Bābā fährt fort:
„In dieser Welt, die eine Bühne ist, sind Sie in Ihrem bisherigen Leben einigen Schauspielern begegnet, während Sie Ihre Rolle spielten. Sie waren an etlichen Situationen beteiligt. Sind alle Teilnehmer, denen Sie begegnet sind, bei Ihnen geblieben?"
Richards antwortet:

„Ich bin nicht in der Lage, an Sie wie an irgendeinen der Schauspieler zu denken, denen ich begegnet bin."
Bāla Sai lächelt milde:
„Das heißt also, dass Sie mich nicht richtig verstanden haben, obwohl Sie so lange bei mir verweilt haben."
Richards steht wie benommen da.
„Sie würden mir nicht so viel Bedeutung beimessen, wenn Sie nur dächten, dass jeder, den Sie treffen, das Abbild Gottes ist."
„Dafür gibt es nur einen Grund, Bābā. Bis jetzt habe ich noch in keinem anderen Menschen, dem ich begegnete, Göttlichkeit gefunden. Sie sind die Ausnahme."
„Wenn Sie Göttlichkeit in anderen sehen wollen, Richards, dann müssen Sie selbst das Abbild Gottes werden. Die Auslegungen von ‚gut' und ‚böse', die Sie anbieten, sind abhängig von Ihrer Geisteshaltung.
Jeder Mensch, der je mit Ihnen zusammenkam, ist wie eine Woge, welche ein wesentlicher Bestandteil des Ozeans der Göttlichkeit ist. Wie hoch auch immer die Wellen sich erheben mögen, wie stark sie sich bemühen mögen, die Küste zu überqueren – sie kehren zum Meer zurück. Können Sie solche Wellen aussondern und zeigen, welche bestimmte Welle den Strand erreichte und Sie in einem bestimmten Augenblick berührte? Wer bin ich.... wer sind Sie... wer bist du? Wenn wir es sorgfältig betrachten – sind wir nicht die Wellen, die zu demselben Meer gehören?"
Richards antwortet:
„Das ist es nicht, Bābā."
Es ist schwer für ihn, die Gefühle seines Herzens genau zu erklären. Aber als ob er auch nicht still bleiben könne, sagt er:
„Ich habe nicht nur Leute gesehen, die das Wohl aller im Blick haben, sondern auch etliche selbstsüchtige Menschen. Ich bin auch Sadisten begegnet, die Freude empfinden, wenn sie Mitmenschen schändlich beleidigen."
„Wenn ein Spiegel staubig ist, wird unser Spiegelbild nicht klar auf ihm erscheinen. Das ist nicht die Schuld des Spiegels, Richards. Es ist ein Fehler unsererseits, wenn wir in ihn hinein-

schauen, ohne zuvor den Schmutz abgewischt zu haben. In dieser Welt ist jeder Mensch gut. Jeder erscheint jedoch unterschiedlich aufgrund der unterbewussten Eindrücke aus früheren Leben."
Richards zeigt offen Bescheidenheit und Gehorsam und sagt: „Wenn es so ist, Bābā – sollte dann jeder Mensch auf dieser Welt geliebt werden?"
„Wenn eine Motte in Ihr Auge fliegt und Ihnen Unbehagen verursacht, würden Sie dann Ihr Auge hassen, Richards? Sie wollen das Stäubchen loswerden und denken nicht daran, Ihr Auge zu verlieren. Wenn Sie als Gott angesehen werden wollen, sollten Sie solche Großzügigkeit zeigen. Das ist es, was ich andauernd sage..."
„Ich stimme Ihnen zu, Bābā. Aber wenn ich das Verhalten mancher Menschen sehe, zittere ich gelegentlich vor Wut."
Bāla Sai wünscht Richards das Licht der Veredelung zu zeigen, das in den tiefsten Schichten seines Herzens verborgen ist, und ihn die Wirklichkeit erkennen zu lassen. So sagt er mit einem gütigen Lächeln:
„Richards, wie könnte jemand, der nicht in der Lage ist, seinen eigenen Ärger oder seine Wut zu besiegen, fähig sein, die Unfähigkeit, den Mangel an Kompetenz oder die selbstsüchtigen Gedanken anderer zu hinterfragen?"
Richards sieht erschrocken aus.
„Wenn Sie selbst ein Sklave der Sinnlichkeit sind, wie können Sie dann einen anderen Menschen als Sklaven des Lasters verurteilen?"
Bābā macht eine Pause für eine Weile und fährt dann fort:
„Das ist der Grund, weshalb ich lehre, dass Göttlichkeit die Philosophie der Liebe ist, und Ihnen sage, Sie sollten das in die Praxis umsetzen."
Bāla Sai sieht Richards an, der mit gebeugtem Kopf vor ihm steht, ohne zu antworten, und meint:
„Lieber Freund, denken Sie, wenn Sie jemanden mit Fußfesseln festbinden, weil Sie ihn als verrückt einschätzen, dass das eine Veränderung in ihm bewirkt? Fesseln berauben ihn seiner Frei-

heit, aber sie können nicht die Gedankenketten, die seinen Geist beherrschen, erfassen."
Richards antwortet zögernd:
„Ich stimme Ihnen zu, Bābā. Dennoch habe ich einen Zweifel... Würde ein Tiger im Dschungel etwa nicht seine Pranke erheben – nur weil wir ihn lieben?"
„Wenn es wahr wäre, dass jeder Tiger, der Ihnen begegnet, Menschen tötet – wie ist es dann mit dem Tiger, den Sie im Zirkus sehen? Obwohl ein Tiger von Natur aus wild und gefährlich ist, lebt dieser doch unter der Kontrolle eines Dompteurs."
„Um einen Zirkus-Tiger zu beherrschen, bedarf es einer gewaltigen Schulung, Bābā."
„In ähnlicher Weise ist Selbst-Disziplin gefordert, um sich mit den Mängeln der anderen abzufinden. Wenn Sie jeden Schritt, den Sie tun, ansehen, als geschähe er auf Anweisung Gottes, und auf diese Weise voranschreiten, dann versetzt Sie diese Zufriedenheit in die Lage, andere zu lieben. Es bereitet Ihnen dann Vergnügen, Ihre Gegner durch Liebe zu besiegen. Es schenkt Ihnen einzigartige Befriedigung. Sie fühlen dann, dass es nichts Bedeutsameres im Leben mehr gibt als dieses."
Als er bemerkt, dass Richards unsicher bleibt, fragt Bāla Sai:
„Über was denken Sie nach?"
„Ich denke über die Durchführbarkeit dessen nach, was Sie gesagt haben."
„Richards, Sie sollten zunächst Ihr Handeln lieben. Das bereitet Ihnen Freude. Die Großzügigkeit, mit der Sie diese Freude mit anderen teilen, gibt nicht nur Ihnen größere Befriedigung und Genugtuung, sondern macht auch die anderen glücklich. Es gibt nur den einen Weg, das zu erreichen."
Richards sieht distanziert aus.
Bābā fährt fort:
„Sie sollten unentwegt danach streben, in sich einen Sinn für das Dienen zu entwickeln, dabei aber nie den Gedanken hegen, dass Sie Ihre Zeit für andere verwenden. Wenn Sie solch einem Gefühl unterworfen sind, können Sie niemals göttlich werden. Sie können dann auch nicht in anderen Göttlichkeit sehen."

Richards gibt der Idee, die seinen Verstand beschäftigt, Ausdruck und fragt:
„Bābā, haben Sie zu irgendeiner Zeit in Ihrem Leben bisher irgendjemanden gehasst?"
Richards ist unsicher über den Ausdruck auf Bābās Gesicht und fühlt sich ungemütlich.
„Verzeihen Sie mir, Bābā. Es ist nicht meine Absicht, Sie zu beleidigen. Durch den Wunsch veranlasst, die Wahrheit herauszufinden, möchte ich gern wissen, ob es für irgendjemanden möglich ist, in seinem ganzen Leben keine Spur von Hass zu empfinden. Deshalb habe ich das gefragt."
Mit einem Lächeln, das sich nicht ganz auf seinen Lippen vollendet hat, sagt Bāla Sai:
„Freund, haben Sie Angst, ich würde Sie hassen, weil Sie so fragen?"
Nach einer Weile sagt er:
„Auch ich habe eine Schwäche."
Richards sieht überrascht aus, als könne er das nicht glauben, und fragt:
„Ist das wahr, Bābā?"
„Ja."
„Welche Art von Schwäche?" fragt Richards begierig.
„Auch jene zu lieben, die mich hassen."
Unwillkürlich werden Richards Augen feucht.
Außerstande, die menschliche Welt zu retten, die hilflos stöhnt, und erkennend, dass der Kosmos noch übler zugerichtet ist als er, kann Richards hier eine außergewöhnlich erhabene Seele finden, die selbst zu einem Kelch voller Nektar wird, indem sie die geringfügige Differenz zwischen Kummer und Freude erklärt, und die die Menschen der ganzen Welt einlädt, diesen Nektar unter einander zu verteilen und unsterblich zu werden.
Um Gott anzubeten, braucht man nicht die Stufen eines Tempels zu erklimmen. Bābā erscheint in einigen Formen – als Bhagavad Gītā, als Koran und als Bibel - und dringt vor in die unterschiedlichsten Gegenden der Erde und mahnt das Wohl der Welt an

durch Nächstenliebe mit einem Sinn für das Dienen und einer Zufriedenheit mit dieser Liebe. Indem er uns über die Verbindung zwischen der wunderbaren Glückseligkeit und dem darauf reagierenden Herzen aufklärt, spricht Bābā philosophisch über die Wahrheit, dass die ganze Welt trotz des sehr hochentwickelten technologischen Wissens zur Hölle wird, falls wir uns nicht angewöhnen, unsere Mitmenschen zu lieben und ihnen dienen zu wollen.
Zufrieden, dass seine Aufregung sich beruhigt hat, verbeugt Richards sich ehrfurchtsvoll vor Bābā und sagt:
„Ich fühle mich gesegnet, Bābā. Ich werde immer dankbar sein für das Glück, Ihre Bekanntschaft gemacht zu haben, und dafür, dass Sie es mir ermöglicht und mir die Gelegenheit gegeben haben, Jesus in Ihnen zu finden. Ich habe jedoch noch eine Frage."
„Nur zu", sagt Bābā.
„Falls ich mich durch Ihr Gedankengut verändere inmitten der Menschen, die sich immer mit weltlichen Bindungen herumschlagen, so fürchte ich, dass ich plötzlich einsam sein werde."
Bāla Sai kann nicht umhin zu lachen und sagt:
„Sie Dummkopf! Wie könnte ein Mann, der Gesellschaft mit Gott, der der Erhabenste von allen ist, erlangt hat, ein Einzelgänger sein? Wenn Sie es als Gottes Willen ansehen, ob Sie sich verändern oder andere zu verändern wünschen und wenn Sie die Wahrheit in sich aufnehmen, dass alle göttlich sind – dann ist das, was sich in Ihnen ausbreitet, die glückselige Göttlichkeit."
Bāla Sai möchte das noch genauer erläutern. So wird er kühl wie das Mondlicht inmitten der Strahlen der Morgensonne und sagt sanft:
„Sie können einem reichen Mann seinen Besitz rauben oder die Reichtümer in Brand setzen. Aber in dieser Welt voller Schmerz und Leid kann kein Feind Ihr Vermögen plündern, wenn Sie sich angewöhnt haben, den Glanz der Seele zu teilen, der Liebe verbreitet – wenn Sie Probleme mit einem milden Lächeln willkommen heißen. Wenn Sie Tugenden besitzen, die Ihnen angewöhnen, in einem Geist des Dienens die Süße des Lebens zu

kosten, dann kann kein böser Geist Ihnen Ihre Kraft rauben oder plündern. Die Existenz einer Lotuspflanze kann ihre Bedeutung nicht verlieren, nur weil sie von Schlamm umgeben ist. Büßt eine Blume ihren Duft ein, nur weil sie neben einer Kanalisation erblüht? Es ist genau dasselbe mit der Philosophie der Liebe und dem Geist des Dienens. Sie scheinen besiegt zu sein – aber sie kontrollieren alles, siegreich in alle Ewigkeit. Sie erstrahlen als die Bedeutung für ‚Akhanda Satchidānanda'. Ein Tag wird kommen, an dem diejenigen, die sich über Sie lustig gemacht haben, Ihnen ‚Nirājanams' anbieten, d. h. sie werden die Kampferflamme vor Ihnen schwenken."

Während Bāla Sai in bewundernswerter Weise die sieben Farben im Regenbogen des Lebens untersucht...
... während Richards eifrig daran denkt, eine Initialzündung oder ein Zündfunke für die Wiederherstellung der schwindenden Menschlichkeit zu werden...
sind plötzlich ein paar laute Schreie im Hof des Āshrams zu hören.
Richards dreht als erster seinen Kopf um, um zu sehen, was los ist.

Om Namo Bhagavate Sri Bāla Sai Bābāya Namah

52

Weit entfernt... dort...
An der Stelle, wo all die Devotees sich versammelt haben, schreit ein Mann laut herum und schaut auf eine Frau.
Richards kann zunächst nicht verstehen, worum es geht.
Der Mann, etwa fünfundzwanzig Jahre alt, beleidigt die Frau aus irgendeinem Grund... Er versucht, sie aus dem Āshram hinauszuwerfen.
Das Gezeter erregt allmählich alle Devotees, die nun anfangen zu verlangen, dass sie den Ort verlässt.
Unentschlossen, was zu tun ist, und mit ängstlichem Gesicht schaut Bālaji auf seinen Jugendfreund Bāla Sai, der in weiter Entfernung steht.
Wie ein Murmeln eines sanften Windes bewegt Bāla Sai sich vorwärts. Bei seiner Ankunft dort beruhigt sich die Atmosphäre ein wenig. Die Frau umfasst sofort seine Füße und sagt:
„Beschützen Sie mich, Bābā! Geben Sie mir eine Gelegenheit, bei Ihren Füßen Zuflucht zu nehmen."
Bāla Sai hebt sie liebevoll auf. Die Menschenmenge sagt wie mit einer Stimme:
„Bābā, sie ist nicht eine gewöhnliche Frau. Sie ist eine Ehebrecherin. Sie ist eine Hure, die ihren Körper an Leute verkauft."
Bāla Sai steht still.
Jemand sagt:
„Wenn einer unkeuschen Frau wie dieser hier Zuflucht gewährt wird, wird die Ruhe dieses Ortes geschändet."
Ein anderer Devotee bemerkt:

„Ja! Wenn Sie sie berühren, werden Sie verunreinigt."
Mit gesenktem Blick und den Augen voller Tränen macht die Frau keinerlei Anstrengung, sich zu rechtfertigen.
Wie ausgetrocknete Ethik... wie eine befleckte Frau, die höllische Qualen erlitt in der Strafe, die durch Kāla Purusha erteilt wurde, sagt sie betrübt:
„Ja, Bābā. Ich bin eine gefallene Frau, aber nicht aus eigenem Willen. Ich wurde in diese Hölle gestoßen. Die ganze Zeit habe ich ein abscheuliches Leben geführt. Ich muss in meinen früheren Leben gesündigt haben, und so bin ich immer in diesem Sumpf stecken geblieben. Ich möchte wenigstens im nächsten Leben als eine fromme Frau leben. Als ich von Ihnen hörte, wünschte ich mir, Sie einmal zu berühren, wenn das nötig ist, um sündenfrei zu werden, und zu sterben. Deshalb mein Besuch hier."
Sie hat ihre Worte noch nicht zuende gesprochen, als einer der Devotees in einem Anfall von Wut sagt:
„Sie haben sie gehört, Bābā. So hat sie ihr Leben geführt. Deswegen wollten wir sie hinausjagen."
Plötzlich herrscht Stille.
Bāla Sai sieht sie nicht an, die dasteht wie ein Baumstumpf in einem Hain, der seine Blätter und Blüten verstreut hat. Bābā hat seine Augen wie gelangweilt geschlossen. Bālaji, der sich ihm sofort genähert hat, fragt murmelnd:
„Soll ich sie wegschicken, Bābā?"
Ein junger Mann sagt empört:
„Was heißt hier: sie wegschicken? Wenn sie wiederkommt, sollte sie getötet und in einen Silo geworfen werden."
„Ja", sagt Bābā. Er wiederholt: „Töten und in einen Keller tun... Aber nicht sie!"
Er schaut sie alle an. In seinem Blick ist kein flammender Ärger. Er sagt gütig:
„Sie müssen als erstes einmal Ihren Hass auslöschen und Ihre Dummheit, die keine Nächstenliebe kennt."

Während die Augen der Frau, die als eine Sünderin dasteht, zittern, beugen die Devotees, die die ganze Zeit Wut gezeigt haben, aus Scheu ihre Köpfe.

„Freunde, obwohl Sie alle sie geschmäht haben und auch bereit sind, eine so große Sünde wie das Schlachten einer Kuh im Hof einer Einsiedelei zu begehen, werde ich nicht ärgerlich mit Ihnen. Ich bin besorgt zu sehen, wie Sie so grausam Schande bringen über eine Frau, die eine Repräsentantin der Frauen ist, die der menschlichen Rasse das Leben schenken."
Bāla Sais Stimme ist durchtränkt von Zuneigung.

„Ich stelle meine gesamte Existenz in Frage angesichts Ihres widerwärtigen Verhaltens, das keinerlei Mitleid zeigt, nachdem Sie die Geschichte einer bekümmerten Frau gehört haben, obwohl Sie sich doch der Feststellung der Weisen bewusst sind, dass Götter wohnen, wo Frauen verehrt werden, und obwohl Tempel und Kirchen errichtet werden, in denen die Frau als Mutter-Gottheit angesehen wird. Ich bin voller Kummer, wenn Sie den Karma Yoga nicht verstehen, der moralische Werte festlegt, obwohl Sie doch wissen, dass die lebende Substanz in allen lebendigen Wesen identisch ist und dass es nichts gibt, das verschieden vom Höchsten Wesen ist oder zweitrangig Ihm gegenüber. Sie offenbaren Hass, angespornt von persönlichem Ego, ohne das geringste Gefühl zu haben, dass eine Frau, die ein Opfer der Sittenlosigkeit des Mannes wurde, auch ein Mitmensch ist."

Bāla Sai steht wie fassungslos mit gebeugtem Haupt vor den Leuten, die trotz einiger Reformer, die den Kodex der Gesetze ausführlich erläuterten, die Wahrheit nicht kennen, dass es eine Frau war, die ihnen das Leben schenkte.
Er spricht wie in einem Traum. Er sieht sie alle an und sagt in einem Anflug leichter Besorgnis:
„Oh, meine Brüder! Ihr seid gefangen in den Klauen von Kastenwesen und Fanatismus, die diese Gesellschaft verderben, und ihr begreift nicht, dass alle Menschen zur selben Rasse gehören. Ihr lasst euch dazu hinreißen, die allumfassende mensch-

liche Gesellschaft in Späne und Streifen zu zersplittern und werdet fortgetragen in dieser Verwirrung.
Wenn jeder von euch einen guten Charakter hat und wenn eure Seelen sich in ein Denken flüchten, dass ihr keine Sünde begangen habt, dann jagt sie weg von diesem Ort! Wenn ihr denkt, die Bedeutung meiner ständigen Ausführungen über die Philosophie der Liebe und die Gesinnung des Dienens sei, Befreiung zu erlangen dadurch, dass andere Lebewesen eure Füße mit Tränen salben, dann schickt diese Frau weg von diesem Platz!"
Das ist alles...
All die Menschen, die bis dahin still gestanden haben, fallen auf einmal Bāla Sai zu Füßen, als ob sie ihr Unrecht eingesehen haben. Damit hören sie noch nicht auf.
Der junge Mann, der sie zuerst beleidigt und gemein über sie gesprochen hat, berührt ihre Füße, als wolle er ihre Vergebung suchen.
„Verzeihen Sie mir, Schwester," sagt er.
Richards versteht nicht, was er sagt. Aber er versteht die ganze Angelegenheit.
In den Augen Bāla Sais kommt nicht Freude zum Ausdruck, aber eine Zufriedenheit darüber, dass er eine Pflicht erfüllt hat.

Als man dachte, er würde wegen des unerwarteten Vorkommnisses im Hof des Āshrams zürnen, machte Bāla Sai mit seinen sanften Worten der Vorhaltung die Menschen reumütig, genauso wie Eltern ihre Kinder zurechtweisen.
Er war wie Venugopāla, der alle Lebewesen mit der Melodie seiner Flöte bezauberte.
Er ist wie eine Oase in der Wüste der menschlichen Herzen, die verdeckt sind mit Unwissenheit und Ego, und er bietet seine nektargleichen Gedanken der Liebe an. Er ist wie die Natur, die augenblicklich von einem Sturm unterdrückt wird.
Sobald Bāla Sai in seine Wohnung gegangen ist, berührt Richards, der ihm gefolgt ist, seine Füße. Er sagt ruhig:

„Swāmī, Sie haben mir eine Gelegenheit verschafft, Zeuge eines weiteren Wunders zu werden."
Bāla Sai sieht uninteressiert und teilnahmslos aus. Richards ist bekümmert und fragt:
„Sie sehen niedergedrückt aus. Vielleicht sind Sie verstimmt..."
Bāla Sai antwortet nicht sofort, sondern stößt einen tiefen Seufzer aus. Dann sagt er sanft:
„Richards, die Rose mit ihren Dornen wird durch diese nicht verletzt. Daher denke ich zwar daran, was geschehen ist, aber ich bin nicht berührt davon."
Wenn man bedenkt, dass seine Devotees, die die Quintessenz seines göttlichen Wissens in sich aufgenommen haben, sich für eine Weile in Dornen verwandelt hatten und seinen Geist, der wie eine Rose erblüht, verletzten und er dann jetzt ruhig sagt, dass nichts dergleichen stattgefunden hat...
...und selbst wenn etwas sich ereignet hat, er es unbeeinträchtigt beobachtet und ohne die Ruhe zu verlieren eine Lösung vorschlägt...
...wenn das alles Göttlichkeit genannt werden kann...
Richards kommt ein weiteres Mal zu dem festen Beschluss, dass Bāla Sai wirklich Gott sein muss. Dann sagt er still:
„Ich wurde an eine Szene in der Bibel erinnert, als ich dieses letzte Ereignis sah."
Bāla Sai sieht gelassen aus.
Richards fährt fort:
„Jesus, der beobachtete, wie die Leute Maria Magdalena mit Steinen bewarfen, weil sie dachten, sie habe gesündigt, sagte zu ihnen, derjenige, der ohne Sünde sei, solle den ersten Stein werfen. Alle waren dann sprachlos."
Bāla Sai lächelt gütig und sagt:
„Sie haben also die ganze Sache verstanden."
„Dies ist eine Angelegenheit, die ganz ohne jede Kenntnis der Sprache verstanden werden kann."
Später sagt Richards plötzlich, als ob er sich an etwas erinnert:

„Leute aus Amerika und Europa kommen, um Sie zu einem Interview zu treffen – und um eine Diskussion über Indischen Theismus zu führen."
„Ja, ich denke daran," sagt Bābā.
Richards sagt:
„Ich möchte mit ihnen zusammen zurückfahren."
Bābā schaut ihn lange an.
Richards fährt fort:
„Ich fasse Ihr Schweigen als Zustimmung auf. Ich muss aufbrechen, nachdem ich die Einzelheiten dieses Interviews gehört habe. So bald wie möglich sollte ich über Zeitung und Fernsehen den Menschen von Ihnen berichten."
Claudia aus Deutschland hat BBC und CNN Interviews über Bābā gegeben, und nur durch diese kommen nun Ausländer hierher, um ihn zu treffen.
Indem er Bābā daran erinnert, sagt Richards:
„Bābā, jeder Mensch auf der Welt sollte Ihre Philosophie der Liebe und Ihre Haltung zum Dienen verstehen. Nur dann kann er wahren allumfassenden Frieden fördern. Dies zu verbreiten sehe ich jetzt als meine Pflicht an."

Om Namo Bhagavate Sri Bāla Sai Bābāya Namah

53

An diesem Tag...
Nach Beendigung des Programms, das Gottesdienst und Bhajans betrifft, geht Bāla Sai unter den Blicken der Devotees zurück zu seiner Wohnung und betrachtet eins seiner täglichen Rituale als erledigt.
Bāla Sai ist wie eine nicht welkende, voll erblühte Blume...
... wie ein lebendes Goldstück und wie ein Reisender, der die Stadien zwischen Geburt und Tod kennt und ungehindert vorwärts geht...
... wie die wahre Personifikation der Nachsicht, ans Kreuz genagelt mit Worten, die mit Blut geschrieben sind, und erscheint wie ein Abbild einer Gedenktafel für Geduld...
... wie ein Ruf, der einen Donner in sich birgt...
... wie eine Erscheinung, die im Spiegel der Zeit verborgen ist...

In ein paar Stunden sieht er einem Interview mit Intellektuellen aus aller Welt entgegen, und Richards denkt vorurteilslos daran.
Da erhebt sich plötzlich ein Summen einer Menschenmenge im Āshram...
Eine Frau mittleren Alters kommt weinend herbei und umfasst Bābās Füße. Ihre Stimme ist erfüllt von Kummer. Die Devotees schauen gespannt zu, wie sie ihre traurige Geschichte berichtet. Es ist wie ein Schrei in der Wildnis:
„Bābā, ich habe meinen Sohn verloren, den ich erst sehr spät bekommen habe. Mein Sechsjähriger starb, nachdem er vier Tage an Fieber gelitten hatte. Ich bin zu Ihnen gekommen, Swāmī, und habe den Leichnam zu Hause gelassen. Ich bin Ihre

Devotee. Ich bin die Mutter, die volles Vertrauen zu Ihnen hat. Bitte besuchen Sie einmal mein Haus, berühren Sie ihn und geben Sie ihn mir lebend zurück. Wenn nicht, dann will ich auch sterben. Seien Sie so freundlich und verstehen Sie meinen persönlichen Verlust und gewähren Sie mir das Geschenk - das Leben meines Kindes."
Bāla Sai, der mit halb geschlossenen Augen still dasteht, hebt sie liebevoll auf. Richards hat inzwischen von Bālaji erfahren, um was es geht, aber er kann sich nicht vorstellen, was Bābā nun tun wird und wartet angespannt ab.
„Sri Bāla Sai, als Ihre Devotee habe ich Sie immer wie einen Gott verehrt. Bitte verstehen Sie meinen Schmerz und retten Sie mein Kind!"
Ihre Stimme erfüllt die Atmosphäre hier mit Klagen, und sie fleht ihn an, ihr Haus aufzusuchen.
Ihre Bitte ist nicht ein gewöhnliches Ersuchen.
Sie schüttet den Schmerz ihres Herzens unter lautem Weinen aus und bittet Bāla Sai, der Schöpfung etwas entgegenzusetzen. Sie stellt seine gesamte Existenz in Frage. Bābā steht da wie der mächtige Berg Meru.
Obwohl Bāla Sai das Abbild Gottes ist – wie könnte er einen Toten zum Leben erwecken?
Obwohl sie als Devotee ihn regelmäßig mit ihren Ritualen wie z.B. dem Anzünden angenehm duftender Räucherstäbchen verehrt, unterzieht sie ihn hier einer besonderen Prüfung, die nirgendwo in der modernen Welt vollbracht oder bestanden werden kann. Sie bittet ihn, der Grund für etwas Revolutionäres zu sein, indem er seine Unterschrift auf die Stirn der sich bewegenden Zeit schreibt und so dem Tod eine brandneue Pointe verleiht.
Schluchzend sagt sie:
„Swāmī, solange ich lebe, will ich Ihnen als Dienerin zu Ihren Füßen zu Diensten sein. Bābā, schenken Sie meinem Kind das Leben und retten Sie es!"
Bāla Sai spricht sie sanft als Mutter an, als er die Tränen wie den Ganges und die Yamuna in der Regenzeit im Monat Srāvana von ihren Augen strömen sieht, und sagt liebevoll:

„Ich bin auch Ihr Kind. Wenn auch dieses Kind gegangen ist, können Sie nicht mich als Ihr Kind annehmen?"
Wie kann das sein? Wenn Tausende ihn als Gott anerkennen, möchte er als ein Kind akzeptiert werden!
Gott, der die Behinderungen und tiefen Abgründe des Herzens im Leben der Menschen verstehen und die Probleme aller mit großem Können lösen kann, gehört allen, aber hier macht er den Vorschlag einer Verwandtschaft als ein Kind!
Bāla Sai sagt:
„Warum trauern Sie um Ihr Kind, das tot und von Ihnen gegangen ist? Der menschliche Körper ist wie ein von der Natur gemietetes Haus. Er hat eine Weile darin gelebt und später hat er es nach dem Ratschluss Gottes verlassen – als eine Seele, die sich mit dem Höchsten Geist vereint hat, mit der Seele des Universums."
Sie antwortet, als habe sie Seine tröstenden Worte nicht verstanden:
„Ich bin die Mutter des Kindes, Bābā... Ich habe ihn neun Monate lang in meinem Leib getragen."
„Sie haben Ihren Sohn nur neun Monate lang getragen. Die Göttin Erde unter Ihren Füßen hingegen trägt seit undenklichen Zeiten fortwährend Billionen von Lebewesen. Aber bricht sie vor Trauer zusammen oder verliert sie ihre Existenz, wenn sie sterben?"
„Ich bin bloß eine einfache, gewöhnliche Mutter, die ihn liebevoll ernährt hat und Bindungen zu ihm entwickelte."
„Aber Gott, der Vollkommene, der Ihr Kind noch mehr liebt, gab ihn Ihnen für einige Zeit zur Adoption, entwickelte noch größere Liebe zu ihm und nahm ihn wieder fort. Wenn dieses Kind nicht wieder bei ihm wäre, dann wäre Seine Schöpfung unvollkommen. Mit diesem Gedanken hat Er das Kind jetzt erneut zu sich genommen und wird ihn später einer anderen Mutter schenken."
Unter herzerschütterndem Weinen fragt sie:

„Wie soll ich dann leben, Swāmī? Wenn er nicht lebt, will ich auch nicht leben."
„Worauf Sie sich als ER und ICH beziehen – das ist identisch. Das ist die Seele, und sie hat den unsicheren Ort auf ihrer Reise verlassen. Sie sehen das als Tod an und bitten mich um das Geschenk des Lebens."
Vibrierend wie die Flamme eines brennenden Reisigbündels ist die Mutter nicht durch diese Worte getröstet, sondern fleht Bāla Sai noch demütiger an. Nein, sie spricht und stellt ihr Vertrauen in seine Göttlichkeit in Frage:
„Also können Sie meinen Sohn nicht wieder lebendig machen, Swāmī?"
Trotz seiner erleuchtenden Erläuterung kann die Mutter ihren Kummer nicht unterdrücken. Er streicht ihr liebevoll über den Kopf, schaut sie einen Moment lang philosophisch an und sagt:
„Sie sagen also, dass Ihr Kind leben soll."
Unerwartet blitzen ihre Augen auf und in einem Augenblick sind die Tränen darin verschwunden. Sie erwidert aufgeregt:
„Ja, Swāmī!"
Bābā sagt:
„In Ordnung. Ich will ihn wiederbeleben."
Die Devotees im Āshram, die die Szene beobachten, sehen erschrocken aus.
„Wenn ich ihn ins Leben zurückbringen soll, benötige ich ein wenig Hilfe," sagt Bābā.
Die Frau sagt fest:
„Ich bin bereit, mein Leben zu opfern."
Nachdenklich macht Bāla Sai einen Moment Pause und sagt dann:
„Nicht nötig, Lilamma. Gehen Sie in die Stadt und holen Sie eine Handvoll Reis aus einem Haus, in dem bis jetzt kein Todesfall eingetreten ist. Das ist genug. Ich werde den Reis verwandeln und durch ihn werde ich Ihrem Kind das Leben schenken."
Lilamma wartet nicht einen Augenblick.
Wahrscheinlich denkt sie, dass das keine große Aufgabe ist.

Sie eilt sofort aus dem Āshram, um den Reis zu holen.

Nicht nur Richards, sondern auch all die amerikanischen und europäischen Intellektuellen, die inzwischen angekommen sind, reagieren überrascht und beobachten das Geschehen.
Nach einer halben Stunde beginnt in Bāla Sais Wohnung das Interview.

Om Namo Bhagavate Sri Bāla Sai Bābāya Namah

54

Es ist Nachmittag.
Einer der Intellektuellen aus verschiedenen Ländern steht bescheiden vor Bāla Sai und sagt:
„Aus welchem Land wir auch kommen, wir sind jetzt sehr überrascht, dass wir das Glück hatten, Sie in einer seltsamen Situation zu sehen."
Er macht eine kleine Pause, räuspert sich und fährt fort:
„Wir haben kürzlich auf den Kanälen von BBC und CNN gehört, was Ausländer über Sie sagten. Sie haben ein Kind aus einer tödlichen Erkrankung gerettet. Obwohl Sie hier leben, sind Sie einer alten Frau aus Neuseeland begegnet und trugen zur Heilung ihrer Krankheit bei. In der Rolle des Dr. Paul besuchten Sie ein anderes Land, führten eine Operation durch und holten eine Frau aus dem Koma heraus. Aber all das erscheint uns unglaublich."
Richards sitzt in einer Ecke und beobachtet Bāla Sai prüfend.
Bāla Sai erwidert mit unerschütterlicher Festigkeit:
„Finden Sie es in Ordnung, mir entgegenzutreten, wenn Sie empfinden, dass das, was Sie durch andere über mich gehört haben, unwahr ist? Sie sollten die anderen gefragt haben!"
Da das Lächeln auf Bāla Sais Lippen ihm einen leichten Ärger verursacht, antwortet ein Wissenschaftler aus Frankreich umgehend:
„Wir stehen Ihnen nicht mit einer Frage gegenüber, Bābā. Wir haben nicht den Verdacht, dass jene, die Sie interviewt haben, in Ihrem Auftrag so gesprochen haben. Tatsächlich haben wir diese Leute getroffen. Wir haben auch erfahren, dass diese Ereignisse

wahr sind. Wir verstehen jedoch nicht, wie Sie derartige Kräfte erlangt haben. Deshalb möchten wir von Ihnen darüber Einzelheiten erfahren!"
Bāla Sai sagt ruhig:
„Bevor ich Ihre Fragen beantworte, möchte ich etwas von Ihnen wissen. Glauben Sie an Gott?"
Auf einmal ist es ganz still.
Jemand aus Dänemark antwortet:
„Wir glauben mehr an die Wissenschaft als an Gott."
„Wenn ich nun sagen würde, dass auch die Wissenschaft Gottes Schöpfung ist...?" fragt Bāla Sai.
Ein Wissenschaftler aus England sagt bedeutsam:
„Nein, wir würden sagen, sie ist eine Abbildung oder Illustration des menschlichen Intellekts."
Bāla Sai erinnert ihn:
„Die heiligen Texte unseres Landes sagen aber, dass auch der Mensch das Geschöpf Gottes ist."
Ein anderer Wissenschaftler sagt höhnisch:
„Nein. Moderne Erkenntnis besagt, dass Gott vom Menschen erschaffen wurde."
Bāla Sai betrachtet den Mann lächelnd:
„Sie sagen also, dass der Mensch, der Tempel baute, die Ursache für die Existenz Gottes ist."
„Nur so ist es."
Bāla Sai fragt plötzlich:
„Sie nehmen an, dass der Mensch, der seinen Wirkungskreis mit Hilfe technologischer Kenntnis bis auf den Mars ausgedehnt hat, mächtiger ist als Gott. Warum ist er dann nicht in der Lage, den Tod zu verhindern? Er konnte mit Hilfe technologischer Sachkenntnis den Mond erreichen, aber er kann Erdbeben und Stürme nicht verhindern und dadurch die Leben seiner Mitmenschen retten. Er kann die Schönheiten der Natur in Lieder verwandeln und besingen, er ist jedoch nicht fähig, Naturkatastrophen abzuwenden."
Der Wissenschaftler aus Frankreich erwidert stockend:

„Das ... Es ist eine Sache, die außerhalb des Einflusses und der Kenntnis des Menschen liegt."
Bāla Sai sagt prompt:
„Gott ist auch solch ein unerreichbares Subjekt. Der Mensch, der das Nicht-Erhältliche zu erreichen versucht, zaudert und vertieft sich in diesen Gedanken schon seit Millionen von Jahren. Daher ist er auch unfähig, die Wahrheit zu verstehen, dass all dies Gottes Wille ist."
Bāla Sai sieht die verwunderten Leute mit ungeteilter Aufmerksamkeit an und sagt:
„Gelehrte Leute wie Sie mögen vielleicht keinen Glauben an Gott besitzen. Wissenschaftliche Studien mögen die Existenz Gottes vielleicht nicht akzeptieren. Es bleiben jedoch allumfassende Mysterien offen, die dem Menschen nicht bekannt sind. Um diese zu verstehen, nimmt er unendlich viele Qualen auf sich. Dieses universale Mysterium ist Gott. Göttlichkeit, die Sie nicht verstanden haben, ist Unendlichkeit, und diese ist von der Wissenschaft noch nicht begriffen worden.
Von den einzelligen Lebewesen und Viren und Amöben angefangen, welche als das Zwischenstadium zwischen lebenden und nicht belebten Geschöpfen angesehen werden können, bis zum Menschen, der als Vielzeller betrachtet wird, gibt es eine dichte Vielfalt. Und das ist Gott."

Der Geist unter den Intellektuellen, die gekommen sind, um eine Menge zu fragen, hat sich beruhigt, und einer von ihnen sagt:
„Wer ist Gott? Wie sieht er aus?"
Bāla Sai, der die Manifestation von Wahrheit, Intellekt und Glückseligkeit ist, sagt mit Festigkeit:
„Freunde, Gott ist für den Menschen unzugänglich geworden, der daran geht, Ihn in Kirchen, Moscheen und Wallfahrtsorten zu suchen. Derjenige, den Sie suchen, ist nicht irgendwo an irgendeinem Ort, den Sie nicht kennen."
Er macht eine Pause und fährt dann fort:
„Er ist in Ihnen. Er wird von mir in Ihren Gestalten gesehen, wobei Ihr Körper sich in einen Tempel verwandelt. Das ist der

Grund, weshalb Sie in der Lage sind, neue Dinge zu schaffen oder auch die Ursache zu sein für das Wohlergehen Ihrer Mitmenschen."

„Wenn es wahr ist, dass jeder Mensch Gott werden kann, warum hasst dann in dieser Welt ein Mensch den anderen?"

„Wir definieren einen Menschen in Bezug auf seinen Verstand. Wenn also sein Verstand durch viele weltliche Wünsche Schlechtes leistet und keine Gedanken an Gott enthält, dann wird die Wahrheit der eigenen Göttlichkeit begraben, und der Verstand wird den Menschen beherrschen."

Jemand aus Dänemark fragt:

„Wenn es wahr ist, dass ich Gott bin – warum sollten dann weltliche Gelüste in mir erwachen?"

„Obwohl alle von Ihnen in die gleiche Klasse gehen, das gleiche Schulbuch lesen und der Lehrer, der Sie unterrichtet, sehr kompetent ist, bekommen nicht alle von Ihnen die gleichen Zensuren. Wie kommt das?"

„Das ist so, weil die Sache mit dem individuellen Intellekt zu tun hat."

„Genauso, meine Freunde, können nicht alle Menschen die gleichen Ergebnisse im Leben erreichen, obwohl sie alle von Gott gleich erschaffen wurden."

Bāla Sai geht auf das Thema ein, als sei es sehr bedeutsam:

„Obgleich der Körper eines jeden Menschen aus den fünf ursprünglichen Elementen gestaltet ist, werden sein Geist und die Gedanken, die ihn leiten, bestimmt durch Erinnerungen an die früheren Leben und durch seine Individualität. Auch wenn Ihre moderne Wissenschaft damit nicht einverstanden ist, Indien, das die Heimat der Vedischen Wahrheit von wiederholtem Leben und Sterben ist, glaubt an meine Worte der Wahrheit. Die Seele eines jeden Menschen ist Teil des Höchsten Geistes, welcher verantwortlich ist für ihre Erschaffung."

„Aber was Sie behaupten ist jenseits jeglichen wissenschaftlichen Beweises!"

„Freund, bis der Mensch seinen Fuß auf den Mond gesetzt hat, war der auch nicht wissenschaftlich bewiesen. In derselben Weise ist die Existenz Gottes für den Menschen unbegreiflich."
„Würden Sie sagen, dass es eines Tages möglich sein wird, diese Existenz herauszufinden?"
„Göttlichkeit ist nicht verbunden mit Physik und Chemie, so dass sie herausgefunden werden könnte. Sie bezieht sich auf den Intellekt des Menschen. Die Wahrheit ist, dass sie nicht verstanden werden kann, es sei denn, Sie akzeptieren Ihre Seele als Gott."
Ein Engländer fragt zweifelnd:
„Wie können wir die Seele, die keine physische Form hat, als Gott anerkennen?"
„Freund, glauben Sie nicht an die Luft, die unsichtbar ist, aber Sie mit Sauerstoff versorgt? Können Sie die Drehung der Erde leugnen, nur weil sie von Ihnen nicht gesehen wird?
Gott wird nicht gefunden, indem man Ihn irgendwo sucht.
Er ist großartige majestätische Energie, die wie die unsichtbare Elektrizität die Dunkelheit aus der Natur vertreibt durch den Menschen, der wie eine Glühbirne ist. Wir sind alle Abbilder dieser Energie. Um dies zu akzeptieren, müssen Sie als erstes Ihre atheistische Argumentation vergessen. Sie sollten dem theistischen Konzept eines Höchsten Geistes der Wahrheit, des Wissens und der Glückseligkeit zustimmen und die Mitmenschen lieben mit einer Verpflichtung zum Dienen. Nur dann werden Sie den Ausdruck Göttlichkeit verstehen. Nur wenn Sie die Idee erkennen und verinnerlichen, dass Dienst am Nächsten gleich Dienst an Gott ist, nur dann werden Sie das Glück im Mādhava Seva wahrnehmen."
„Was ist Dharma?"
„Das ist der Eifer, den Sie in Ihrem Dienst für Ihre Mitmenschen zeigen sollten."
Etliche nicht gestellte Fragen bleiben ihnen im Halse stecken, während jemand verlegen fragt:
„Was ist Ihr Ziel?"
Bāla Sai antwortet sanft:

„Die Kultur, an die ich glaube, unter den Menschen um mich herum zu verbreiten."
„Aber die Veranlagung des modernen Menschen reagiert nicht in dieser Weise..."
„Dennoch, das Gesetz des Dienens geht nicht zugrunde. So wie die Weisen und Heiligen nach Äonen von Tapas, nach Jahrhunderten von tiefen religiösen Meditationen, Gott schauen konnten, so werde auch ich fortfahren, mich um eine Änderung meiner Landsleute zu bemühen. Bevor das eintreten kann, was Sie als die Korrumpierung der menschlichen Kultur einschätzen, werde ich eine ganz neue Kultur auf dieser Welt zuwege bringen."
Ein älterer Wissenschaftler aus Bangkok fragt voller Eifer:
„Ich habe nicht ganz verstanden, was Sie gesagt haben.
Ich hätte gern Erklärungen für die Begriffe PRAKRUTI, VIKRUTI und SAMSKRUTI."
Bāla Sai als der Beschützer der Gebildeten erklärt das wie der Eine, der die Wurzel der Selbstsucht unter den Menschen abschneidet, die sich daran gewöhnt haben, auf den Gipfeln von Bergen von Qualen und Grundtendenzen zu verharren.
Er sagt:
„Im Menschen bedeutet PRAKRUTI den persönlichen Verbrauch dessen, was jemand verdient, und VIKRUTI heißt, die Verdienste anderer zu plündern. SAMSKRUTI hingegen beinhaltet neben dem eigenen Verbrauch auch das Verteilen des Verdienstes an andere."
Alle schauen mit flatternden Augen drein, als hätten sie eine erstaunliche Analyse der Begriffe vernommen.
„Bābā, wir wollten Sie so viele Dinge fragen – aber Sie haben uns außergewöhnliche Darstellungen gegeben und uns alle bezaubert. Sie sind tatsächlich die Manifestation von Göttlichkeit und besitzen große Stärke und Strategie. Wie kommt es, dass Sie nicht in der Lage sind, den Tod zu verhindern?"
Bāla Sai schließt für einen halben Moment seine Augen wie in Meditation. Als habe er still die faltigen Seiten des Buches des

Verstandes geöffnet, erläutert er nicht ausführlich, sondern kurz und knapp:
„Wenn wir den Wert eines Gegenstandes verstehen sollen, müssen wir ihn verlieren. Wenn wir den Wert des Lebens zu verstehen wünschen, sollte der Tod uns besiegen.
Das Leben des Menschen ist wie eine Reise mit der Eisenbahn mit vielen Stationen. Wenn sie wunderschön und glücklich verlaufen soll, dann sollten die Passagiere, die mitfahren, einsteigen und erst wieder aussteigen, sobald der Zielort erreicht ist. Wäre es nicht so, dann würde das Reisen mit dem Zug und den eilenden Menschenmengen nicht zufrieden stellen. Sie wäre dann ein Hindernis auf dem Weg zu Gott, dem es Freude macht, die Lebewesen zu erschaffen. Freunde, Sie wissen durch die Wissenschaft, dass das ökologische Gleichgewicht unter diesem Grundsatz steht. Sie wissen, dass das Leben des Menschen unter dem Prinzip der Kurzlebigkeit steht. Dennoch sollte er nicht hoffnungslos sein, sondern weiterhin seine Mitmenschen lieben und auf diese Weise seiner wahren Existenz Dauer verleihen. Wenn man die gegenwärtige Welt gemeinsam mit der nächsten Welt im Blick behält, kann man die Wahrheit verstehen, dass wir alle wirklich Abbilder Gottes sind. Dann verstehen Sie auch den Satz ‚Aham Brahmāsmi'."

Plötzlich herrscht Stille.
Da bemerken sie alle Lilamma, die vorher hinaus gegangen ist, um eine Handvoll Reis zu holen. Sie steht da und sieht Bāla Sai an. Er nimmt wahr, dass sie, die ihn um das Geschenk des Lebens für ihr Kind gebeten hat, mit leeren Händen kommt.
Er sagt:
„Haben Sie ihn gebracht? Also geben Sie mir den Reis!"
Tränen fließen von ihren Augen.
„Nein, Sir," sagt sie. „Als Sie mich aufforderten, eine Handvoll Reis aus einem Haus zu holen, das nicht durch den Tod betroffen ist, verließ ich diesen Ort mit dem Gedanken, dass es nicht schwer sei, dies zu tun. Aber in jedem Haus traf ich Mütter, die Kinder verloren haben, Frauen, die ihrem Mann verloren, und

Menschen, denen die Eltern genommen wurden. Ich komme mit leeren Händen zurück. Ich habe die Wahrheit erkannt, dass jedes Haus irgendwann den einen oder anderen verloren hat."
Während Lilamma – nachdem sie diese Erkenntnis erlangt und die Wahrheit über die Natur verstanden hat – Bāla Sais Füße umfasst und sie zu salben beginnt...
...während Bāla Sai erstrahlt wie der Höchste Geist, der die Seele zu sich zurückgerufen hat, und vorschlägt, dass seine Unfähigkeit, einem Kind das Leben zu gewähren, nicht als Schicksal verstanden werden sollte, zumal er doch ein anderes Kind aus Lebensgefahr gerettet hat...
...falten alle Anwesenden ihre Hände in Verehrung - erfüllt mit der Erregung, die mit der Schau einer solchen göttlichen Vielfältigkeit verbunden ist.
Richards Augen werden feucht bei dieser Vorstellung.

Om Namo Bhagavate Sri Bāla Sai Bābāya Namah

55

Bevor er nach Neuseeland aufbricht, fasst Richards, der Bāla Sai außerordentlich genau geprüft hat, seine Überlegungen zu einem bezaubernden Bildnis zusammen.
Sri Bāla Sai ist kein gewöhnlicher Mensch. Er ist als Teil des Göttlichen geboren und zu den Menschen herabgestiegen als Nārāyana. Er ist wie der Atem der Zeit selbst, die keinen Anfang hat und kein Ende. Er hat sich selbst umgewandelt in eine gerade Linie zwischen Schlaf und Wachzustand, um dadurch den Menschen von der Bedrohung, die der Tod in ihm hervorruft, mit Hoffnung zum Ziel der Philosophie der Liebe zu führen.
Er ist wie eine Legende – bereit die Türen von Palästen und Serails der Natur zu öffnen, um die ungeschützten Leben mit den zerbrochenen Herzen zu trösten...
...wie der Ozean, der den Wirrwarr des Lebens verbirgt...
...wie der Kompass der Weisheit, der sich ständig anstrengt, den Menschen, der die Symbolisierung der Zustände der Wachheit, des Traumes und des Schlafes ist, in den Zustand der Unsterblichkeit aufzunehmen...
...wie das vom Himmel gesandte Genie, das die Botschaft des wahren Lehrers verbreitet und die Menschen ermahnt, ihr Leben annehmbar zu gestalten gemäß der edlen Aussage, dass der Körper wahrhaftig nötig ist, um Dharma zu erlangen...
...wie die Heiligen Schriften der täglichen Routine, die uns sagen, dass die spirituelle Art zu leben darin besteht, die zu lieben, die wir als Feinde ansehen, und Fehlschläge und Hindernisse zufrieden zu akzeptieren...

... wie ein Pilgerreisender, der unaufhörlich auf die ewige, unendliche Welt zugeht und uns rät, den Marsch des Lebens fortzusetzen, nachdem wir verstanden haben, dass die Seele beides ist: deutlich und unsichtbar - göttlich und bewusst - und nachdem wir die menschlichen Augen, die nur die Gegenstände der Natur sehen können, durch spirituelle Augen ersetzt haben...
... wie ein Prophet, der alle Lebewesen daran erinnert, die Gegensätzlichkeit von Geburt, Leben und Tod zu erkennen, aus der Verschiedenheit des Lebens-Flusses in die allumfassende Heimat zurückzukehren und Göttlichkeit in allen Dingen zu erblicken...
... wie der erste Vers, der bereits das letzte Wort über die Sorgen des Lebens sprechen kann, da er die Wahrheit mit Hilfe des Wollens gekostet hat...
... wie eine Falle, die in dieser falschen Welt, die unwahr ist, einen Vogel gefangen hat...
... wie der Mond, der nichts anderes weiß, als unaufgefordert erfrischendes Mondlicht zu verbreiten...
... wie die Luft, die keine Müdigkeit kennt und ohne Unterbrechung weht, um in allen Lebewesen das Leben aufrecht zu erhalten, und die jenseits aller Überlegungen von Zuneigung oder Ablehnung ist.
Heute bietet er Millionen von Devotees in aller Welt die Philosophie der Liebe an...
... wie Licht, das die Dunkelheit der Natur vertreibt – wie die Sonne, die mit einem Sinn für Verantwortung Licht auf die Erde herabsendet, liebevoll und ungefragt.
Sri Bāla Sai Bābā setzt die Reise fort, immer und solange es Mond und Sterne gibt, unberührt von Alter oder Tod, als ob er selbst die Schöpfung ist.

.....Om Sai... Sri Sai... Bāla Sai.....

Om Namo Bhagavate Sri Bāla Sai Bābāya Namah

Glossar

Agarbatti(s)
Süß duftende Weihrauchstäbchen, die zu einem Ritual angezündet werden

Ādi Kavi
Ādi = der erste; kavi = Poet, Dichter
Der Ausdruck bezieht sich auf Valmiki, den Autor des Rāmāyana, der als der allererste Sanskrit-Dichter angesehen wird.

Aham Brahmāsmi
Aham = ich (bin); Brahmāsmi = Brahman, das Höchste Sein
Ich bin Gott = Identifikation mit Brahman oder Gott

Akhanda Satchidānanda
Akhanda = ganz, vollständig; Satchidānanda = Gott als die Quelle des Seins, der Intelligenz und des Glücks
Wörtlich: „Das Eine, das gut, weise und glückselig ist"

Anasūya
Tugendhafte Ehefrau des Weisen Atri

Anjali
Anjali darbringen heißt: beide Handflächen werden gefaltet und mit geschlossenen Fingern und aufwärts zeigend als eine Geste ehrerbietiger Begrüßung zusammen gehalten

Annapūrna
Gemahlin des Gottes Shiva und bekannt für ihre Gastfreundschaft

Arishadvargas
Sanskrit: Ari = Feind; shad = sechs; varga = Gruppe
Es handelt sich um Sinneslust, Begierde, Eifersucht, Stolz, Zorn und Bösartigkeit. Diese Eigenschaften zerstören die angeborene Güte des Menschen, daher sind sie Feinde

Āshram
Wohnort eines Heiligen, Avatārs oder Gurus. Einsiedelei.

Ashtādasa pithams
Achtzehn heilige Tempel von Göttinnen; besonders machtvolle Orte

Ashtāvakra
Name eines Rishi, der in Folge eines Fluches in achtfacher Weise verkrüppelt (gekrümmt) war

Ātma
Seele oder Geist

Avatāra (Purusha)
Ava = herunter, tri = überqueren, kreuzen; purusha = Mensch; Herabkunft des Höchsten Selbst auf die Erde in einer Gestalt

Avidya
Aa = nicht; vidya = Weisheit
Unkenntnis, Fehlen von Weisheit; Mangel an Kenntnis

Āyurveda
Die uralte indische Wissenschaft von Gesundheit; ein System der Medizin

Bābai
Onkel mütterlicherseits oder väterlicherseits

Bhagavad Gītā
Sanskrit: bhagavat = Herr, Gott; gītā = Lied, Gesang
,himmlischer Gesang', das Lied Gottes
Name einer Heiligen Schrift der Hindus, die die Ermahnung und Belehrung Arjunas auf dem Schlachtfeld Kurukshetra durch Lord Krishna enthält

Bhajan
Verehrung Gottes durch Singen, im allgemeinen in einer Gruppe. Die spirituellen Lieder suchen unsere Identität mit Gott

Bhakti
Hingabe

Bāla Tripura Sundari
Name einer Göttin

Bali
Ein König der Riesen, der durch Vishnu überlistet und besiegt wurde

Bhīsma
Großvater der Pāndavas und Kauravas im Epos „Mahābhārata"

Brahmā
Brahmā ist die erste der Gottheiten der Hindu-Dreieinigkeit und gilt als der Schöpfer der Welt

Brahmam
Höchstes Sein; der höchste Gegenstand alles religiösen Wissens; der höchste alles durchdringende Geist

Casuarina
Tropischer Nadelbaum von Kiefern ähnlicher Gestalt

Chāmundeshwari
Name einer Göttin

Darshan
Anblick einer Großen Seele und das Empfangen des Segens dadurch

Devakī
Leibliche Mutter Lord Krishnas

Devotee engl.
Anhänger eines Avatārs

Dhanushmāsam!
Sanskrit: dhanush = Bogen; māsa = Monat
Der Sonnenmonat, während dessen die Sonne das Sternzeichen Schütze regiert; während dieses Monats wird in Häusern und Tempeln besonderer Gottesdienst für Vishnu durchgeführt

Dharma
Gesetz, Pflicht, Tugendhaftigkeit, Rechtschaffenheit; die universelle Ordnung, die das Leben in Einheit zusammenhält

Dhwaja Stamba
Sanskrit: dhwaja = Fahne, Flagge; stamba = Säule.
Eine Säule vor einem Tempel, an deren Spitze ein senkrecht stehender Rahmen aus Stangen befestigt ist, der eine Fahne tragen kann.

Ekādasi
der elfte Tag im vierzehntägigen Mond-Rhythmus

Epikureer
Genießer, Genussmensch

Gāndhāra
Die dritte der sieben Haupt-Noten in der Musik

Gandharvas
Gandharvas sind himmlische Musikanten. Männliche Sänger mit sehr feiner Stimme werden so bezeichnet

Gadia
Eine Zeitspanne von vierundzwanzig Minuten

Garalakhanta
Sanskrit: garala = Gift; khanta = Hals, Kehle
Bezieht sich auf Shiva, der das Gift schluckte, das beim Quirlen des Milchozeans entstanden war: „einer, der Gift in seinem Hals festgehalten hat"

Gītā
Bezieht sich auf die Bhagavad Gītā

Gokulam
Eine Ortschaft am Fluss Yamuna (auch Jamuna) und der Wohnort Krishnas während seiner Kindheit. Das war der Wohnsitz Nandas, des Pflegevaters von Lord Krishna

Hanumān
Ergebener Devotee Rāmās, Anführer der Affen-Krieger, die Rāmā im Kampf gegen Rāvanā unterstützten. Er brachte das Heilkraut Sanjīvani (eine Pflanze, von der angenommen wird, dass sie wiederbelebt) herbei, als Rāmās Bruder Lakshmana auf den Schlachtfeld verletzt und ohnmächtig wurde

Hari
Beiname Vishnus oder Krishnas

Jagannātha
Der Herr der Welt. Ein Beiname Vishnus, unter dem Er im Heiligtum in Puri in Orissa verehrt wird

Jamuna oder Yamuna
Fluss in Nordindien

Jnāna-Yoga
jna = wissen; der Weg des Wissen und der Weisheit

Jutka
Ein von einem Pferd gezogenes zweirädriges Gefährt

Kailāsa
Ein Berg in Tibet, in der Mythologie der Wohnsitz des Kubera, des Gottes des Reichtums, und der Himmel von Shiva

Kālidasa
Berühmter Sanskrit-Dichter;
hier Bezug auf dessen Werk „Raghuvamsam"

Kāla Purusha
kāla = Zeit, purusha = Mann. Die Verkörperung der Zeit.

Kanyaka Parameshwari
Name einer Göttin

Karma, pl. Karmas
Handlung(en); frühere Handlungen führen zu bestimmten Ergebnissen in einer Beziehung von Ursache und- Wirkung
Die Endsumme aller guten und bösen Taten eines Menschen in einem seiner Leben, von der angenommen wird, dass sie über dessen Schicksal im nächsten Leben entscheidet

Karma Yoga
kri = handeln; der Weg des selbstlosen Handelns
die Ausführung der nötigen weltlichen Handlungen als eine Pflicht

Karma Yogi
Jemand, der die notwendigen weltlichen Pflichten erfüllt ohne jeglichen Gedanken an den Gewinn aus dem Ergebnis der Handlung

Kauravas und **Pāndavas**
Siehe Pāndavas

Khandava
Einer der Wälder des Indra, des Herrn der Götter, einer wichtigen Gottheit der indischen Mythologie. Er ist der Gott der Stürme und des Kampfes

Kinnera
Ein himmlischer Chorknabe oder Musikant aus der Klasse der Halbgötter. Er wird als ein Wesen beschrieben, das einen menschlichen Körper und den Kopf eines Pferdes hat.
Kinnera bezieht sich auch auf eine Art von Laute

Krishna
Avatār ca. 3000 v.Ch. in Indien

Kuchela
Jugendfreund Krishnas, ein armer Mann mit einer großen Familie

Kumkum
Symbol für die Göttin;
leuchtend roter Puder, hergestellt aus Tumeric, Seemuschelpulver (Calciumsalzen) und Öl

Kurukshetra
Gebiet, in dem der Mahābhārata-Krieg stattfand, nördlich der heutigen Hauptstadt Indiens Delhi gelegen
Hier metaphorisch für den Kampf des Lebens

Līlā
Spiel; das göttliche Spiel des Allerhöchsten, der sich in viele Lebewesen dieser Welt verkleidet oder getarnt hat

Lipta
Die Zeit wird in Einheiten wie Lipta oder Gadia gemessen. Gadia entspricht vierundzwanzig Minuten, und Lipta ist ein sehr kurzer Augenblick

Mādhava
Ein Beiname Vishnus

Mādhava Seva
Dienst für Gott

Mahā Bhārata
Großes indisches Epos

Mahālakshmi
Göttin des Glücks in allen Bereichen; eine gute Frau

Mandir
Heiliger Ort; Wohnsitz Gottes, Tempel

Mantra
Spirituelle Formel; Vedische Hymne

Markandeya
Der Name eines Weisen, der tausend Jahre lebte. Als Junge hatte er so lange Bußübungen durchgeführt, bis er Gott Shivas Segen für ewiges Leben erlangte

Māyā
Illusion; Erscheinung im Gegensatz zur Wirklichkeit;
die kreative Kraft Gottes

Meru
Ein Berg in der Mythologie, von dem behauptet wird, dass er im
Zentrum des Kosmos steht. Die Götter wohnen auf dem Meru in
schönen Städten inmitten von blühenden Gärten

Mohana Rāga
Eine Art Melodie

Nāga Panchami
Sanskrit: nāga = Schlange; panchami = fünfter Tag
Der fünfte Tag nach Neumond, an dem Hindus Schlangen Milch
darbringen

Nalina Kanthi Rāga
Eine Art Melodie

Nandana Vana
Garten des Indra, der auch „nanandamu" genannt wird

Nandivardhanams
Blumen, die für einen Gottesdienst verwendet werden. Breit-
blättriger Oleander oder nordamerikanische Azalee mit gelben,
weißen oder rosa Blüten. Der botanische Name lautet Nerium
coronarum oder Tabernae montana coronaria

Nārāyana
Beiname Vishnus

Nilameghashyamudu
Nila = blau, dunkelblau; megha = Wolke; shyama = dunkel,
schwarz, blau

Nilayam
Ort, Wohnort

Nirājanams
Rauch-Opfer, bei dem Kampfer o.ä. verbrannt und vor einem Standbild in Ehrerbietung geschwenkt wird

Nirvikalpa samādhi
Sanskrit: nir = kein; vikalpa = Wandel, Veränderung; samādhi = mystische Einheit mit Gott;
Ein Zustand spirituellen Bewusstseins, in dem es keine Wahrnehmung von Dualität, von innen und außen, von Subjekt und Objekt mehr gibt. Das Aufgehen in unpersönlicher Göttlichkeit

Padmāsana
Der Lotus-Sitz; eine besondere Sitzposition, die für religiöse Meditation eingenommen wird

Panchana Veda
Der fünfte Veda; gemeint ist hier das große indische Epos Mahā Bhārata

Panchāyat
Sanskrit: pancha = fünf
Eine Versammlung von fünf Personen, die dazu ernannt sind, Streit zu schlichten

Pāndavas und Kauravas
Söhne des Königs Pāndu und Söhne der Kuru-Dynastie. Sie waren Cousins. Die Schlacht bei Kurukshetra fand zwischen ihnen statt.

Pandiri mancham
Eine Art Himmelbett (C.P.Brown's Telugu-English Dictionary)

Pāndit
Sanskrit: Gelehrter

Paramātma
Der höchste Geist oder die höchste Seele

Pāsupata
Eine Waffe Shivas, die Arjuna geschenkt bekam. In diesem Zusammenhang bezieht sich der Ausdruck auf einen Pfeil

Pial
Bank (aus Stein) außerhalb des Hauses neben der Haustür

Pīr (s)
ein Bild eines mohammedanischen Heiligen in der Form seiner Hand, von den Moslems zur Zeit des Festes Mohurrum verwendet

Prahlāda
Sohn des Hiranyakasipu, eines Dämonenkönigs, der seinen Sohn für dessen Hingabe an Hari (= Vishnu) schwer bestrafte

Prasād, Prasādam
Speisen, die Gott geopfert und dadurch geheiligt werden und danach unter den Gläubigen verteilt oder von ihm selbst gegeben werden; heilige Speise

Pūjāri
Der amtierende Priester im Tempel einer lokalen Gottheit

Punarvasu
Einer der als im höchsten Maße glücksbringend angesehenen Sterne aus den siebenundzwanzig Planeten

Purāna(s)
Mythologie; 18 heilige Schriften mit Bezug zu Mythologie und Legenden, die das Wirken Gottes auf der Erde in verschiedenen Aspekten beschreiben

Purusha
Mann, Mensch

Pūtanā
Name einer menschenfressenden Riesin, die geschickt wurde, um Krishna zu töten, indem sie ihn mit ihrer vergifteten Brust stillte. Der kleine Krishna tötete sie dadurch, dass er sie bis zu ihrer Erschöpfung aussaugte.

Rachcha banda
Eine erhöhte Plattform unter einem Baum in der Dorfmitte, wo sich die Ältesten treffen, um zu diskutieren oder Streit zu schlichten oder Fragen zu beantworten. Ein ländlicher „Gerichtshof"

Rajju sarpa brahanti
Eine Täuschung (brahanti), die darin besteht, ein Seil (rajju) für eine Schlange (sarpa) zu halten

Rākshasas
Riesen, Dämonen, Teufel

Rāvanā
Dämonenkönig von Lanka (Ceylon)

Rayala Seema
Region in Andhra Pradesh, bekannt für interne Unstimmigkeiten unter Rivalen

Rishi(s)
Hindu-Weise oder –Heilige

Sāma gāna
Eine besondere Art heiligen Textes, der gesungen werden soll.
(Der dritte Veda ist Sāma Veda)

Sanjivani
Heilpflanze, von der gesagt wird, dass sie wiederbeleben kann

Sankranti
Wichtiges Hindu-Fest, das jährlich am 14. Januar gefeiert wird. Das Wort bedeutet den Übergang der Sonne von einem Tierkreiszeihen in ein anderes. An Sankranti geht die Sonne nach indischer Astrologie vom Zeichen Schütze über ins Zeichen Steinbock.

Sāstra (s)
Heilige Bücher; spirituelle Anordnungen; heilige Schriften, die Vorschriften für das praktische Leben enthalten; Zweige des Wissens (Logik, Medizin, Astrologie, Grammatik usw.)

Sāstriji
Die an den Namen angehängte Silbe „ji" bedeutet respektvolle Anrede: „Verehrter Herr Sāstri"

Satchidānandam
Sanskrit: sat = das Wahre, Wahrheit, Güte; chid = Weisheit, Bewusstsein; ānanda = Glückseligkeit
Sanskrit-Satz, der wörtlich bedeutet: „Das, was gut, weise und glücklich ist"

Satyam
Sanskrit: Wahrheit
Hier ist das Wort für ein Wortspiel gebraucht, da der Name der Person ebenfalls Satyam ist

Sitar
Indisches Musikinstrument, einer Gitarre ähnlich mit langem Hals und zwei Paar Metallsaiten

Sloka(s)
Stanza = Vers aus einem Epos in Sanskrit.
Sloka entstand aus Sooka = Sorge

Srāvana
Der fünfte Mondmonat, entspricht der Regenzeit

Sri
Name für Lakshmi; als Anrede: Herr

Srimāti
Anrede für eine verheiratete Frau

Sri Nilayam
Wohnort der Göttin des Glücks Shri

Sutradhari
Spieler oder Manager, ein bildhafter Ausdruck

Swāmī
Herr; Meister

Tapas
Strenge Einfachheit; Kontrolle der Sinne; tiefe religiöse Meditation, begleitet von Buß-übungen oder Selbstkasteiung, um die Gnade Gottes zu gewinnen.
Spirituelle Kraft durch Selbstkontrolle

Tilaka
Zeichen auf der Stirn als Symbol für das dritte Auge, welches auf das Auge der inneren Sicht und der Weisheit hindeutet.

Das Zeichen wird bestimmt durch die Zugehörigkeit zu bestimmten Traditionen.

Triad
Eine Gruppe von drei Dingen, d.h. Gedanke, Wort und Tat. In ihren Funktionen sollte Übereinstimmung bestehen
Gandhi bezog sich darauf in der Geschichte von den drei Affen: Denke nichts Schlechtes, sprich nichts Schlechtes, tu nichts Schlechtes!

Trikālagnya
Sanskrit: thri = drei; kāla = Zeit; gnya = wissen ,Weiser
Jemand, der sich der Vergangenheit, der Gegenwart und der Zukunft bewusst ist

Triumvirat
Die Dreiheit von Brahmā, Vishnu und Maheshwara. Die drei Welten sind Himmel, Erde und Unterwelt

Tungabhadra
Fluss in Andhra Pradesh, Indien, an dessen Ufer Kurnool und der erste Āshram Sri Bāla Sai Bābās liegt

Upanishaden
Uralte mystische Dokumente, die am Ende eines jeden der vier Veden gefunden wurden

Uttarāyana
Uttara = Norden
Die Hälfte des Sonnenjahres, während der die Sonne sich nordwärts bewegt vom Wendeskreis des Steinbocks zum Wendekreis des Krebses

Vaikunta
Der Himmel und Wohnsitz Vishnus

Vaitarani
Der Fluss aus Feuer existiert in der Hölle – so wird gesagt

Valmiki
Der Autor des Epos RĀMĀYANA, der von Beruf Jäger war. Er sah einen Jäger einen weiblichen Vogel abschießen. Dieses Ereignis wurde der Grund für sein Schreiben. (Sloka kommt von Soka = Sorge, Leid)

Vāmana
Sanskrit: Zwerg
Beiname Vishnus und einer der zehn Avatāre der Hindu-Mythologie

Vānaprasta
Das dritte der vier Stadien (āsramas) im menschlichen Leben, in welchem ein Mensch dem weltlichen Leben entsagt und sich in die Wälder zurückzieht

Vāsudeva
Vater Lord Krishnas

Veda, pl. Vedas - dt. Veden!
Von „vid" = wissen. Das (heilige) Wissen, die Weisheit.
Der Name der ältesten heiligen Schriften, die als eine direkte Offenbarung Gottes angesehen werden, die den Mystikern der Vergangenheit gewährt wurde
Die vier Sammlungen heißen Rig-Veda, Yayur-Veda, Saama-Veda und Atharva-Veda

Vemana
Dichter des frühen achtzehnten Jahrhunderts, der ein Sataka (= 100 Gedichte) über Themen weltlicher Weisheit schrieb

Venugopāla
Name Krishnas, des Flötenspielers

Vibhishana
Bruder des Dämonenkönigs Rāvana, der zum Freund Rāmas wurde

Vibhūti
Heilige Asche, die spirituelle Energie symbolisiert. Sie ist ein Ausdruck göttlicher Gnade und wird oft zu Heilzwecken benutzt

Vidya
Weisheit

Vishnu
Der Gott der Dreieinigkeit, der für die Erhaltung der Welt und allen Lebens zuständig ist

Vishweshwara
Herr des gesamten Universums; Beiname Shivas; der Name der regierenden Gottheit im Tempel von Varanasi

Yama
Herr der Hölle (Naraka) und Richter über die verstorbenen Seelen. Er wird oft mit dem Tod identifiziert und entspricht Pluto oder Minos

Yamuna
Siehe Jamuna

Yashoda
Krishna wurde von Devakī geboren, aber von der Pflegemutter Yashoda, der Ehefrau Nandas, aufgezogen

Yoga
Sanskrit: yu = vereinen, vereinigen
Einheit mit Gott; Erkenntnis der Einheit allen Lebens

Yogi
Jemand, der Yoga praktiziert; ein Asket

Om Namo Bhagavate Sri Bāla Sai Bābāya Namah

Āshram Adressen

**Shri Nilayam
Kurnool – 518001
Andhra Pradesh
Indien**

Tel.: 08518 – 221 332
Vom Ausland aus: 0091 – 8518 – 221 332

***

**Shri Bālasai Nilayam
Gagan Mahal Colony
Domalaguda D.No. 1-2-593/8
Hyderabad – 500029
A.P. India**

Tel.: 040 – 55 61 36 83
Vom Ausland aus: 0091 – 40 – 55 61 36 83

***

e-mail: sribalasaibaba@ rediffmail.com

Om Namo Bhagavate Sri Bāla Sai Bābāya Namah

Literatur über Sri Bāla Sai Bābā

Sri Balasai Nama Mala

Balasai Bhajans

Du und Ich – Wo begegnen wir uns?
Chintala Srinivas (Übersetzung R. H. Wolke)

Die Girlande aus Rosen
Anjaneya Sharma (Übersetzung R. H. Wolke)

Das Licht bricht sich Bahn
Bernida Zangl

Sri Bala Sai Baba – Einzigartige Liebe
Regine H. Wolke

„Seid glücklich!"
Botschaft der göttlichen Inkarnation
Sri Balasai Baba

Göttliche Juwelen
Bernida Zangl

Bāla Sai – der moderne Gott
Kommanapalli Ganapathi Rao (Übersetzung R. H. Wolke)